广东省研究生教育创新计划项目（2015XSLT27）

中央财政支持地方高校发展专项项目：国民经济研究中心特色新型智库建设

广东财经大学理论经济学重点学科建设项目

广东省十大决策咨询基地：开放型经济创新研究中心建设项目

广东省普通高校创新团队建设项目

广东财经大学联合培养研究生示范基地建设项目

# 国际经济新格局研究

## ——2015 年广东省应用经济学研究生学术论坛论文集

主编：黄晓凤

世界图书出版公司

广州·上海·西安·北京

**图书在版编目 (CIP) 数据**

国际经济新格局研究：2015 年广东省应用经济学研
究生学术论坛论文集 / 黄晓凤主编 . — 广州：世界图
书出版广东有限公司，2016.6
  ISBN 978-7-5192-1501-9

  Ⅰ . ①国… Ⅱ . ①黄… Ⅲ . ①国际经济关系－文集
Ⅳ . ① F114-53

中国版本图书馆 CIP 数据核字 (2016) 第 130930 号

**国际经济新格局研究**
**——2015 年广东省应用经济学研究生学术论坛论文集**

策划编辑：李　平
责任编辑：廖才高　王梦洁
责任技编：刘上锦
封面设计：周文娜
出版发行：世界图书出版广东有限公司
地　　址：广州市新港西路大江冲 25 号
电　　话：020-84460408
印　　刷：虎彩印艺股份有限公司
规　　格：787mm×1092mm　1/16
印　　张：14
字　　数：230 千
版　　次：2016 年 6 月第 1 版
印　　次：2016 年 6 月第 1 次
ISBN　978-7-5192-1501-9
定　　价：48.00 元

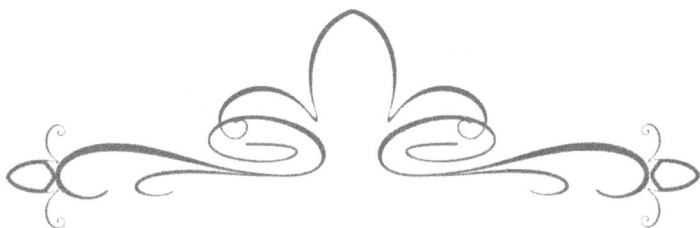

主 编：黄晓凤

副 主 编：林 洪 朱信贵

执行编辑：彭 荣 孟凡强

组稿／统稿：樊 兰 刁广飞

编委：（按姓氏笔画为序）

于海峰 王廷惠 刘 刚 朱信贵 何 剑

邹新月 苏武俊 张 军 林仲豪 林 洪

庞 磊 段 丹 黄晓凤 喻卫斌 傅道忠

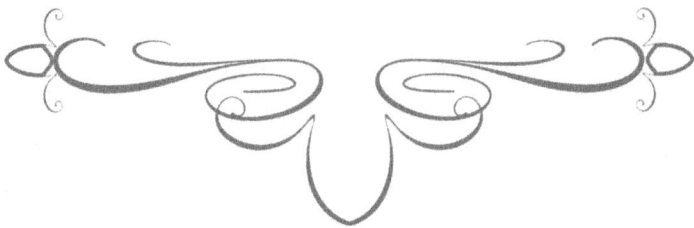

# 前　言

改革开放以来，中国积极参与国际分工，经济大国地位不断提升和巩固。但金融危机爆发后，全球经济格局发生了重大而深刻的变化：世界多极化、经济全球化、文化多样化、社会信息化深入发展，世界经济在深度调整中曲折复苏，发达国家经济增长趋缓，新兴大国快速崛起，国际力量对比逐步趋向平衡；新一轮科技革命和产业变革蓄势待发，战略性新兴产业备受关注，跨国公司加紧构建新的全球分工布局；围绕市场、资源和规则的博弈日趋激烈，全球治理体系深刻变革。多重意义上的格局变化及继续变化的趋势正在把世界经济推进到一个新的发展阶段。中国将是受这一格局变化影响最大的国家之一。为此，党的十八届三中全会提出"适应经济全球化新形势，……加快培育参与和引领国际经济合作竞争新优势"的目标。党的十八届四中全会指出："要适应对外开放不断深化，完善涉外法律法规体系，促进构建开放型经济新体制。积极参与国际规则制定，……运用法律手段维护我国主权、安全、发展利益。"党的十八届五中全会强调："坚持开放发展，必须顺应我国经济深度融入世界经济的趋势，奉行互利共赢的开放战略，发展更高层次的开放型经济，积极参与全球经济治理和公共产品供给，提高我国在全球经济治理中的制度性话语权，构建广泛的利益共同体。"

为全面贯彻党的十八大和十八届三中、四中、五中全会精神，有效落实国家和广东省中长期教育改革和发展规划纲要，培养研究生的创业精神和创新能力，推动经济学前沿研究的进一步发展，加快培育参与和引领国际经济合作竞争新优势，根据广东省教育厅批准的广东省研究生教育创新计划项目（2015XSLT27），搭建高层次的研究生学术交流平台，广东省普通高校人文社会科学重点研究基地——广东财经大学国民经济研究中心于 2015 年 11 月 6 日至 8 日在广东财经大学承办了以"全球经济新格局与中国国际竞争新优势"为主题的"2015 年广东省研究生学术论坛——应用经济学分论坛"。

论坛立足广东,面向全国,诚邀全国各地的博士与硕士研究生共同探讨全球经济新格局与中国国际竞争新优势议题。论坛得到了全国各高等院校的大力支持,共收到符合要求的论文 127 篇(博士生论文 26 篇、硕士生论文 101 篇)。组委会组织专家对参选论文进行了严格、公正、公开的评审,并征得论文作者同意且承诺:出版的论文如有知识产权争议由论文作者自行负责,择优将 14 篇论文收录在《国际经济新格局研究——2015 年广东省应用经济学研究生学术论坛论文集》。

收录的论文主要围绕"开放型经济与国际竞争新形势"、"金融创新、股市发展与经济增长"、"资源、环境与区域经济可持续发展"三个主题展开,具体内容如下:

## 一、开放型经济与国际竞争新形势研究

面临全球经济格局新变化,如何培育中国参与国际竞争新优势是亟待解决的、值得广泛讨论和研究的重要课题。《基于探索性空间数据的高新技术产业出口时空演变研究》《世界经济新格局中的中国经济新优势》《进口对中国经济增长的促进作用》《我国自由贸易区税收激励机制的完善》《中美中间品贸易的技术外溢效应实证分析》《中澳自贸协定下中国羊毛贸易救济研究》六篇论文对此给予了深入探讨。

### (一)高新技术产业出口时空演变研究

高新技术产业是知识、技术密集型产业,高新技术产业的发展水平往往代表了一个国家的综合国力和国际竞争力水平,高新技术产业进出口贸易与经济增长之间存在着长期稳定均衡关系。论文《基于探索性空间数据的高新技术产业出口时空演变研究》运用信息熵、行业集中度、Theil 熵、空间集中度、空间自相关五个指标研究了我国高新技术产业出口在 2000~2013 年间的时空演化规律,结果表明我国高新技术产业出口在行业结构上集中于电子通信设备制

造和电子计算机及办公设备制造两个行业。从空间结构上看，我国高新技术产业出口空间分布差异显著，主要集中于沿海地区，形成了以珠江三角洲、长江三角洲、福建沿海区域、环渤海区域、川渝地区为代表的聚集区域，中西部地区高新技术产业出口有明显较大发展。建立线性方程模型分析了影响高新技术产业出口的因素，研究表明汇率和高新技术产业发展水平是影响高新技术产业出口的重要因素。

### （二）世界经济新格局中的中国经济新优势研究

"十三五"期间，从国际看，和平与发展的时代主题没有变。国际金融危机冲击和深层次影响在相当长时期依然存在，世界经济增长乏力。新一轮科技革命和产业变革蓄势待发，国际能源格局发生重大调整。国际投资贸易规则体系加快重构，局部地区地缘博弈更加激烈，国际关系复杂程度前所未有。中国只有立足国际经济新格局，重塑经济新优势，加强国际合作，才能在未来发展中再创奇迹。《世界经济新格局中的中国经济新优势》一文从世界多极化趋势、贸易格局和金融格局三个方面分析了当前世界经济新格局的变化趋势，从制度深化、消费需求扩大、企业创新、服务业发展和构建新型全球治理模式五个方面探索了中国重塑经济新优势的有效路径。

### （三）进口与经济增长的关系研究

《进口对中国经济增长的促进作用》一文研究表明：加工贸易进口、一般贸易进口与 GDP 之间存在协整关系，且不管是从长期或短期来看，进口贸易对经济增长都具有促进作用。首先，从长期来看，加工贸易进口和一般贸易进口对 GDP 的影响存在长期均衡的稳定关系。从反映这种长期均衡关系的协整方程来看，变量前的系数说明贸易进口对经济的拉动作用。从统计数据来看，加工贸易进口在进口总额中占有更高份额的比值，加工贸易进口中很大一部分是用于出口产品生产的原材料、零部件，这些原材料和零部件的进口直接推动了出口的增长，从而促进经济增长。其次，随着本土技术密集型制造业的扩展，对技术密集型中间品的进口需求也越来越大，这无疑会对经济增长产生重要的推动作用。再次，一般进口贸易对 GDP 的促进作用显著，随着人均收入稳定增长、消费品进口基数偏低、主要进口消费品关税下调、进口贸易便利化程度提高，一般贸易进口满足了消费者多样化的消费需求，消费对经济增长的拉动作用也越来越显著，从而促进了经济增长。

### （四）自由贸易区税收激励机制研究

在当前国际经济竞争激烈的大背景下，金融制度、税收制度以及整体的政策对自贸区的发展有着不可估量的作用，而税收作为自贸区发展必不可少的一项，也同样占有着不可替代的一席之地。作为新兴的自贸区，已不能用传统的税收模式继续发展了，但税收优惠又是各项政策中不可或缺的。随着中国广东、天津等地自贸区的建立，如何使我国自贸区的税收政策与其他自贸区有所区别并对自身发展有较好促进作用则成了现阶段主要问题。《我国自由贸易区税收激励机制的完善》一文分析了中国自贸区的现状并借鉴外国（地区）的先进经验提出了自由贸易区税收激励的建议：对于税率的减免可针对不同企业降低不同税率；在缴纳所得税方式上，引用香港征税模式以及大陆中小企业模式；对于免税，借鉴新加坡免税年限的做法，对自贸区内的企业符合一定要求的进行免税。

### （五）中间品贸易的技术外溢效应研究

《中美中间品贸易的技术外溢效应实证分析》研究表明：技术创新是一国或一个地区技术进步和经济增长的源泉与动力，对外贸易与技术创新之间有着密切联系，进口贸易在这方面的表现更为明显，是一种更为直接的技术溢出渠道。这是因为，一国进口的产品尤其是中间产品隐含了出口国的研发活动，进口贸易使得进口国能够用低成本但高效率地模仿这些隐含研发活动的产品，从中获得该研发活动中的技术，同时进口贸易还避免了各国在研发活动中的重复操作，从而改善了全球的研发效率。因此，在越来越开放的经济条件下，一国技术水平的提升已不仅仅依赖于本国的技术研发与投入，更依赖于外国的技术研发资本，尤其是对发展中国家而言，吸取发达国家的技术资源比更多的研发投入更加便利。

### （六）中国对外贸易救济研究

《中澳自贸协定下中国羊毛贸易救济研究》研究表明：中澳自贸区建立后，中国可以采取反倾销、反补贴和一般保障措施三种贸易救济措施减轻国内羊毛产业受澳大利亚羊毛进口增加的负面影响。但由于相同细度下澳大利亚羊毛价格高于国毛，澳大利亚羊毛发生倾销的可能性不大，而且澳大利亚目前没有并且以后也不太会针对羊毛产业出台价格支持或出口补贴等政策，所以中国对羊毛实施反倾销和反补贴的可能性不大；而中国对羊毛进口实施一般保障措施将面临补贴出口方的财政压力和出口方的贸易报复风险，采取一般保障措施是迫不得已时的无奈之举，所以一般情况下，采取的可能性也不大。因此，为应对中澳自贸区建立对中国羊毛产业的不利影响，论文提出如下政策建议：建立羊毛进口预警机制，动态监控羊毛进口信息；加强与其他进口来源国的羊毛贸易合作，拓宽羊毛进口渠道；振兴国内细羊毛产业，提高国产羊毛质量水平；鼓励养羊户多元化经营，增加收入来源。

## 二、金融创新、股市发展与经济增长研究

改革开放以来，中国金融发展取得了显著成绩，但与发达国家的金融相比，发展水平总体滞后，金融创新明显不足，金融对经济增长的促进作用还没有充分发挥出来。党的十八届五中全会明确提出：要加快金融体制改革，提高金融服务实体经济效率；积极培育公开透明、健康发展的资本市场；开发符合创新需求的金融服务，推进汇率和利率市场化，规范发展互联网金融。因此探索开展金融创新及培育健康的资本市场，是顺应世界经济格局变化新趋势、积极主动推进我国金融改革开放的必然选择。

《宏观经济变量对股票市场波动影响的实证性分析》研究表明：宏观经济变量的扰动会影响股票价格当前和未来取值，上证综合指数月度收盘价的波动除受其自身的影响外，随着时间的推移，还主要受宏观经济预警景气指数的变化、货币供给量变化、国内通货膨胀率的影响。宏观经济预警指数下降导致股票价格降低，货币供应量增加常常会产生"货币幻觉效应"与"低资金成本效应"，导致股票市场资金增多，从而对股票市场的波动性呈现正的影响；国内通货膨胀率对股票价格的波动先正后负；一年期存款利率和汇率对股票市场的波动性影响虽然很小，但是也有一定的影响。研究结论正好与理论上对股票价格的影响是一致的，说明股票市场的波动性可以通过宏观经济环境和货币政策相关的指标进行调节。

《沪深 300 指数波动与居民消费行为关系的研究》一文通过构建城镇模型、农村模型对沪深 300 指数、居民价格消费指数、居民现金消费支出三个变量的关系进行研究，从而探索股指波动对居民消费的影响关系。从检验的整体结果来看，城镇模型更符合假设一：股票价格波动与居民消费存在相关关系或者一定的联动性，股价的涨跌影响居民消费的增减；农村模型更符合假设二：股票价格的波动与居民消费相互独立，股票价格的波动并不能影响居民的消费量。在检验过程中，沪深 300 指数始终与居民消费价格指数体现出较强的相关性，强于与居民现金消费支出增量体现出的关系。由此可见，沪深 300 指数与居民消费的关系不能仅仅从价格水平变动（多由通货膨胀引起）的角度研究，还存在着诸多不确定因素对变量的波动有着一定的冲击能力。但在城镇模型沪深 300 指数的波动与城镇 CPI 和城镇居民现金支出增量都体现出了一定的联动性和因果关系，且这种关系不仅在短期体现，还随着期数呈现变化，并长期存在稳定的相互影响关系。由此可见，股指的波动对城镇居民的现金消费有着一定的影响，这种影响与通货膨胀或紧缩带来的价格波动（CPI 变化的重要原因）有关，同时还与一些其他因素有所关系。而股指的波动对农村居民的现金消费不存在显著影响，从价格变化的角度分析，由于农村居民消费的大多为必需品，奢侈品和耐用品较少。物价一定程度上的变动不会对他们的消费行为产生太大影响。故得出结论：股指的波动影响城镇居民的现金消费，二者呈现出一定的联动性，且股指的波动为城镇居民的现金消费变动的一个原因。股指的波动不影响农村居民的现金消费，二者不存在明显的联动性与因果关系。

《股权激励条件下上市公司业绩预告行为的市场反应研究》一文研究了股权激励条件下我国上市公司业绩预告行为的市场反应特征。研究表明：（1）业绩预告信息质量与市场反应之间是正相关关系，随着业绩预告形式上的精确性和实质上的准确性提高，信息质量提高，市场反应愈强烈；业绩预告及时性增强，市场反应减弱；随着时间窗的推移，业绩预告行为的市场反应呈倒"U"字形分布。（2）相对于非股权激励，股权激励能够促进业绩预告信息质量提高，市场反应增强；股权激励能够促进业绩预告及时性提高，市场反应减弱。实证结论表明，股权激励条件下，业绩预告行为的市场反应具有双向性特征（增强或减弱）。（3）业绩预告的未预期盈余与股票价格之间是正相关关系，未预期盈余越大，股票价格越高；随着时间窗的推移，这种正相关性随之增强。实证结果未能发现业绩预告行为与股票价格之间正向或负向的单调性关系；股权激励条件下，业绩预告行为的市场反应具有双向性特征，其背后机理尚待验证，对上述问题进行深入探讨可能是未来的一个研究方向。

### 三、资源、环境与区域经济可持续发展研究

改革开放以来，中国面对错综复杂的国际环境和艰巨繁重的国内改革发展稳定任务，锐意进取、开拓创新，经济社会发展取得显著成就。但与此同时，发展方式粗放，不可持续问题仍然突出，资源约束趋紧，生态环境恶化趋势尚未得到根本扭转。为此，党的十八届五中全会明确强调：必须坚持节约资源和保护环境的基本国策，坚持可持续发展，坚定走生产发展、生活富裕、生态良好的文明发展道路，加快建设资源节约型、环境友好型社会，形成人与自然和谐发展的现代化建设新格局，推进美丽中国建设，为全球生态安全作出新贡献。因此，如何坚持节约资源和保护环境的基本国策、如何坚持可持续发展成为亟待解决的重大课题。《基于京津冀区域协同发展的主导产业选择》《出口贸易与工业产业碳排放的关系研究》《贸易开放程度影响二氧化碳排放程度的实证研究》《广州市生态文明评价指标体系研究》《新常态下广东省房地产市场的供求关系研究》等五篇论文对资源、环境与区域经济可持续发展问题进行了深入研究。

《基于京津冀区域协同发展的主导产业选择》一文利用京津冀三地2012年投入产出表中的数据资料，建立三类指标体系，从产业关联度、主导产业的综合发展能力以及竞争优势等方面进行全面分析，从而确定京津冀的主导产业，并运用偏离份额法分析天津的优势所在，进而提出如下政策建议：（1）提高自主创新能力，进一步优化工业结构。通过引进技术含量高以及创新性较强的项目、引进高端人才等方式培育工业增长的内生动力机制，加快形成创新驱动、内生增长的新型工业发展方式。（2）强化现有优势产业，稳步推进新兴产业。

在持续发展通信设备、计算机和其他电子设备制造业、金属冶炼和压延加工业、石油和天然气开采业、石油、炼焦产品和核燃料加工业、化学工业、金属制品业、通用设备制造业等为主导的第二产业的基础上，加快产业结构转型升级，加大对第三产业的扶持力度。（3）依托自贸区建设，加快对外贸易开放。天津自贸区承载着扩大投资领域的开放、推动贸易的转型升级以及服务于京津冀协同发展等多项重任，天津可依托自贸区建立的机遇，以制度创新为中心，提升贸易自由度与投资便利程度，吸引外商投资，从而为天津的经济发展奠定坚实的基础，为产业转型带来更强的动力。（4）紧抓协同发展机遇，增强协同发展力度。随着京津冀在交通、环保与产业转移等各领域的一体化进程不断深入，各项重点合作项目也开始陆续投资启动，天津应打破地域壁垒和制度障碍，推动资源跨区域流动，科学谋划自身在协同发展中的角色定位，并发挥天津作为一个海港城市的独特优势。通过加强滨海新区的区域规划建设以及与北京中关村科技园的合作，促进新一轮的产业聚集从而打造北方新增长极，真正实现京津冀协同发展的合作共赢理念。

《出口贸易与工业产业碳排放的关系研究》一文根据工业行业的碳排放强度、各产业部门工业产值和出口情况，分析了对外贸易对我国二氧化碳排放的影响。研究表明：随着工业化进程的加速，出口规模的不断扩张，虽然碳排放强度有一定程度的下降，但出口中的二氧化碳排放规模还是较大；黑色金属压延制造业等资源密集型产业，由于其碳排放强度较高，导致资源性产品出口的二氧化碳排放所占比例较高。减少出口贸易碳排放的有效路径是：（1）发展低碳经济，不断降低资源类产品的出口比例。（2）调整产业结构，培育发展新兴产业和高技术产业等节能环保产业来替代能源依赖型产业，利用技术创新来降低低碳产业的生产成本，制定发展低碳产业的支持政策和优惠政策，逐步扩大和提高新兴低碳产业在出口贸易中的地位。（3）提升能源利用效率，促进节能减排技术的开发应用，大力开发洁净煤、智能电网等清洁能源技术来加快构建低碳环保的经济发展道路，以低碳或无碳技术的发展和创新作为发展低碳经济的着力点，制定长远的规划，抢占先进低碳技术的制高点。（4）完善建设机制，建立合理碳排放交易体系。

《贸易开放程度影响二氧化碳排放程度的实证研究》一文以 1990 ~ 2013 年的统计数据,基于 VAR 模型运用协整检验、脉冲响应函数和方差分解等方法,实证研究了贸易开放程度对碳排放量变化的影响。研究表明:(1)二氧化碳排放量与外贸依存度之间存在正的协整关系,而与外资依存度之间存在负的协整关系。从实证角度来看,湖北省的进出口贸易产生了负的环境效应,而外商直接投资产生了正的环境效应。(2)Granger 因果关系检验显示了外贸依存度和外资依存度对于碳排放的影响关系。说明了外贸依存度和外资依存度是影响二氧化碳排放的重要原因。(3)基于 VAR 模型的脉冲响应函数分析的模拟结果表明,外贸依存度冲击响应累计值为正值,外资依存度为负值,两者都有一定的滞后效应。外贸依存度对二氧化碳排放的影响力度很大,外资依存度的影响力度则较小。这一结果显示由于进出口规模的扩大所带来的二氧化碳排放的增加相当严重。(4)方差分解基于 VAR 模型的分析结果表明,在整个预测期内外贸依存度和外资依存度对二氧化碳排放方差分解的贡献度分别为 46.84% 和 4.463%,虽然外贸依存度和外资依存度对二氧化碳排放的方差分解贡献度差别较大,但都呈下降趋势。这又说明了湖北省当前的贸易产业政策向低碳化转型的趋势。

《广州市生态文明评价指标体系研究》一文通过构建指标体系,对广州市生态文明发展水平的变化趋势做了定量考察,研究表明:(1)就广州而言,生态经济是广州的优势,经济基础较雄厚,应继续优化经济产业结构,大力发展绿色经济。重点发展科技含量高、竞争力强、污染少的新兴产业;对于能耗高、污染大、经济效率低的落后产业予以及时的淘汰;积极发展第三产业,加大金融、物流、文化旅游产业的发展与扶持。(2)生态环境的保护需不断加强,减少工业与生活污染物的排放,这与生态文化紧密相连,公众和企业对生态文化缺乏认识,生态文明意识理念有进一步提高的空间。(3)完善生态制度,可以将绿色考核制度纳入政府绩效考核,推动行政管理机制向生态文明方向改革;成立专家小组,协调解决重大的环境问题;建立环境污染的预警机制,健全相关的法律法规,加强监管与执行力度;提高政府采购节能与环保产品、加大生态文明建设的投资力度等。(4)坚持科学发展观,以民生为本,加强基础设施的建设。使教育、医疗资源均等化，走向公平化，平民化。努力改善城乡差距、贫富不均的实际，改善民生。不断完善就业保障机制，保障最低收入人群的基本生活，促进社会的发展与进步。

《新常态下广东省房地产市场的供求关系研究》一文通过考察市场化因素与非市场化因素两个方面，选取了商品房均价、城镇居民人均可支配收入、城市化水平、贷款利率、人口自然增长率、地区生产总值共六个外生变量，研究了广东省房地产市场供求关系，提出了促使房地产市场供求趋向均衡发展的政策建议：（1）提高城镇居民人均可支配收入以及政策性调资。城镇居民可支配收入标志着居民即期的消费能力，城镇居民可支配收入增长得越快，表示人民生活水平提高得越快，反映其消费能力就越强，实证结果显示当城镇居民人均可支付收入发生 1% 的变动时，房屋需求量发生 0.5491% 的变动。因此，提高城镇居民人均可支配收入以及政策性调资，都可以促进房地产业稳定增长。（2）调整人口结构与户籍政策，提高人们对商品房的需求量，人口的自然增长率无论对供给方还是需求方都存在显著的影响：从需求方来看，人口增长率每变动 1%，将会使得需求量变动 0.1030%，同时会使得供给量变动 0.2788%。针对如今倒三角的人口结构，广东省应在国家松绑计划生育的基础上，结合自身的实际，努力推进户籍政策的实施，同时结合城市化进程，加快调整人口结构，提高人们对商品房的需求量。（3）用好金融工具，促进房地产业发展，利率是重要的金融工具，它决定了投资者的实际收益与贷款者的资金成本。在广东省房地产市场的供求关系中，贷款利率是富有弹性的一个重要的影响因素，贷款利率每变动 1%，将会引起供给量产生 19.3983% 的变动；在政策空间弹性中，当贷款利率变动 1 个单位，政府空间弹性变动 –7.7276 个单位。健康完善的金融市场，有利于营造一个良好的融资环境，有利于房地产开发商控制成本，有利于促成房地产市场处于有效的竞争环境中，有利于商品房价格趋于稳定，从而使得人们的购房需求得到有效释放，以保持房地产市场长期健康、有效增长。

# 目　录

# 基于探索性空间数据的高新技术产业出口时空演变研究

高颜超、杨青生◇广东财经大学

**摘要**：运用信息熵、行业集中度、Theil 熵、空间集中度、空间自相关五个指标来研究我国高新技术产业出口在 2000 ~ 2013 年间的时空演变规律。结果表明我国高新技术产业出口在行业结构上集中于电子通信设备制造和电子计算机及办公设备制造两个行业，空间上集中于东部沿海地带但呈现向东西部地区发展的趋势，通过局部空间自相关研究发现，我国高新技术产业出口主要集中于珠江三角洲、长江三角洲等区域。建立线性方程模型分析影响广东省高新技术产业出口的因素，表明汇率和高新技术产业发展水平是影响高新技术产业出口的重要因素。

**关键词**：高新技术产业出口；时间演变；空间演变；影响因素

## 一、引言

高新技术产业是知识、技术密集型产业，高新技术产业的发展水平往往代表了一个国家的综合国力和国际竞争力水平，高新技术产业进出口贸易与经济增长之间存在着长期稳定均衡关系，短期来看高新技术产品每增加 1 个百分点 GDP 便会增加 0.442167 个百分点[1]。2000 年高新技术产业出口交货值为 3388.38 亿元，2000 年国民生产总值为 99214.6 亿元，约占当时国民生产总值的 3.4%，2013 年高新技术产业出口交货值为 49285.1 亿元，2013 年国民生产总值为 568845.2 亿元，约占 2013 年国民生产总值的 8.6%，2000 ~ 2013 年间高新技术产业出口增长了约 14.5 倍，平均每年增长近 1 倍，远高于同期 GDP 增长率。

目前学者大多是从影响因素、竞争力分析、发展现状及对策对高新技术产业出口进行研究，而对整个高新技术产业出口的时空演化特征的研究较少。如对高新技术产业出口影响因素分析，姜苑、陈丽珍研究了外资高技术企业对我国高新技术产品出口的影响机制，认为外资高技术企业对我国高新技术产品出口有促进作用和有利于提升我国高新技术产品的技术水平[2]。官皓基于省际面板数据研究中国高新技术产品出口的影响因素，利用固定效应（FE）模型，从低技能劳动力、技术水平政府政策和人民币汇率等方面探讨这些要素对我国高新技术产品出口的影响，认为低技能劳动力数量、技术水平、政府政策支持、人民币汇率对高新技术产品出口有显著影响[3]。杨秀云等通过构建模型，选取人力资本要素、新增固定资本投资量、自主创新、技术购买、融资来源作为6个基本要素来分析影响陕西省高新技术产品出口的因素，认为 R & D 经费的投入和政府资金支持对促进陕西省高新技术产业出口的重要作用[4]。陈昊基于14 个省际的数据对我国高新技术产品出口影响因素进行实证分析，通过建立以高新技术产品出口额为解释变量的回归方程，用岭回归法分析科技资源配置各个要素对高新技术产品出口的影响，认为高新技术产业的发展水平对高新技术产品的出口影响最大，科技经费投入、科技活动人员和发明专利对高新技术产品的影响较小[5]。其他的研究高新技术产业出口影响因素还有王子军、冯蕾探讨外商直接投资与中国出口竞争力关系的研究等[6]。从竞争力分析角度探讨我国高新技术产业出口的竞争力及影响出口竞争力的因素，如周叔莲、王伟光实证分析了影响我国高新技术产业出口能力的影响因素，认为企业规模、所有制结构、技术创新因素是影响我国高新技术产业出口能力的重要因素[7]。罗双临运用贸易竞争力指数、产业内贸易指数、产品结构转换率和竞争优势变化指数等指标对我国高新技术产品的国际竞争力进行了实证研究，发现我国高新技术产业处于国际高新技术产业分工的加工制造环节[8]。黄中文、宋小娜等对我国高新技术产品的国际竞争力进行探析认为我国高新技术产品国际竞争力较弱[9]。张本照、杨爱年运用协整理论，结合我国高新技术产业对外贸易现状，对 FDI 与我国高新技术产业出口竞争力关系进行实证研究，认为长期来说 FDI 与我国高新技术产业出口竞争力有显著的推动作用，但短期来看，FDI 对我国高新技术产业出口竞争力的影响不如长期显著的结论[10]。涂远芬、徐统生基于协整检验分析了技术创新对我国出口产品竞争力的影响，认为技术创新能力对提升出口国际竞争力具有重要意义[11]。闫逢柱、乔娟等基于OCED标准运用显示性竞争力指数和贸易专业化指数对整个高新技术产品的国际竞争力进行比较分析，认为目前我国高新技术产品的国际竞争力仍然较弱[12]。对我国高新技术产业出口发展现状、特点、面临的问题以及对策的研究，如宋智勇在分析了我国高新技术产品出口存在着品种集中附加值低、外资集中等问题后，提出要扶植本国企业增强技术竞争力、完善融资条件、健全配套服务机制等对策[13]。都晓岩、王丽华认为我国的高新技术产品存在地区发展不平衡、出口层次不高等问题，在分析原因之后，提出要进行结构性调整等对策[14]。孙志慧在对近年来我国高新技术产品出口呈现的新特点进行研究的基础上，认为我国高新技术产业发展存在出口产品种类少、出口集中度高、以加工贸易为主等特点，提出进行组织结构调整和多元融资等对策[15]。王三兴分析了我国高新技术产品出口存在的问题及相应的对策，认为我国高新技术产品出口存在着结构失衡、附加值低、效益不高等问题，并提出要进行结构性调整和自主创新的对策[16]。

采用信息熵指数、行业集中度指数对高新技术产业产品出口2000～2013年间的时间变化规律进行研究，探究整个高新技术产业出口的时间维度上研究出口贸易产业结构的演化，研究整个高新技术产业出口的行业结构变化和出口资源配置规律。采用Theil熵、空间集中度指数和局部空间自相关指数分析高新技术产业出口的空间差异规律，研究2000～2013年高新技术产业出口在空间上的变化规律。通过研究分析高新技术产业出口时间空间变化的影响因素，以及产业结构变迁的规律的影响因素，为高新技术产业的区域分工与有序转移提供科学决策依据。

## 二、研究方法及数据来源

### （一）研究方法

选取信息熵指数、行业集中度指数、Theil熵、空间集中度指数和空间自相关指数来研究高新技术产业出口2000～2013年之间的时空演变规律。运用信息熵衡量高新技术产业出口行业分布的多样性。信息熵指某种特定信息出现的概率，信息熵值越大，说明系统具有多样性更加平衡，信息熵值越小说明系统越单一。运用行业集中度衡量高新技术产业出口的行业均衡性。Theil 熵原本是分析区域收入水平差异，Theil 熵越小说明差异越小，运用 Theil 熵衡量高新技术产业出口在 31 个省份自治区直辖市的空间分布差异。运用空间集中度指数衡量高新技术产业出口空间分布的集中情况。运用空间自相关指数衡量同样现象相邻空间之间的相关度，空间自相关的主要原理是认为同样现象的相邻的观察是相关的，运用 Local Moran I 指数来衡量相邻区域之间的相关程度，研究高新技术产业出口区域集中情况。

1. 高新技术产业出口时间演化研究方法

1.1. 信息熵

在信息论中，熵用来衡量一个随机变量出现的期望值。指在被接收之前，信号传输过程中损失的信息量，又被称为信息熵。Shannon（1948）将信息中的不确定性定义为熵值，他假定 X 是一个离散随机变量，也就是说它的取值范围为 R={X$_1$,X$_2$……}，R 是有限可数的。设 p$_i$=P{X=x$_i$} 信息熵公式为：

$$H(x) = -\sum_i \left[ p(x_i) \ln p(x_i) \right] \tag{1}$$

定义高新技术产业出口信息熵值越大，说明高新技术产业出口发展更加多样均衡，反之说明发展越单一，这里将信息熵取值范围的最小值为 0，即高新技术产业出口集中于一个行业，最大值为 1.61，即高新技术产业出口平均分配于所有行业。

1.2 行业集中度

在测量产业时空演化规律的指标中，集中度是最常用的指标之一，它具有简洁性, 集中度表示本产业中规模最大的前 m 个行业在整个产业中所占的比重。公式为：

$$CR\_m = \frac{S_1 + S_2 + \cdots + S_m}{S_1 + S_2 + \cdots + S_m + \cdots + S_n} \tag{2}$$

其中 CR$_m$ 代表本产业中规模最大的前 m 个行业在整个产业中所占的比重，CR$_m$ 越大表示该产业的往往集中在某几个行业，反之越小表示该行业较为均衡。

2. 高新技术产业出口空间演化研究方法

2.1 Theil 熵

Theil 熵最早是由 Theil 于 1967 年在研究国家之间收入差距时提出，表示国家之间的收入差距，运用 Theil 熵衡量高新技术产业出口 2000 ～ 2013 年在 31 个省直辖市自治区发展水平的差距。Theil 熵越小说明高新技术产业出口在各个省区 10 多年间的发展差异越小，反之越大说明差异越大。公式表述为：

$$T = \frac{1}{N} \sum \left( \frac{x_i}{\bar{x}} \cdot \ln(\frac{x_i}{\bar{x}}) \right) \tag{3}$$

其中 $\bar{x}$ 表示 x 的平均数 T 表示 Theil 熵，这里 Theil 熵的取值范围为 0 ～ 3.434，即 31 个省市高新技术产业出口发展水平完全平均为最小值为 0，高新技术产业出口完全集中于一个省市为最大值 3.434。

2.2 空间集中度指数

空间集中度值指本产业中所占市场份额前 m 的省份在总的市场份额的比重，用空间集中度衡量高新技术产业出口 2000 ～ 2013 年在空间上的空间分布特征，是否具有集中性特征。SCR_m 表示本产业中份额较大的前 m 个区域占所有区域中的比重，所占比重越大表示本产业的空间集中度越大，反之越小表示空间分布较为均衡。其公式为：

$$SCR\_m = \frac{DS_1 + DS_2 + \cdots + DS_m}{DS_1 + DS_2 + \cdots + DS_m + \cdots + DS_n} \tag{4}$$

2.3 空间自相关指数

空间自相关是用以测量空间某点的观测值与其相邻点存在相关性的一种分析方法，常用 Moran 指数来表达。Moran 指数绝对值越大，表示相关性越强；该值为正，表示存在空间正相关，反之，表示存在空间负相关。全局 Moran 指数反映该现象在整个空间上的相关性，局部 Moran 指数反映局部空间及其周围邻域的空间相关性，如果某一位置变量的值高（低）而它邻近的值也高（低），就说它们是正的空间自相关，反之，则是负的空间自相关。研究产业空间集中程度可以通过计算局部空间自相关得到，选取 Local Moran I 指数用以说明高新技术产业出口的空间聚集特征。计算公式为：

$$I_i = \frac{Z_i}{m_2} \sum_j \omega_j z_j \qquad (5)$$

$$m_2 = \frac{\sum_i z_i^2}{N} \qquad (6)$$

其中，$Z_i$ 是均值之间的偏差，$w_j$ 是权重矩阵，$N$ 是图分析单元的数目[14]。

**（二）数据来源**

数据主要来源于 2001 ~ 2014 年《中国高新技术产业年鉴》，以中国 31 个省（市、区）为基本空间单元，以高新技术产业出口交货值作为数据分析的主要变量。基于国民经济行业分类与代码（GB/T4754-2011），高新技术产业出口按行业分类包括医药制造、航空航天器制造、电子及通信设备制造、电子计算机及办公设备制造、医疗设备及仪器仪表制造 5 个行业。中国的地图数据来自中国国家基础地理信息中心，网址为：NGCC，http://www.ngcc.cn/。

### 三、高新技术产业出口的时空演化规律

1. 高新技术产业出口时间演化

1.1 基于信息熵的内部行业均衡度分析

基于公式 1 计算高新技术产业出口信息熵，如表 1 所示。

**表 1 2000 ~ 2013 年高新技术产业出口信息熵值**

Tab.1 Information Entropy(H) of High–tech Industry Exports from 2000 to 2013

| Year | 2000 | 2001 | 2002 | 2003 | 2004 | 2005 | 2006 | 2007 | 2008 | 2009 | 2010 | 2011 | 2012 | 2013 |
|------|------|------|------|------|------|------|------|------|------|------|------|------|------|------|
| H | 0.96 | 0.99 | 0.95 | 0.94 | 0. 90 | 0.92 | 0.92 | 0.92 | 0.92 | 0.93 | 0.93 | 0.93 | 0.91 | 0.91 |

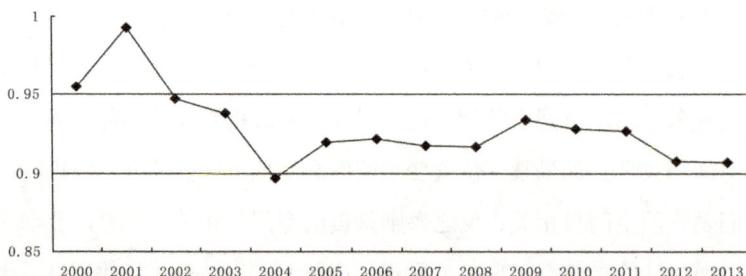

**图 1 高新技术产业出口 2000 ~ 2013 年信息熵变化情况**

Fig.1 Dynamic of Information Entropy(H) of High–tech Industry Exports from 2000 to 2013

2000 ~ 2013 年高新技术产业出口信息熵值在 0.91 ~ 0.99 之间变化，与最为均衡状态下的熵值（1.61）更为接近，表明高新技术产业在行业分布上相对较为均衡多样。行业内部分布也处在动态变化过程中（图 1），总体上可以分为四个阶段，即均衡阶段（2000 ~ 2001 年）、不均衡阶段（2002 ~ 2004年）、持续均衡化阶段（2004 ~ 2009 年）、浮动平稳阶段（2010 ~ 2013 年）。第一阶段，2001 年相对于 2000 年高新技术产业出口所包含五大行业出口交货值平均增长 40%。占总出口交货值份额最小的航空航天器制造增长近 1.05倍，出口交货值由 2000 年 31.23 亿元增至 2001 年 64.07 亿元。占总出口交货值份额最大的电子及通信设备制造增长约 17% 小于平均值 40%，出口交货值由 2000 年 2157.78 亿元增至 2525.62 亿元，说明其他行业出口交货值占当年高新技术产业出口交货值比重呈上升趋势，说明 2000 ~ 2001 年高新技术产业出口各行业高速发展，整个产业发展均衡。第二阶段，2002 ~ 2004年信息熵值总体呈下降态势，表明行业内部分布从均衡逐渐向不均衡发展的一个趋势。其中电子计算机及办公设备制造增长近 1.95 倍由 2320.31 亿元增至 6845.7 亿元，而航空航天器制造负增长 7%，2002 出口交货值为 45.64 亿元减少至 2004 年 42.4 亿元。说明 2002 ~ 2004 年高新技术产业出口行业分布不均衡加剧。第三阶段，2004 ~ 2009 年信息熵值略有浮动但是总体呈上升趋势说明整个高新技术产业出口行业分布持续均衡化。其表现为医药制造、航空航天器制造、医疗设备及仪器仪表制造行业的快速发展。第四阶段，2010 ~ 2013 年信息熵值略有浮动，但总体呈下降趋势，整个高新技术产业出口行业分布呈略不均衡发展态势，其中电子及通信设备制造和电子计算机及办公设备制造业发展速度快于其他行业。

在信息熵的基础上进一步探究 2000 ~ 2013 年高新技术产业出口具体集中在哪些行业。依公式（2）计算高新技术产业出口集中度，如表 2。

表 2 2000 ~ 2013 年高新技术产业出口集中度

Tab.2 Concentration Ration of High-tech Industry Export from 2000 to 2013

| Year | 2000 | 2001 | 2002 | 2003 | 2004 | 2005 | 2006 | 2007 | 2008 | 2009 | 2010 | 2011 | 2012 | 2013 |
|------|------|------|------|------|------|------|------|------|------|------|------|------|------|------|
| CR1 | 0.64 | 0.59 | 0.55 | 0.48 | 0.49 | 0.53 | 0.52 | 0.53 | 0.53 | 0.53 | 0.53 | 0.55 | 0.58 | 0.58 |
| CR2 | 0.90 | 0.91 | 0.93 | 0.94 | 0.95 | 0.94 | 0.94 | 0.94 | 0.94 | 0.94 | 0.94 | 0.94 | 0.94 | 0.94 |
| CR3 | 0.95 | 0.95 | 0.97 | 0.97 | 0.97 | 0.97 | 0.97 | 0.97 | 0.97 | 0.97 | 0.97 | 0.97 | 0.97 | 0.97 |

## 1.2 基于行业集中度的内部行业发展差异分析

CR1 在 0.48 ~ 0.64 间变化,说明排名第一的行业(电子及通信设备制造业)出口交货值占总高新技术产业出口交货值的 48% 以上,说明我国高新技术产业出口主要是电子及通信设备制造业出口。CR2 在 0.90 ~ 0.95 间变化,说明排名前两位的行业(电子及通信设备制造和电子计算机及办公设备制造)出口交货值占总的高新技术产业出口交货值的 90% ~ 95%,说明我国高新技术产业出口主要集中于电子及通信设备制造好电子计算机及办公设备制造业。CR3 在 0.95 ~ 0.97 间变化,说明排名前三的行业(除 2000 年排名第三的行业为医药制造外 2001 ~ 2013 年为医疗设备及仪器仪表制造业)出口集中了总的高新技术出口交货值的 95% ~ 97%。总体上,高新技术产业出口内部行业集中度较高,电子及通信设备制造和电子计算机及办公设备制造出口对整个高新技术产业出口影响较大,且电子及通信设备制造和电子计算机及办公设备制造与其他三个行业占总的出口交货值比重差距明显。

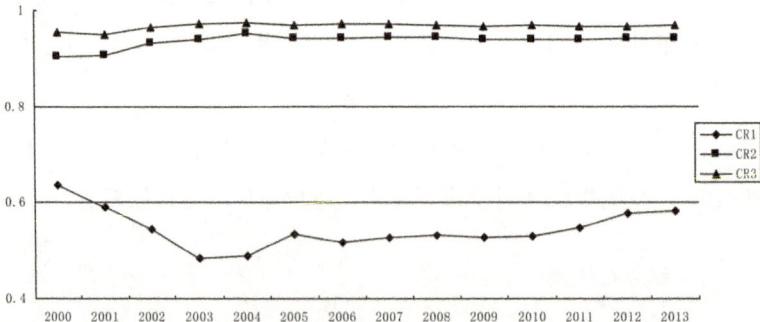

图 2 2000 ~ 2013 年高新技术产业出口行业集中度情况

Fig.2 Dynamic of Concentration Ration of High-tech Industry Export from 2000 to 2013

进一步研究行业集中度的变化（图2），2000 ~ 2003年CR1呈下降趋势，同期CR2、CR3均呈上升趋势，说明2000 ~ 2003年CR1（电子及通信设备制造业）占总的高新技术产业出口比重下降，其他行业进一步发展占总的高新技术产业出口比重上升。2004 ~ 2013年CR1呈上升趋势，同期CR2、CR3基本维持同一水平，说明CR1（电子及通信设备制造业）占总的高新技术产业出口比重上升，而其他两个行业（电子计算机及办公设备制造和医疗设备及仪器仪表制造业）占总的高新技术产业出口比重下降。

2. 高新技术产业出口空间演化分析

2.1 基于Theil熵的空间均衡度分析

由公式（3）可计算出我国高新技术产业出口Theil熵，结果如表3所示。

### 表3 高新技术产业出口2000 ~ 2013年Theil熵

Tab.3 Theil Entropy(T) of High-tech Industry Export from 2000 to 2013

| Year | 2000 | 2001 | 2002 | 2003 | 2004 | 2005 | 2006 | 2007 | 2008 | 2009 | 2010 | 2011 | 2012 | 2013 |
|------|------|------|------|------|------|------|------|------|------|------|------|------|------|------|
| Theil | 1.43 | 1.53 | 1.54 | 1.60 | 1.64 | 1.54 | 1.56 | 1.53 | 1.58 | 1.58 | 1.55 | 1.47 | 1.36 | 1.29 |

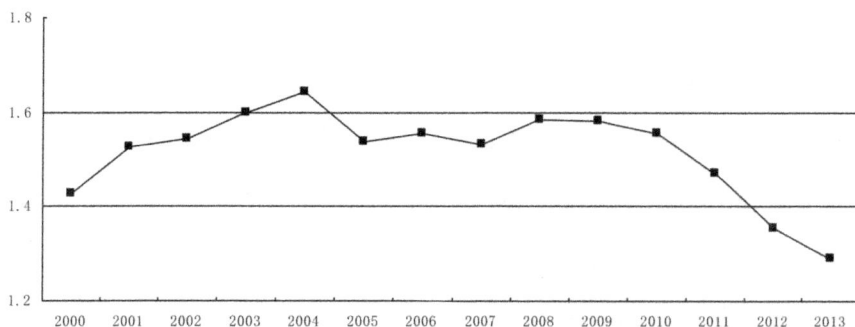

### 图3 高新技术产业出口2000 ~ 2013年Theil熵变化情况

Fig.3 Dynamic of Theil Entropy of High-tech Industry Export from 2000 to 2013

2000 ~ 2013年Theil熵值变化区间为1.29 ~ 1.64，Theil熵值相对较大，表明高新技术产业出口空间分布差异显著。进一步研究Theil熵变化趋势（图3），2000 ~ 2004年Theil熵由1.43上升至1.64，说明2000 ~ 2004年高新技术产业出口空间分布差异越来越大，广东、江苏、上海、天津等沿海省份高新技术产业出口发展迅速，是高新技术产业出口的主要省份。2004～2007年Theil熵由1.64下降至1.53呈下降趋势，说明该产业空间分布差异有所缩小但由于Theil值较大，说明高新技术产业出口格局未发生改变。以湖北、广东为例，2004年湖北省高新技术产业出口交货值为32.7亿元，2007年增至139.9亿元。2004年广东省高新技术产业出口交货值为5969.2亿元，2007年增至10707.9亿元。湖北省与广东省高新技术产业出口交货值仍有较大差异，说明除广东、江苏、上海、天津等沿海省份外的其他省份高新技术产业出口有所发展，空间分布差异有所缩小，但总的高新技术产业出口空间布局未改变。2008～2013年Theil熵呈下降趋势，说明高新技术产业出口空间分布差异进一步缩小，2008全球金融危机后，全球市场对高新技术产品的需求减少，沿海地区高新技术产业由于生产成本上升，导致我国高新技术产业由沿海向内地、由发达地区向不发达地区转移以取得成本优势，推动了我国内陆地区高新技术产业的发展进而带动了内陆省份的高新技术产业出口交货值上升。2008年河南省高新技术产业出口交货值为25.4亿元，2013年增至1894亿元，增长近75倍。

在Theil熵的基础上，从空间集中度的角度进一步研究高新技术产业出口在空间上的分布情况。依公式（4）计算高新技术产业出口的空间集中度，如表4。

表4 高新技术产业出口2000～2013年空间集中度

Tab.4 Spatial Concentration Ration of High-tech Industry Export from 2000 to 2013

| Year | 2000 | 2001 | 2002 | 2003 | 2004 | 2005 | 2006 | 2007 | 2008 | 2009 | 2010 | 2011 | 2012 | 2013 |
|------|------|------|------|------|------|------|------|------|------|------|------|------|------|------|
| SCR1 | 0.40 | 0.45 | 0.45 | 0.44 | 0.40 | 0.37 | 0.40 | 0.38 | 0.38 | 0.37 | 0.36 | 0.35 | 0.33 | 0.32 |
| SCR3 | 0.67 | 0.69 | 0.70 | 0.75 | 0.77 | 0.74 | 0.74 | 0.74 | 0.76 | 0.77 | 0.76 | 0.74 | 0.70 | 0.66 |
| SCR5 | 0.81 | 0.82 | 0.83 | 0.86 | 0.88 | 0.85 | 0.84 | 0.84 | 0.85 | 0.85 | 0.84 | 0.82 | 0.77 | 0.75 |
| SCR7 | 0.90 | 0.91 | 0.91 | 0.92 | 0.94 | 0.94 | 0.93 | 0.93 | 0.93 | 0.92 | 0.91 | 0.88 | 0.84 | 0.83 |
| SCR9 | 0.96 | 0.97 | 0.96 | 0.97 | 0.98 | 0.98 | 0.98 | 0.98 | 0.97 | 0.97 | 0.96 | 0.93 | 0.90 | 0.89 |

## 2.2 基于空间集中度的空间差异分析

SCR1 值在 0.32 ~ 0.45 之间变化，表明高新技术产业出口交货值排名第一的省份约占全国高新技术交货值的 32% ~ 45%，该省为广东省；SCR3 值在 0.66 ~ 0.77 之间变化，表明高新技术产业出口交货值排名前三的省份约占全国高新技术交货值的 66% ~ 77%，为广东省、江苏省、上海（分列第一位、第二位、第三位）；SCR5 值在 0.75 ~ 0.88 之间变化，表明高新技术产业出口交货值排名前五的省份约占全国高新技术交货值的 75% ~ 88%，第四位和第五位变化较大但总体为天津、福建。空间集中度表明，我国高新技术产业出口空间聚集特征非常明显，空间分布格局已经形成，广东、江苏、上海、天津、福建等沿海地区是高新技术产业出口主要分布区域。

进一步分析高新技术产业出口的空间聚集度的动态发展趋势（图 4），将 2000 ~ 2013 年高新技术产业出口的空间分布情况划分为两个阶段。第一阶段是 2000 ~ 2004 年，高新技术产业出口快速发展，空间分布集中于排名前 9 的省份，2004 年排名前 9 位省份高新技术产业出口交货值占总的出口交货值的 98%，这种现象一方面由于沿海省份是我国最早开放城市对外贸易处于有利地位；另一方面沿海地带经济发展水平较快高新技术产业发展水平较高。第二阶段是 2004 ~ 2013 年，排名前 7 位的省份比重由最高时的 94% 下降至 83%，排名前 9 的省份由 98% 下降至 89%，说明高新技术产业出口空间集中度逐步降低，其他省份所占比重有所上升。表明高新技术产业出口从沿海城市向中西部城市逐步转移，但总体布局未发生改变 SCR9 仍占较大比重，我国高新技术产业出口空间布局仍集中于少数几个省市。

基于高新技术产业出口空间聚集度变化态势，分析 2000 ~ 2013 年高新技术产业出口的省级排名变化（图 5），并将其分为四大类型。第一类，排名基本不变，为广东、江苏、上海；第二类，排名总体呈下降趋势，为天津、北京、辽宁；第三类，排名上下浮动变化较大，为福建、山东、浙江；第四类，排名不断上升，为四川。

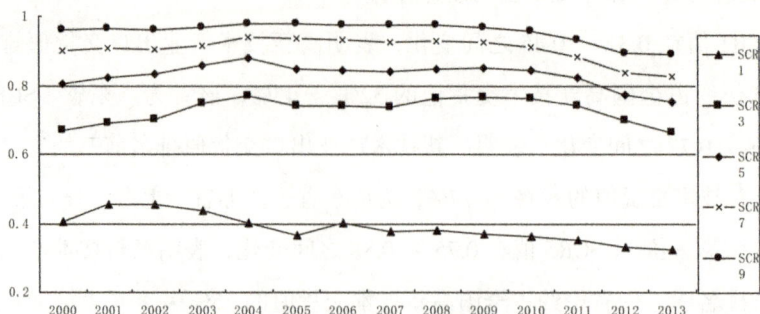

图4 高新技术产业出口2000～2013年空间集中度变化情况

Fig.4 Dynamic of Spatial Concentration Ration of High-tech Industry Export from 2000 to 2013

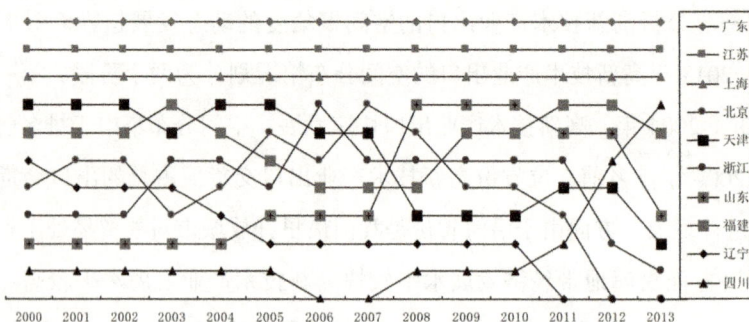

图5 高新技术产业出口2000～2013年排名前十的省份变化情况

Fig.5 Dynamic of Rank of Province of High-tech Industry Export from 2000 to 2013

## 2.3 基于空间集中度的空间差异分析

为进一步研究高新技术产业出口在空间上是否形成聚集区,依公式(5)(6)计算局部 Moran 指数,并绘制散点图(图6)。2000 年和 2013 年全国高新技术产业出口 Moran 指数分别为 0.0611637 和 0.0617286,表明全局空间相关性不强。从图6可以看出,2000 年位于第一象限"高—高"聚集的有5个省份(城市),分别为江苏、上海、福建、浙江、北京;第四象限"高—低"分布的有三个省份,分别为广东、天津、辽宁,且 Moran 值远远大于其他省份,说明这些省份高新技术产业出口远大于邻近省份。第二象限"低—高"分布的有6个省份,分别为安徽、江西、广西、湖南、山东、海南，说明这些地区的高新技术产业出口发展不如邻近省份。第三象限有 19 个省份，多为内陆中西部地区，表明这些地区与邻近省份高新技术产业出口发展水平不高。2013 年 Moran 指数在第一象限的有 4 个省市，分别为江苏、山东、福建、上海，与 2000 年相比，北京由第一象限转入第三象限，说明北京市高新技术产业出口衰落，浙江由第一象限转入第二象限说明邻近省份高新技术产业出口发展超越本省。山东由第二象限转入第一象限，说明山东高新技术产业出口发展较快。第二象限有 6 个省份，分别为广西、江西、浙江、安徽、湖南、海南，与 2000 年相比，山东省由第二象限转入第一象限，浙江由第一象限转入第二象限。第三象限有 17 个省份，发生变化的有北京、天津、河南、四川、重庆、辽宁；第四象限有 4 个省市，分别为广东、四川、河南、重庆，与 2000 年相比，天津、辽宁转入第三象限，说明天津、辽宁高新技术产业出口的衰落，河南、重庆由第三象限转入第四象限，说明河南、重庆高新技术产业出口发展水平提升与邻近省份差距拉大。

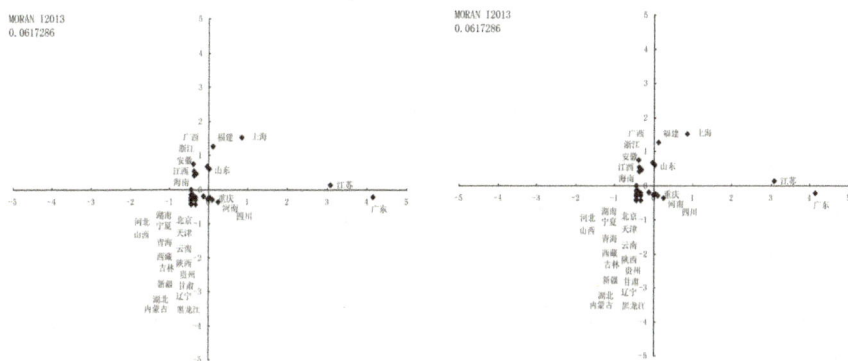

**图 6 分别为高新技术产业出口 2000 年（左）和 2013 年（右）LISA 散点图**

Fig.6 LISA Scatter Map of High-tech Industy Export Respectively in 2000 and 2013

进一步探究高新技术产业出口空间集聚情况（图 7），2013 年与 2000 相比，一是高新技术产业出口形成以珠江三角洲、长江三角洲、福建沿海区域、环渤海区域、川渝地区为代表的聚集区域；二是 2013 年与 2000 年相比高新技术产业出口空间分布区域明显更加广泛，中西部地区高新技术产业出口有了显著发展，以川渝地域为代表，高新技术产业出口发展迅速。

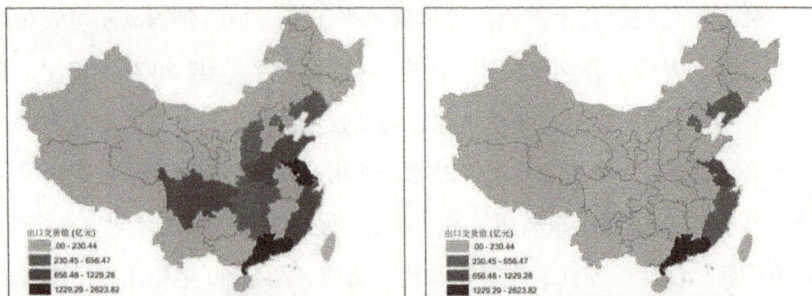

图 7 2000 年（左）和 2013 年（右）高新技术产业出口空间聚集图

Fig.7 Spatial Cluster Map of High–tech Industy Export Respectively in 2000 and 2013

3. 原因分析

在文献总结基础上发现汇率、国家政策、R&D 经费投入、技术水平和产业发展水平对高新技术产业出口有依赖关系，构造多重线性模型如下：

$$Y_i = \beta_0 + \beta_1 e_i + \beta_2 p_i + \beta_3 f_i + \beta_4 t_i + \beta_5 d_i + \xi_i \tag{7}$$

其中 $\beta_0$、$\beta_1$、$\beta_2$、$\beta_3$、$\beta_4$、$\beta_5$ 为模型参数；$Y_i$ 为第 i 年高新技术产业出口交货值；$e_i$ 为第 i 年人民币对美元汇率；$p_i$ 为第 i 年国家对高新技术产业出口支持情况；$f_i$ 为第 i 年 R&D 经费投入；$t_i$ 为第 i 年高新技术产业技术发展水平；$d_i$ 为第 i 年高新技术产业发展水平；$\xi_i$ 为除模型选定的 5 个变量之外其他未知因素对 $Y_i$ 影响。

利用 spss20.0 以广东省为例，对影响广东省高新技术产业出口的因素进行分析，得到表 5 ~ 表 7，结果如下：

表 5 模型汇总

Tab.5 Model Summary

| 模型 | R | R 方 | 调整 R 方 | 标准估计的误差 | 更改统计量 |
|---|---|---|---|---|---|
| | 1 | .96 | 7.93 | 5.89 | 4.09774311 |
| R 方更改 | F 更改 | df1 | df2 | Sig.F 更改 |
| .935 | 23.020 | 5 | 5 | .000 |

14

表 5 的 R 值为 0.967，代表方程可以解释影响广东省高新技术出口的 96.7% 的因素，R 方及调整 R 方均在 0.89 以上，说明线性方程的解释度较好。

表 6 方差分析

Tab.6 ANOVA

| 模型 | 平方和 | df | 均方 | F | Sig. |
|---|---|---|---|---|---|
| 1 回归 | 1.100 | 5 | .220 | 23.020 | .000 |
| 残差 | .076 | 8 | .010 | | |
| 总计 | 1.176 | 13 | | | |

表 6 是通过单因素方差分析对整体方程的拟合度进行检验，结果表明线性方程严格显著为 0.000（p=0.01）。

表 7 系数

Tab.7 Coefficients

| 模型 | 非标准化系数 | | 标准系数 | t | Sig. | 相关性 | | | 共线性统计量 | |
|---|---|---|---|---|---|---|---|---|---|---|
| | B | 标准误差 | 试用版 | | | 零阶 | 偏 | 部分 | 容差 | VIF |
| 常量 | −1.349 | .865 | | −1.559 | .158 | | | | | |
| 政策 | −.083 | .041 | −.273 | −2.014 | .079 | −.161 | −.580 | −.181 | .441 | 2.268 |
| 汇率 | −.165 | .105 | −.548 | −1.578 | .153 | .874 | −.487 | −.142 | .067 | 14.861 |
| 技术 | .023 | .119 | .024 | .196 | .849 | .356 | .069 | .018 | .550 | 1.817 |
| R&D | .121 | .131 | .101 | .920 | .384 | .073 | .368 | .083 | .678 | 1.475 |
| 发展 | 1.604 | .369 | 1.439 | 4.348 | .002 | .943 | .838 | .074 | .074 | 13.433 |

表 7 是对线性方程的系数、相关性及方程共线性的检验，结果表明汇率和高新技术产业的发展水平是影响高新技术产业出口的重要因素。容差较小且 VIF < 30 说明线性方程的多重共线性较轻。方程可以表示为：

$$Y_i = -1.349 - 0.165e_i - 0.083p_i + 0.121f_i + 0.023t_i + 1.604d_i + \xi_i。$$

## 四、结论

从行业结构上，我国高新技术产业出口在出口行业分布上较为均衡多样，但高新技术产业出口主要以电子及通信设备制造和电子计算机及办公设备制造为主。从空间结构上，我国高新技术产业出口空间分布差异显著，主要集中于沿海地区，形成了以珠江三角洲、长江三角洲、福建沿海区域、环渤海区域、川渝地区为代表的聚集区域，中西部地区高新技术产业出口有明显较大发展。以广东省为例，分析影响高新技术产业出口的因素包括：汇率、政策、技术水平、R&D经费投入和高新技术产业发展水平，其中汇率和高新技术产业发展水平是影响高新技术产业出口的重要因素。

# 参 考 文 献

［1］许统生，涂远芬.高新技术产品贸易与我国经济增长的长、短期关系——基于协整理论和误差修正模型检验[J].统计研究，2006，（5）：60-64.

［2］姜苑，陈丽珍.外资高技术企业对我国高新技术产品出口的影响及机制研究[J].科技进步与对策，2008，（11）：135-138.

［3］官皓.中国高新技术产品出口的影响因素分析——基于省际面板数据的实证研究[J].世界经济情况，2009，（10）：13-17.

［4］杨秀云，张佳，王慧敏.陕西省高新技术产业出口影响因素的实证分析[J].西北大学学报：哲学社会科学版，2011，（6）：83-87.

［5］陈昊.高新技术产品出口影响因素的实证分析——基于14个省际的数据[J].调研世界，2011，（3）：37-39.

［6］王子军，冯蕾.外商直接投资与中国出口竞争力——对我国按不同技术类别细分的制成品出口的实证分析[J].南开经济研究，2004，（4）：52-57.

［7］周叔莲，王伟光.我国高技术行业出口能力影响因素分析[J].宏观经济研究，2003，（8）：9-13.

［8］罗双临.我国高新技术产品国际竞争力实证研究[J].求索，2005，（6）：33-35.

［9］黄中文，宋小娜，唐翠锋.我国高新技术产品国际竞争力探析[J].科学管理研究，2006，（1）：56-59.

［10］张本照，杨爱年.FDI与我国高新技术产业出口竞争力——基于协整理论的实证分析[J].现代管理科学，2007，（1）：62-64.

［11］涂远芬，许统生.技术创新对我国出口产品竞争力影响的实证研

究——基于协整分析 [J]. 科技管理研究，2009，（11）：148-150.

［12］闫逢柱，乔娟，田国英 . 中国高新技术产品国际竞争力的比较分析 [J]. 科学学与科学技术管理，2010，（4）：182-185.

［13］宋智勇 . 促进我国高新技术产品出口的策略 [J]. 中央财经大学学报，2003，（7）：52-54.

［14］都晓岩，王丽华 . 我国高新技术产品出口存在的问题及对策分析 [J]. 国际贸易问题，2004，（8）：12-16.

［15］孙志慧 . 近年高新技术产品出口呈现的新特点与发展策略选择 [J]. 现代财经：天津财经大学学报，2008，（5）：75-80.

［16］王三兴 . 论我国高新技术产品出口存在的问题与对策 [J]. 经济前沿，2008，（11）：22-25.

# 世界经济新格局中的中国经济新优势

余声启◇西南财经大学

**摘要**：回顾过去，科学技术的飞速发展、生产力的巨大进步从根本上推动了全球化的进程；思考当今，全球价值链的构建、处于价值链的分工地位重塑了全球经济新格局；展望未来，新兴经济体的崛起则显示了世界经济多极化的趋势。本文首先梳理不同时期反映经济国际竞争力的基本理论，为寻找中国经济国际新优势做出理论指导，接着从世界多极化趋势、贸易格局和金融格局三方面分析当前世界经济新格局，最后提出我国要立足当前世界格局，采用符合中国实际的经济理论，从制度深化、消费需求扩大、企业创新、服务业发展和构建新型全球治理模式五个方面探索中国经济新优势。

**关键词**：经济新格局；新兴经济体；经济新优势；经济治理

进入 21 世纪，全球经济一体化进程加快，经济格局也得到重塑。究其原因，全球生产力的提高从根本上加速了一体化进程，生产关系即全球产业价值链则直接推动了全球经济格局的建立。回顾 21 世纪前的经济格局，不难看出发达国家一直掌握着先进的生产技术，由此建立的国际生产关系也就决定着发达国家处于全球价值链的顶端：从宏观上看，发达国家掌握着全球自然资源等生产资料，决定着贸易的分配，享受着廉价的产品；从微观上看，发达国家跨国公司主导着全球产业链条，发展中国家公司只是嵌入链条的末端，获得微薄收益。直到 21 世纪初，新兴经济体的崛起在一定程度上改变了这种经济格局。发达国家为了优化其产业结构，推行"去工业化"的产业政策，制造业大量外迁。发展中国家利用本国的要素红利，承接了众多产业，并经过数十年的发展，积累了大量的资本，掌握了一定的技术。生产力在全球扩散，自然而然改变了世界经济关系，一些国家在全球产业链条中的位置得到提升，成为新兴经济体，其中最为显著的就是"金砖五国"。

然而，新兴经济体改变世界经济格局的进程并不是一帆风顺，随着发达国家的"再工业化"，以及新兴经济体自身要素红利的逐步丧失，国家体制矛盾的掣肘，新兴经济体崛起任重而道远。中国作为新兴经济体中最为重要的一员，当前正面临着经济新常态的局面。以下根据国家经济竞争力理论，立足当前国际经济新格局，探索中国经济新优势。

## 一、经济国际竞争力综述

从重商主义开始，经济学家抑或是政策制定者都在对经济国际竞争力进行研究，并给出了不同的看法。古典经济学派代表亚当·斯密建立绝对优势理论，认为在自由贸易的基础上，一国在国际贸易中应当生产耗费劳动成本绝对低于另一国的商品；大卫·李嘉图发展了斯密的国际贸易理论，建立了比较优势理论，他指出在一国没有绝对优势的情况下，可以生产相对成本优势的产品，技术落后的国家也可以在发达国家开展贸易；赫克歇尔·俄林则细化了比较优势理论，建立要素禀赋理论，他指出一个国家出口富裕要素生产的产品，进口相对稀缺要素生产的产品；针对自由贸易理论，德国经济学家李斯特认为一国经济初期要实行贸易保护政策，等到产业发展具有竞争力之后方可实行自由贸易。

不同于传统的经济学研究范式，当代一些经济学家、管理学家从其他角度对经济国际竞争力进行阐述。新自由主义学者杨小凯则从制度角度进行考量，他认为后发国家通常只模仿发达国家技术与管理，而不去学习制度，短期内经济快速发展，而长期就会由于惰性缓慢下来，形成其"后发劣势"理论；林毅夫则认为通过技术引进、模仿、创新，后发国家可以实现赶超发展，形成"后发优势"理论；熊彼特根据经济思想史的演进规律，强调包括产品、技术、市场、资源配置、组织等创新在一国经济实力中的重要性，并最终通过建立新的生产函数来实现创新；经济地理学通过把经济活动区位、空间组织及其与地理环境相结合探索一国在国际经济竞争中实现发展；管理学家波特通过构造双砖石模型，认为构建国际竞争优势要从生产要素、需求状况、相关产业、企业策略结构或竞争对手、政府行为、机遇六个方面进行。最为全面的经济国际竞争力理论是全球经济论坛尝试构建的全球竞争力指数（GCI）。该指数表明评价一国经济全球竞争力需要遵循三原则：其一，把竞争力概括为 13 因素，即基础因素（制度、基础设施、宏观经济稳定性、安全、基本人力资源）、效率增强因素（高级人力资本、商品市场效率、劳动力市场效率、金融市场效率、技术准备度、开放性与市场规模）、创新与成熟因素（商业成熟度、创新);其二，鉴于波特思想，把经济分为三阶段，即要素驱动阶段、效率驱动阶段和创新阶段，不同国家根据自身发展阶段找到优先发展的领域；其三，经济不同阶段具有过渡性，不同阶段不同因素的比重不同，应适当加以调节。

综上可以看出，经济国际竞争力理论学科基础扩大了，从传统的国际贸易理论扩展到管理学、人文社科等领域；理论内涵扩大了，从传统的成本优势理论到关注制度、效率、创新等；实践主体变化了，从更关注宏观国家政策领域到越来越关注微观企业，特别是跨国公司。经济国际竞争力理论的这些变化，放映了世界不同时期不同国家经济优势的变化。那么，在当前世界经济新格局背景下，中国经济国际新优势究竟在何方，则是一个值得深入思考的问题。

## 二、全球经济新格局演变

自 20 世纪 90 年代以来，世界经济格局发生重大变化。前苏联解体后，美国从资本主义世界经济头号强国发展为世界经济霸主。随着欧盟一体化进程的加速，新兴经济体的崛起，虽然发达国家仍占据绝对优势，但世界经济由单一核心向多极化发展的趋势已不可逆。

### （一）全球经济多极化趋势加强

1. 新兴经济体规模扩大

广大发展中国家近 30 年的发展，经济规模迅速扩大，在世界 GDP 中所占份额大幅提高，其中南方国家 GDP 约占世界 GDP 的 1/2，相比之下，发达国家 GDP 所占份额呈加速下滑趋势。而按国家收入高低计算，2012 年高收入国家集团 GDP 总额从 1970 年的 86.95% 下降到 2012 年的 74.58%；其中，1970 ~ 2000 年下降均速为 0.15%，2000 ~ 2012 年下降均速达到 0.86%[1]，下降速度明显加快。从全球前十的经济体 GDP 排名来看（图 1），2014 年新兴经济体已占据 4 位，其中中国 2010 年 GDP 按现价美元计算首次超过日本，并在 2014 年按购买力平价计算超过美国。据预测，2050 年的亚洲占全球 GDP（按照市场汇率计算）的比重将达到 50% 左右，非洲到 2050 年将占到 9% 的水平，拉丁美洲在 2040 年占到 12% 左右。这样，整个亚非拉地区在 2050 年左右的 GDP 总量将占到全球总量的 70% 左右 [2]。

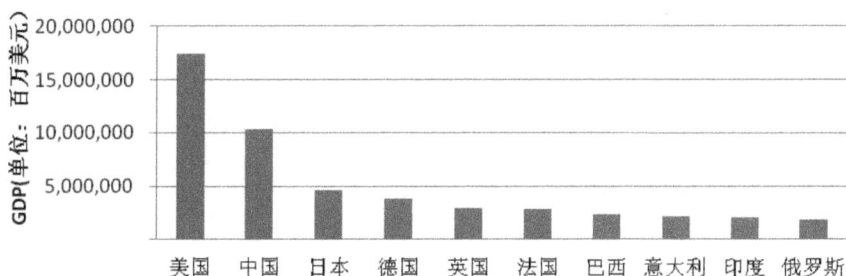

**图 1 2014 年全球 GDP 前十经济体排名**

数据来源：根据世界银行数据库整理

2. 新兴经济体发展速度和经济贡献率提高

进入 21 世纪，新兴市场与发展经济体的经济增长速度明显加快。按不同收入水平划分的国家集团 GDP 增长速度来看（图 2），中低收入水平国家集团的 GDP 增长率在约为 5%，而高收入国家集团经济增长率平均值不足 2%，中低收入国家经济增长快于高收入国家。2008 年全球金融危机以后，两者经济增长率都出现下滑，高收入国家经济增长率在 2009 年甚至为 –3.5%。据国际货币基金组织统计，发达经济体 2013、2014 年经济增长率分别为 1.4%、1.8%，2015、2016 年的预测值为 2.4%、2.4%；新兴市场和发展中经济体 2013、2014 年经济增长率分别为 5.0%、4.6%，2015、2016 年的预测值为 4.3%、4.7%。虽然新兴经济体和发展中经济体的增长有所放缓，但是依然占到 2014 年全球增长的 3/4。

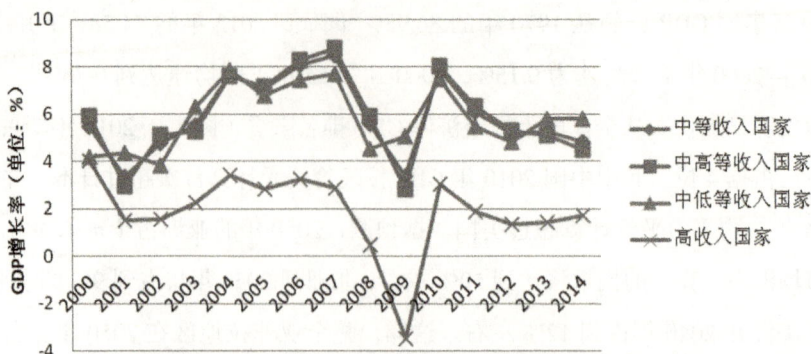

图 2 不同收入水平划分的国家集团 GDP 增长率

数据来源：根据世界银行数据库整理

快速的经济增长促使新兴市场和发展经济体对世界经济增长的贡献率大幅提高，从 2002 年开始超过发达经济体。2008 年经济危机期间，新兴市场和发展经济体完全成为世界经济发展的引擎，而同期的发达经济体贡献率甚至出现负值。中国作为世界第二大经济体，同时也是新兴市场的代表，2008 ～ 2012年对世界经济增长的年均贡献率超过 20%，2013 年为 30%，2014 年 27.8%，同期美国为 15.3%，2015 年上半年，中国经济有所放缓的情况下，对世界经济增长的贡献率仍达到 30% 左右。

**（二）贸易格局显著变化**

从世界整体来看，经历了 2008 年全球金融危机以后世界贸易缓慢复苏。其中发达经济体在 2012 年之前贸易总额下降，之后缓慢回升，贸易条件得到改善；而新兴市场和发展中经济体无论是贸易量还是贸易条件都处在下降趋势，但其贸易额增速依然领先于发达国家，贸易条件也会在今后两年得到改善。

从全球贸易结构来看，货物贸易在贸易总额中所占比重持续下降，服务贸易比重持续上升（图 3）。对 2007 ～ 2014 年世界货物和服务贸易进行分析，可以看出，货物贸易短期波动比较大，长期缓慢增长，同时容易受经济周期影响；服务贸易波动较小，长期持续增长，受经济周期影响小。这一现象从侧面反映本轮经济周期中，发展中国家遭受了更为严重的贸易恶化。究其原因，发达国家在"去工业化"政策实施之后，大力发展服务业，贸易中制造业比重下降，服务业比重上升。而同期的新兴市场和发展中经济体正在进行国家工业化建设，承接了发达国家转移出来的制造业，货物出口比重相当高。

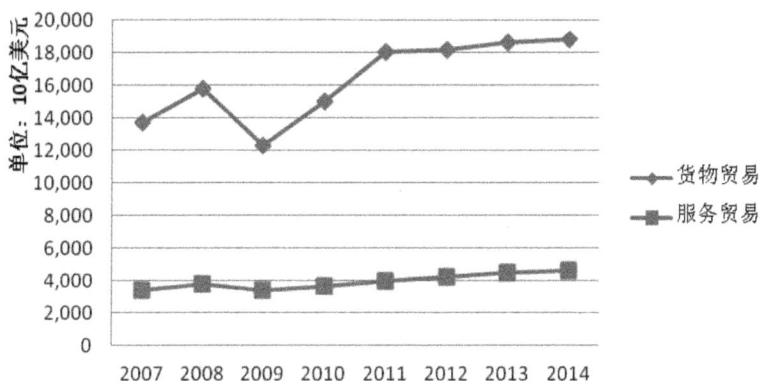

图 3 2007 ～ 2014 年货物和服务出口额

数据来源：根据世界货币基金组织整理，世界贸易量和价格概况

### （三）国际金融体系新格局

布雷顿森林体系解体以后，美国凭借其经济实力，在全球建立起美元帝国，长期主宰着世界金融体系。而欧洲货币联盟成立，欧盟一体化进程的加快，欧洲金融体系成为与美国相抗衡的一极。发达国家掌握世界金融的局面形成。随着世界金融一体化的加深，发达国家任何金融政策都会产生溢出效应。在发达国家经济处于上升阶段，其金融政策在整体上会产生正的外部性，但是一旦经济处于萧条期，发达经济体就会通过掌握的金融工具传导经济经济危机，致使发展经济体埋单。2008 年，由美国次贷危机引起的金融为危机，先后蔓延到欧洲和新兴经济体。发达国家解决此次危机的方式却是通过国家负债来填补私人金融部门的资金缺口，国家负债必然迅速上升，进而引发债务危机，为了应对债务危机又不得不实行货币宽松政策，大量发行货币。例如，2010 年美国政府的财政赤字高达 1.29 万亿美元，政府债务占 GDP 比重为 62.1%，2011 年恶化趋势明显，前半年赤字已经超过 9000 亿美元，美国国会预算办公室（CBO）预计全年财政赤字会将达到 1.48 万亿美元，政府债务占 GDP 比重攀升至 69.4%，仅利息开支就达到 GDP 的 1.49%[3]。欧盟则深受主权债务危机影响，

更令其雪上加霜的是，国际货币基金组织声称：脆弱的欧洲中型寿险公司陷入困境的风险很高且还在上升——压力测试（由欧洲保险和职业养老金管理局开展）显示，在长期低利率的环境下，有24%的保险公司可能无法达到满足偿付能力的资本要求，而保险业在欧洲联盟内的证券资产组合投资中高达4.4万亿欧元[4]。

发达国家引发的金融危机在影响发展经济体金融安全与稳定的同时，也促进全球金融中心的逐渐东移。从外汇储备上看，据国际货币基金组织统计，从1997～2014年，新兴市场与发展经济体经常账户差额一直处在盈余状态，虽然近期由于出口减少，上升态势有所减缓，但长期积累了大量的外汇储备；从国际债务上看，新兴市场一直是众多发达经济体的债权国；从国际投资来看，新兴经济体国际直接投资持续增加，参与度不断提高；从地区金融发展来看，亚洲金融业在其迅速发展的经济基础上异军突起，2015年8月24日亚洲基础设施投资银行建立为改善全球金融秩序注入新活力；从国际货币需求来看，新兴市场货币需求快速增加，其中人民币迅速国际化，被各国央行不断增持。然而，与新兴市场与发展经济体越来越为重要的国际影响力形成反差的是，其在国际金融体系中没有话语权。

## 三、探索中国经济国际新优势

针对当前的国际经济新格局，各国都在努力营造有利自身的局面，那么，中国如何培育国际经济新优势，以获得今后发展的优势地位呢？首先，要厘清中国所处的国际经济环境。尽管世界经济多极化的趋势越为明显，但是发达国家主导世界经济的局面短期不会改变，在国际价值链中的优势地位也不会马上丧失。另外，当前发达国家经济复苏明显快于发展中国家，正利用这一优势重新构建有利于发达国家的经济格局。如美国重塑在金融和贸易领域的优势，发起签署TPP协议营造新的经济有利地位。其次，厘清中国国内经济新局面。中国经济发展放慢，传统的"人口红利"、"要素红利"等比较优势正逐渐丧失。通过优化经济结构，从要素驱动、投资驱动转向服务业发展及创新驱动，保证经济从高速向中高速发展成为经济新常态；最后，明确经济新优势的概念。培育中国经济国际新优势的"新",从内涵上看是对当前经济的优化,不能脱离中国经济的实际去与发达国家相比较;从内容上看,包括制度优势、市场优势、产业优势等;从过程上看,是量变到质变的过程,即新优势的发现与培育要立足于当前的经济基础。具体看,中国经济新优势有以下几方面:

**(一)制度新优势**

良好的经济制度对经济发展有巨大的促进作用。众所周知,中国经济的发展得益于改革开放,回顾改革开放的历程,改革从农业扩展到工业,开放从局部到整体,最终建立社会主义市场经济体制,释放了巨大的生产力。那么当前经济新优势的培育,首先,离不开经济制度的优化。那么当前制度"新"在何处?从资源配置的角度,十八届三中全会审议通过的《中共中央关于全面深化改革若干重大问题的决定》提出使市场在资源配置中起决定性作用,改变了以往基础作用的提法,有助于提高经济效率与质量。其次,深化农业领域改革,推行土地流转制度,确保国民经济的基础。再次,深化国企改革。2015年9月13日,中共中央、国务院《关于深化国有企业改革的指导意见》颁布,总方案指出改革坚持市场化,将实现多个领域突破,同时,大力推动国有企业整体上市,特别是集团资产上市。有助于中国大企业走出去,形成跨国公司,提高国际竞争力。如中国南车和中国北车的合并,既整合了资源,避免了同行业竞争,又提高国际竞争优势。最后,对外开放政策不断优化,开放措施多样化。如建立上海自贸区,培育国际经济合作竞争新优势,为上海建立国际金融中心和国际航运中心打下坚实基础,也提高中国的国际经济地位[5]。

**(二)消费需求新优势**

消费作为拉动中国经济增长的"三驾马车"之一,对培育中国经济新优势有巨大的促进作用。从需求规模来看,中国是世界第二大经济体,同时拥有13亿人口,其中中产阶级有1.09亿。到2014年,中国消费市场规模全球排名第二位,达4.3万亿美元,仅次于美国。从消费增长速度来看(图4),中国消费支出增长率明显高于发达国家,从2001~2013年,中国最终消费支出年均增长率约为8%,中等收入国家约为5%,而高收入国家以及美日经济体年均增长率在2%上下徘徊。从消费、投资和进出口对GDP贡献率来看,最终消

费对 GDP 贡献率在 2001 年之前，长期高于投资和进出口，而从 2001～2011
年，消费贡献率低于投资贡献率，之后缓慢回升。到 2014 年，消费贡献率为
50.2%，投资贡献率为 48.5%，进出口只有 1.3%。从消费需求作用来看，消费
需求增长"驱动技术创新升级、自主品牌塑造、产品质量提升、产业结构优化，
最终形成出口竞争新优势"[6]。

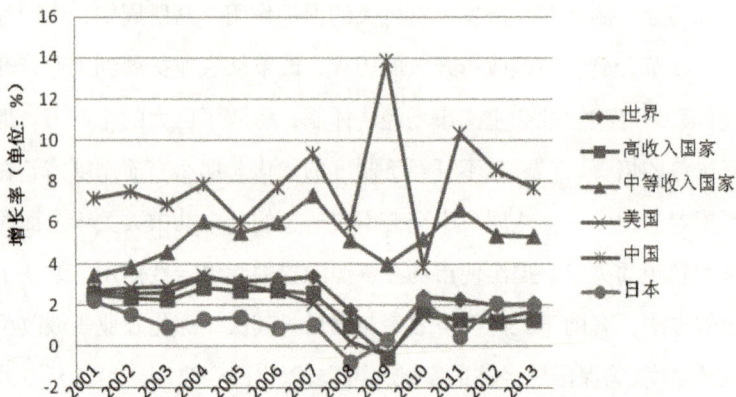

**图 4 最终消费支出年增长率**

数据来源：根据世界银行资料整理

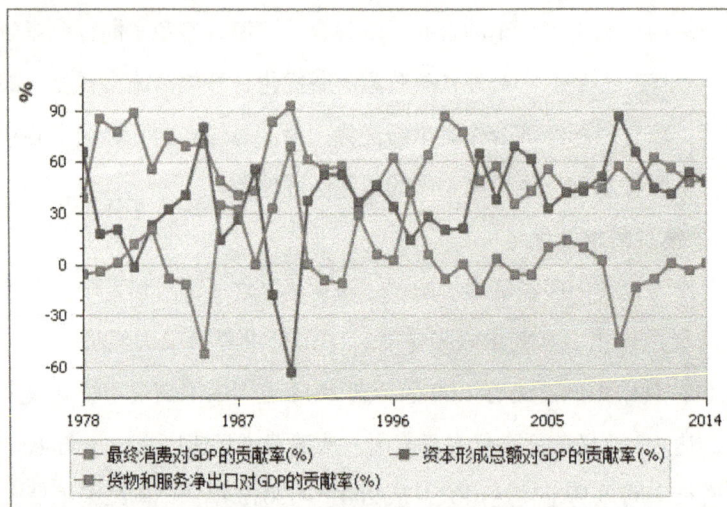

**图 5 消费、投资和进出口对 GDP 贡献率**

数据来源：根据中经网统计数据库整理

### （三）企业创新优势

当前，中国制造业面临尴尬局面。在上游，受到发达国家技术壁垒限制，在下游，受到发展中国家成本优势追赶，打造中国版"工业4.0"势在必行。《中国制造2025》提出了中国制造强国建设三个十年的"三步走"战略，大力发展工业物联网、云计算、工业大数据、工业机器人、3D打印、知识工作自动化、工业网络安全、虚拟现实以及人工智能九大支柱产业。

打造"工业4.0"的关键在创新，企业作为市场经济的最重要的参与者，把握着市场的需求走向和创新导向，是创新的核心力量。虽然国家科学研究和开发机构数呈下降趋势，但是企业创新能力却在不断提高（图6）。统计大中型企业高技术产业研究机构和发明专利数可以发现，二者都呈递增趋势，到2013年，企业科研机构数上升约为4600家，发明专利达到120000件，国家科学研究和开发机构数下降到3700家，专利发明数虽有上升，据统计仅有一万多件。企业作为创新核心的地位得到彰显。

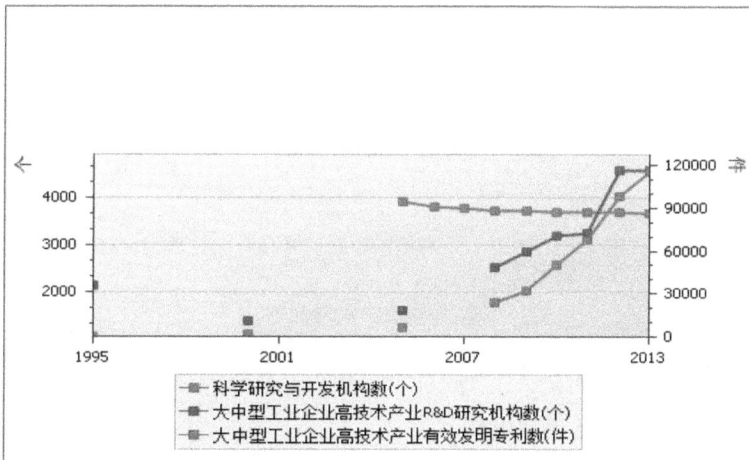

图6 国家和大中型企业科研机构数以及专利发明数

数据来源：根据中经网统计数据库整理

### （四）服务业新优势

服务业作为三大产业之一，对拉动国民经济增长具有重要作用，其发展程度也是衡量社会经济现代化水平的重要标志。发展良好的现代服务业有助于带动就业，促进国家产业结构优化升级，实现国民经济的可持续发展。当前，世界各国都把服务业作为优先发展方向。培育中国服务业竞争力不仅要有量的优势，更要有质的提高。

从服务业净出口上看，根据世界贸易组织对 2014 年世界各国或地区服务贸易进出口总额排名显示，中国以总额 6069.57 亿美元位居第二，同比增长 12.6%。其中服务出口 2234.75 亿美元，同比增长 7.6%，居世界第 5 位；服务进口 3834.75 亿美元，同比增长 15.8%，居世界第二位；从服务业对 GDP 增长贡献率来看，服务业贡献率从 2009 ~ 2014 年稳步增加，其中 2014 年贡献率以 48.93% 超过第二产业的 46.34%；从产业增加值来看，服务业增加值明显高于工业和农业。

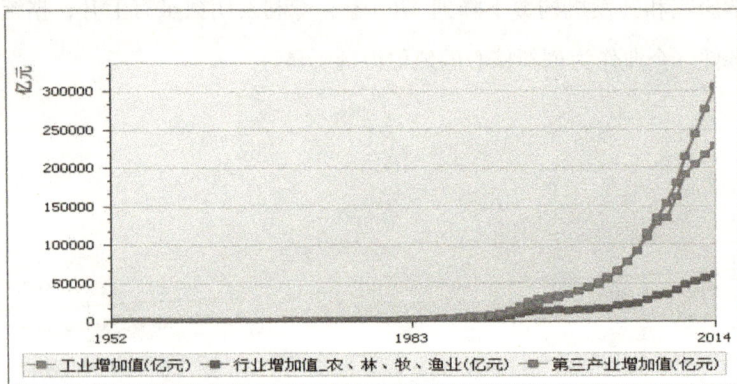

**图 7  三大产业增加值**

数据来源：中经网统计数据库

### （五）全球经济治理新优势

一直以来，发达国家利用国际汇率体系绑架世界经济，利用国际经济组织制定有利其发展的规则掌控广大发展中国家。要想打破这种局面，必须推动全球治理朝着更公正更合理的方向发展。从货币体系看，必须加快人民币作为世界储备货币的步伐。2013 年，人民币超越欧元成为世界第二大贸易融资货币，随后，国际货币基金组织统计显示，在 2014 年全球官方外汇储备中，人民币位居第七，在 2015 年 8 月份终于超越日元，成为世界第四大支付货币，排名仅次于美元、欧元和英镑，并且，人民币能否纳入 SDR 篮子货币的考察结果将在 11 月份公布。从国际组织上看，要提高在国际经济组织中的发言权。中国在国际货币基金组织中的份额从 3.72% 上升至 6.39%，成为仅次于美国 17.398% 和日本 6.461%，在世界银行中的投票权由 2.77% 上升到 4.42%，仅次于美国 15.85% 和日本 6.84%（表 1）。但是发展中国家在国际货币基金组织和世界银行中发言权依旧很小，中国要不断推进两组织的公平公正改革；从地区看，要加快与周边国家的一体化进程，构建新型国际经济组织。中国提出"一带一路"发展战略，推动亚洲基础设施投资银行建立，通过资金支持，促进亚洲区域的建设互联互通化和经济一体化的进程，并且加强中国及其他亚洲国家和地区的合作。

表 1 中国在世界银行中发言权占比变化

| 名次 | 国家 | 改革后投票权 | 改革前投票权 |
|------|------|------------|------------|
| 1 | 美国 | 15.85% | 15.85% |
| 2 | 日本 | 6.84% | 7.62% |
| 3 | 中国 | 4.42% | 2.77% |
| 4 | 德国 | 4.00% | 4.35% |
| 5 | 法国 | 3.75% | 4.17% |
| 6 | 英国 | 3.75% | 4.17% |
| 7 | 印度 | 2.91% | 2.77% |
| 8 | 俄罗斯 | 2.77% | 2.77% |
| 9 | 沙特 | 2.77% | 2.77% |
| 10 | 意大利 | 2.64% | 2.71% |

数据来源：根据世界银行整理

综上所述，当前世界新兴经济体崛起，发达国家相对衰落，世界经济朝着多极化发展的趋势已经形成，中国只有立足国际经济新格局，探索经济新优势，加强国际合作，才能在未来发展中再创奇迹。

## 参 考 文 献

［1］原嫄，孙铁山，李国平 . 近 50 年来全球经济地理格局的演化特征与趋势 [J]. 世界地理研究，2014，（3）.

［2］胡必亮，周晔馨，范莎.全球经济格局新变化与中国应对新策略 [J].经济学动态，2015，（3）.

［3］刘洪钟，杨攻研.新兴经济体的崛起与世界经济格局的变革 [J].经济学家，2012.

［4］IMF.WorldEconomicOutlook:GlobalFinancialStabilityReport[R].October，2015.

［5］张孝静，郭振.发挥上海自贸区引领作用加快培育国际经济合作竞争新优势 [J].对外经贸，2014，（6）.

［6］许德友.以内需市场培育出口竞争新优势：基于市场规模的视角 [J].学术研究，2015，（5）.

# 进口对中国经济增长的促进作用

## ——基于广东及江西两省数据的比较分析

李思岑◇广东财经大学

**摘要**：为了明确进口对中国经济发展的作用，本文选取经济发展程度较高的广东省与地处中部经济发展相对弱后的江西省为对象，从加工贸易进口及一般贸易进口两个方面考察进口与经济增长的关系。本文首先分别用两省国内生产总值对两个贸易变量进行回归分析，建立协整检验与格兰杰因果关系检验分析进口与经济增长的关系。结论是：广东省加工贸易进口与一般贸易进口都对经济增长有促进作用，且加工贸易进口的作用优于一般贸易进口；而江西省加工贸易进口对经济增长起促进作用，而一般贸易对经济增长起阻碍作用。

**关键词**：一般贸易进口；加工贸易进口；经济增长；影响机制

## 一、引言

2015 年以来，世界经济深度调整仍在继续，总体复苏乏力，前景仍不明朗。国内经济下行压力较大，进出口增速有所回落，但外贸质量效益有所改善，发展进入新常态。据海关统计，2015 年前三季度我国进出口总值 17.87 万亿元人民币，比去年同期下降 7.9%。其中，出口 10.24 万亿元，下降 1.8%；进口 7.63 万亿元，下降 15.1%；贸易顺差 2.61 万亿元，扩大 82.1%。自 2014 年 7 月以来，代表国际大宗商品价格的美国商品调查局 CRB 指数大幅下跌，其中原油价格从 2014 年的每桶 100 美元左右跌至目前的每桶 50 美元以下，铁矿砂进口价格从 2014 年的每吨 130 美元跌至目前的每吨 60 美元左右。同时，CRB

指数在经过今年二季度的短暂回升后，三季度继续下跌，9 月份同比跌幅超过 15%。据测算，今年前三季度我国进口总体价格跌幅为 11.6%，跌幅较上半年加深 0.7 个百分点。从进口量上看，前三季度我国进口实物量总体减少 3.8%，较上半年收窄 1.6 个百分点。由此可见，今年以来我国进口值降幅持续加深，主要还是受国际市场价格下跌因素影响。贸易价格条件明显改善使得部分大宗商品进口量增价跌，对外贸易效益提升。上半年，我国部分大宗商品进口量保持增加。其中，进口原油 1.63 亿吨，增长 7.5%；成品油 1579 万吨，增长 3.3%；大豆 3516 万吨，增长 2.8%。同期，我国进口价格总体下跌 10.9%。其中，铁矿砂、原油、成品油、大豆、煤炭和铜等大宗商品价格跌幅较深。上半年，我国出口价格总体下跌 1.3%，跌幅明显小于同期进口价格总体下跌幅度。由此测算，上半年我国贸易价格条件指数为 110.8%，也就是说，我国出口一定数量的商品可以多换回 10.8% 的进口商品，意味着我国贸易价格条件明显改善，在进口方面对外贸易效益有所提升，今年前三季度，我们国家部分高新技术产品进口保持增长。尽管前三季度我们国家进出口增速有所回落，但对外贸易也呈现出一些新的积极的变化。比如，电子技术产品进口值同比增长 2.2%；生命科学技术产品增长 3.5%；生物技术产品增长 7.9%；原油、成品油等能源产品进口量分别增长 8.8% 和 4.7%；衣着鞋帽、家庭设备（主要是家电和厨卫产品）、日用化工品等消费品进口也都保持较快增长，增速分别为 6.7%、6% 和 17.3%。上述这些先进技术资源型产品和一般消费品的进口增长，是国家积极扩大进口战略的重要体现，同时也表明国内经济运行总体平稳，经济结构调整和产业升级正在持续推进。与此同时，我们也必须看到，当前我国外贸发展中依然存在一些困难。例如，上半年，我国与欧盟、日本双边贸易分别下降 6.8% 和 10.6%；外商投资企业、国有企业进出口分别下降 4.8% 和 14%；加工贸易进出口下降 8.6%；此外，今年 6 月，中国外贸出口先导指数为 34.8，较 5 月回落 0.2，表明未来两三个月对外贸易出口压力依然较大。

为此，本文选取广东省及江西省的数据，从一般贸易进口与加工贸易进口两个角度考察进口对经济增长的作用。

## 二、文献综述

关于进口贸易对一国经济增长的作用早期理论研究存在正反两方面的观点。亚当·斯密（1776）提出的绝对成本理论与大卫·李嘉图（1817）提出的比较成本理论认为进口贸易可以促进本国经济增长。赫克歇尔（1919）提出的要素禀赋理论认为成本差异影响一国进口贸易，进口贸易通过资源优化配置促进一国进口贸易增长。新贸易理论（20世纪80年代）阐述了进口贸易是如何通过技术进步来促进经济增长的。相反，进口贸易抑制经济增长的理论认为，进口贸易使本国资金外流，不利于经济的发展（重商主义，15世纪）。李斯特（1841）提出的幼稚工业保护理论认为当一个国家的工业处于幼稚阶段时，进口贸易对本国的经济保护是不利的，而通过限制进口来促进本国工业的发展是有利的。凯恩斯（1931）在大萧条时期认为进口是国民经济增长的减量因子，为刺激一国经济发展一国应鼓励出口限制进口，追求贸易顺差。

传统的理论认为：进口导致资金外流，挤占本国市场，从而不利于本国经济的增长。因此，长期以来政界和学界高度重视出口贸易对国内生产总值增长的作用。直至20世纪90年代，才逐渐开始关注进口贸易对经济发展的作用。已有国内文献在进口贸易对经济增长中的作用进行研究，既有定性分析，也有定量分析；既有从进口贸易总量对经济增长总量进行分析，也有从进口贸易结构上进行分析。但总体来说，大多数研究认为进口贸易对经济增长的作用显著。

从进口总量上进行分析：季铸（2002）的研究显示，在一定条件下进口和出口一样可以成为经济增长的增量因子，并指出进口贸易比货币政策更能实现"低通胀、低失业、高增长"的目标。王坤和张书云（2004）利用方差分解法对GDP、进口额和出口额不同预测期限的不同预测方差进行分解，发现从短期来看，进口对经济增长的作用明显，但从长期来看，这一作用不显著。洪启泉和杨十二（2005）通过对进口贸易与经济的协整分析，指出进口贸易对于推动经济增长作用显著，并且他们指出无论是从出口贸易对经济增长的影响程度，还是从进口贸易影响经济的经济学角度分析，都无法得出充分的证据证实出口贸易对经济增长的贡献程度要大于进口贸易。高峰（2005）利用1951～2002

年 GDP、进口额和出口额的贸易数据，建立三者之间的误差修正模型，发现进口比出口对 GDP 的增长具有更加显著的作用。

从进口结构上进行分析：陈树文和孙彦玲（2006）通过对我国 1981～2002 年的数据从一般贸易和加工贸易角度进行计量分析，揭示出我国一般贸易出口和加工贸易进口的发展对经济增长作用显著。朱春兰和严健苗（2006）利用 1980～2003 年我国贸易统计数据，基于不同种类商品的进口增长率对全要素生产率的影响的分析视角，发现进口总体上通过提高全要素生产率促进了经济增长；其中初级产品的进口对全要素生产率的增长没有显著影响，但非食用原料、矿物燃料、润滑油及有关原料的进口对全要素生产的增长有显著影响；工业制成品进口对全要素生产率的增长有显著影响，但轻纺产品、橡胶制品矿冶产品及其制品的进口对 TFP 没有显著影响。裴长洪（2011）将进口结构划分为 59 个经济体，通过实证研究发现经济增长与进口贸易结构变化存在明显的正向关联性，在进口贸易结构的调整中要重视不同类别进口数量与结构的优化以实现预期经济增长。郭锦（2011）从需求的角度，依据凯恩斯宏观总量模型建立一个包括投资、消费、进出口的联立方程组，结果表明进口通过与投资、消费和贸易领域的互动效应引致经济增长。

从近期学者们的研究成果上来看，进口贸易能促进经济的增长，但对于进口贸易在多大程度上促进经济增长得出的结论不一，这和中国所处的经济发展阶段与国际环境不同有关。而且，现有的研究多从进口贸易对经济增长是否具有促进作用的角度进行分析，但是进口在区域上具有不同特点，并且对影响进口贸易的因素未进行深入系统的分析。鉴于此，本文以广东省为例，从加工贸易进口与一般贸易进口两个方面来分析对经济增长的作用，并与经济发展程度及对外开放程度较落后的江西省进行比较。

## 三、进口贸易与经济增长的作用机制

广东省是我国沿海地区经济较发达的省市，其人口众多，并且大多为外来务工人员，劳动力资源丰富，但矿产资源相对不足。另外，广东省临南海，有很多优良港湾，为广东省的对外贸易提供了有利的海上交通条件。广东省临近港澳，深受港澳发达经济的影响，承接了港澳与内地的联系，方便了技术交流，促进了技术的发展进步，也是港澳产业转移的地区首选。经济发达的香港资金雄厚，方便获得大量的资本投入发展对外贸易。这些自然禀赋及区位优势，为广东省劳动密集型产业、资本密集型产业以及加工制造业的发展奠定了一定的基础。广东省作为较早的一批对外开放的省份有其政治优势，并且21世纪海上丝绸之路的加快建设以及广东省自贸区的挂牌成立，其中的广州南沙新区片区、深圳前海蛇口片区、珠海横琴新区片区对接香港和澳门两个特别行政区探索自由贸易是广东粤港澳自贸区独一无二的优势。这为广东省的对外贸易的发展提供了更强有力的政策支持与发展机遇。

从理论上总结，我们可以从以下几方面归纳出进口贸易促进经济增长的作用机制：

1. 竞争深化效应机制。进口产品进入国内市场后，把本国企业纳入与外国企业的竞争之中，必然使市场竞争机制充分发挥作用。激烈竞争加速低效率的企业推出市场的过程，迫使落后的产业及时淘汰，促使高效率的企业达到合理的规模，从而优化本国的市场结构、产业结构，优化资源配置。

2. 需求促进效应机制。进口本国尚未生产的产品，开拓了国内市场，可以诱导国内新产业成长；进口本国没有或稀缺的资源，满足了生产的需要；进口不可再生的自然资源，相当于创造环境财富；进口国内已经生产的产品，就发出明确的扩展信号，进口替代的工业由此发展起来；进口投资品使劳动力比较优势得以发挥，条件具备时转变为出口的扩大；进口还可能使消费者以更低的价格获得更好的产品，提高消费者福利水平，并刺激其他需求的扩大。

3. 创新激发效应机制。进口节省了创新的成本，先进技术、先进设备以及先进管理思想等将直接促进国内生产的发展和生产率的提高，并且为发展高科技产品、培育后发优势提供可能。进口的过程，也是人们思想进步、思维方式改变和观念更新的过程，更是制度创新的过程。

4. 资本积累效应机制。有了进口的支持，出口部门能获得较好的经济效益，提供积累率，加速发展。进口还为国外资本的进入提供必要条件，弥补了经济发展的资金缺口。进口竞争还使企业产生了提高积累率的压力，而资本的积累是经济发展的重要前提。

## 四、广东省与江西省进口贸易与经济增长的实证分析

### （一）数据与变量

取广东省与江西省 2000～2014 年的年度数据为样本，数据来源于《广东省统计年鉴》《江西省统计年鉴》和国际清算银行数据库。首先对一般贸易进口、加工贸易进口对经济增长进行回归分析，以此分析进口贸易结构的不同对经济增长的不同影响。主要数据包括 3 项时间序列数列，分别为经济增长水平（用国内生产总值的 GDP 表示，并按照当年的平均汇率换算为亿美元单位）、一般贸易进口额（YB）、加工贸易进口额（JG）。

### （二）广东省与江西省进口贸易对经济增长关系的统计分析

本文采用进口贸易依存度 YCD（进口额 IM 与国内生产总值 GDP 之比）和进口对经济增长的贡献率 GXL（当年进口额减前一年进口额之差与当年 GDP 减前一年 GDP 之差的比值）来表示广东省与江西省进口贸易对经济增长的依存与贡献程度。其中进口贸易依存度和进口对经济增长的贡献率从一般贸易进口与加工贸易进口分别考虑。测量上述指标得出：

1. 无论是一般贸易进口还是加工贸易进口，二者与经济增长的轨迹基本一致。2000 年至今，广东省 GDP 由 1462.5 亿美元提高至 10429.58 亿美元，增长了 6.13 倍，并且在 2008 年经济危机以前一直保持着每年约 20% 的增长。一般贸易进口由 2000 年的 228.43 亿美元，上升到 2014 年的 1567.21 亿美元；加工贸易由 2000 年的 479.26 亿美元，上升到 2014 年的 2004.28 亿美元。相比之下，江西省的 GDP 及贸易量较低，但增速较快。GDP 由 2000 年的 327.83 亿美元上升为 2384.6 亿美元，一般贸易与加工贸易进口也由 2.76 亿美元、0.49 亿美元上升为 43.6 亿美元、50.8 亿美元。

由于数据原始的协整关系不但不会随着对其进行自然对数的变换而变换，而且能线性化数据趋势。因此对 GDP、YB、JG 进行对数变换，并分别用 lnGDP、lnYB、lnJG 表示变换后的相应数据。从下图可以看出二者对经济增长的变化基本一致。

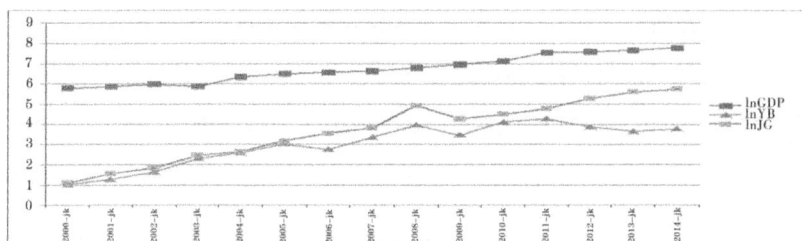

图 1　广东省一般贸易进口、加工贸易进口与国内生产总值的变动趋势

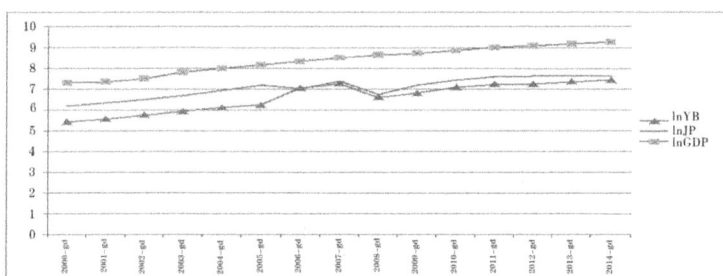

图 2　江西省一般贸易进口、加工贸易进口与国内生产总值的变动趋势

2. 广东省经济发展与进口贸易发展的关系密切。进口贸易与经济增长运行轨迹的趋势基本一致，或者说是平行的，并不能揭示进口贸易的发展对经济增长的拉动作用。要揭示贸易对经济增长所起的作用，把贸易量的扩大同国民经济的增长加以对比更为合适。因此，本文分别计算了一般贸易进口与加工贸易进口的依存度 YCDYB、YCDJG，以及对经济增长的贡献率 GXLYB、GXLJG。由结果可知：两省一般贸易进口与加工贸易进口的贸易依存度呈现上升趋势，其中广东省加工贸易的依存度明显高于一般贸易依存度，加工贸易进口的依存度几乎为一般贸易进口依存度的两倍，但是自 2011 年开始二者的增长速度放缓而江西省的加工贸易依存度自 2011 年开始才高于一般贸易的依存度；广东省一般贸易与加工贸易进口对经济增长的贡献率较高，其中加工贸易进口对 GDP 的贡献率明显高于一般贸易进口的贡献率，但是近两年来加工贸易进口对经济增长的贡献率出现了负值，而江西省加工贸易对 GDP 贡献率低于一般贸易，仅为广东省 GDP 贡献率的 10%。

（三）广东省与江西省进口贸易与经济增长关系的计量分析

下面应用协整分析与平稳性检验等计量经济学方法对广东省与江西省一般贸易进口与加工贸易进口对经济增长之间的关系进行分析。

具有协整关系的变量间具有长期稳定关系。图 1 显示 Log（GDP）、Log（YB）、Log（JG）三个序列变动的趋势是相似的，表明 YB、JG 对 GDP 之间可能存在协整关系。

1. 平稳性检验

本文采用 ADF 检验法对 GDP 与 YB 及 JG 三列时间序列数据的对数进行平稳性的单位根检验。经过 ADF 单位根检验，两省的统计数据的原水平序列都是不平稳的，而经过一阶差分以后通过 ADF 检验都可以得出平稳的结论。以下列出广东省各变量数据的平稳性检验值。由表 1 可知变量 Log（GDP）、Log（YB）、Log（JG）是不平稳的，而一阶差分后是平稳的，即 Log（GDP）、Log（YB）、log（JG）是 1 阶单整的。因此可以检验二者之间的协整关系。

表 1  GDP,YB,JG 单位跟检验

| 变量 | ADF 检验值 | 临界值 | 检验形式（c,t,k） | 结论 |
| --- | --- | --- | --- | --- |
| Log（GDP） | −0.738226 | −3.388330* | （c,t,2） | 不平稳 |
| dLog（GDP） | −9.183909 | −4.992279*** | （c,t,1） | 平稳 |
| Log（JG） | −1.654212 | −2.690439* | （c,t,0） | 不平稳 |
| dlog（JG） | −5.535939 | −4.057910*** | （c,0,0） | 平稳 |
| Log（JG） | −1.516448 | −2.713751* | （c,t,2） | 不平稳 |
| djg | −3.939342 | −3.144920** | （c,t,1） | 平稳 |

注：检验形式中，c 为常数项，t 为趋势项，k 为滞后阶数；滞后期 k 的选择标准是以 AIC 和 SC 值最小为准则，d 表示变量的一阶差分；★、★★、★★★ 分别表示显著水平为 10%、5% 和 1% 的临界值。

2. 协整检验

采用 EG 检验法对广东省 lnGDP 与 lnYB、lnJG 三个变量进行协整检验。

第一步，对 lnGDP、lnYB、lnJG 的水平变量进行 OLS 回归，回归结果如下：

LOG（GDP）=0.5001*LOG（JG）+0.5889*LOG（YB）+0.9469          （1）

（1.846922**）（3.105331***）

$R^2 = 0.927905, Adj R^2 = 0.915889, DW = 1.658254, F = 77.22384$

第二步，对非均衡误差 u 进行平稳性检验，检验结果如下：

表 2 非均衡误差的 ADF 检验结果

| ADF 检验值 | –3.032515 | 1% 的临界值 | –2.740613 |
|---|---|---|---|
| | | 5% 的临界值 | –1.968430 |
| | | 10% 的临界值 | –1.604392 |

由检验结果可知，残差序列的 ADF 检验值为 –3.032515，小于显著性水平 1% 的临界值 –2.740613。意味着在 1% 的显著性水平下，依然能拒绝其为不平稳序列的零假设，所以 u 为平稳序列，表明 lnGDP 与 lnYB、lnJG 之间存在唯一的协整关系。（1）式就是协整关系所对应的方程式，表示宏观经济增长与一般贸易进口总额、加工贸易进口总额增长的长期均衡关系的协整方程，两者之间存在正向关系，即从长期来看，进口贸易能促进经济增长，即一般贸易进口量每增加 1 个百分点，可引致经济总量增长 0.501 个百分点，加工贸易进口量每增加 1 个百分点，可引致经济总量增加 0.589 个百分点。

同理，对江西省 lnGDP 与 lnYB、lnJG 三个变量进行协整检验，其残差序列的 ADF 检验值小于 1% 显著性水平的临界值，同样存在唯一的协整关系。（2）式为江西省协整关系所对应的方程式，如下：

LOG（GDP）=0.4901*LOG（JG）–0.0801*LOG（YB）+6.0576　　　　（2）
（4.443741***）（–0.508127）

$R^2 = 0.914288, Adj R^2 = 0.90003, DW = 1.44665, F = 64.5899$

从长期来看，江西省的一般贸易进口量每增加 1%，可促进 GDP 增加 0.49%，而加工贸易进口每增加 1% 则导致 GDP 减少 0.08%。

3. 误差修正模型

对广东省 lnGDP 与 lnYB、lnJG 三个变量建立误差修正（ECM）模型，假定一般贸易进口、加工贸易进口与经济增长的误差修正模型表达式为：

$$\Delta \ln gdp_t = 0.1187 + 0.0636 \Delta \ln yb_t + 0.0981 \Delta \ln jg_t - 0.2673 ECM_{t-1} + u_r \quad （3）$$

其中，$\Delta\ln gdp_t = 0.1187 + 0.0636\Delta\ln yb_t + 0.0981\Delta\ln jg_t - 0.2673ECM_{t-1}$

通过试验，得到比较适当的表示短期动态关系的误差修正模型：

$$\Delta\ln gdp_t = 0.1187 + 0.0636\Delta\ln yb_t + 0.0981\Delta\ln jg_t - 0.2673ECM_{t-1} \qquad (4)$$

（1.5666*）（1.8603**）（−2.4947***）

方程中的回归系数通过了显著性检验，误差修正系数为负，符合反向修正机制。进口贸易的一阶差分对数序列的系数表示进口增长率每增加1%，GDP的增长率将增加0.118%，而上一年的GDP、进口的非均衡误差以 −0.267 的比率对本年的GDP做出修正。

同理，对江西省lnGDP与lnYB、lnJG三个变量建立误差修正（ECM）模型，如下：

$$\Delta\ln gdp_t = 0.1403 - 0.0089\Delta\ln yb_t + 0.0014\ln jg_t - 0.2986ECM_{t-1} \qquad (5)$$

（1.4351*）（1.9021**）（−1.224*）

方程中的回归系数通过了显著性检验，误差修正系数为负，符合反向修正机制。进口贸易的一阶差分对数序列的系数表示进口增长率每增加1%，GDP的增长率将增加0.1403%，而上一年的GDP、进口的非均衡误差以 −0.2986 的比率对本年的GDP做出修正。

4. 格兰杰因果关系检验

从格兰杰因果关系检验的结果看，两省短期内，GDP的变化不是YB、JG的原因，但是加工贸易进口与一般贸易进口确实是GDP变化的原因，存在单向因果关系，说明进口可以促进经济的增长。

为进一步说明一般贸易进口、加工贸易进口与经济增长间的关系，并实证分析影响中国经济增长的影响因素，本文在上述研究的基础上加入控制变量社会消费品零售总额（C）、出口额（EX）、工业增加值（V）、税收收入（T）以及固定资产投资（I）。确立计量模型如下：

$$\ln gdp_t = \ln yb_t + \ln jg_t + \ln c_t + \ln I_t + \ln T_t + \ln V_t + \ln EX_t + u \qquad (6)$$

以广东省统计数据为例，变量原序列为非平稳序列，对变量进行一阶差分后，进行单位根检验在 1% 的水平下拒绝原假设。由样本变量的系数矩阵可知，解释变量之间存在高度的相关性，为此将控制变量逐个加入原计量方程进行分析。

表 3 广东省数据的回归结果

| 变量名称 | （1） | （2） | （3） | （4） | （5） |
|---|---|---|---|---|---|
| 一般贸易<br>进口 lnYB | 0.1055*<br>（1.6529） | −0.0733<br>（−0.7601） | −0.0739<br>（−0.6393） | −0.0836<br>（−0.9266） | −0.1252<br>（−0.9305） |
| 加工贸易<br>进口 lnJG | 0.1741*<br>（1.7138） | 0.0431<br>（0.4431） | 0.0783<br>（0.7110） | 0.0937<br>（1.0972） | 0.1635<br>（1.3692） |
| 出口<br>lnEX | 1.1318***<br>（8.6706） | 0.6765**<br>（2.7692） | 0.7287**<br>（2.9638） | 0.1500<br>（0.4481） | 0.9908***<br>（4.2224） |
| 投资<br>lnI | | 0.3675<br>（0.7261） | | | |
| 消费<br>lnC | | | 0.3081*<br>（1.8647） | | |
| 工业增加值<br>lnV | | | | 0.8885**<br>（3.0649） | |
| 税收<br>lnT | | | | | 0.0873<br>（0.7293） |

注：被解释变量为 lnGDP；括号内为 t 检验值；*、**、*** 分别表示显著水平为 10%、5% 和 1% 的临界值。

表 3（1）为加入变量出口贸易额的回归结果，显然各变量的相关系数仍显著，符合统计意义上的解释。（2）、（3）、（4）、（5）在加入出口变量的基础上再引入其他变量，这严重影响了一般贸易进口和加工贸易进口的显著性水平。依据逐步回归的分析，控制变量间存在多重线性共线性，在引入出口贸易的情况下，出口每增加 1%，GDP 增加 1.13%；一般贸易进口每增加 1%，GDP 增加 0.10%；而加工贸易进口每增加 1%，GDP 增长率将增加 0.17%。

同理，对江西省的统计数据进行逐步回归分析，如下：

表 4 江西省数据的回归结果

| 变量名称 | （1） | （2） | （3） | （4） | （5） |
|---|---|---|---|---|---|
| 一般贸易<br>进口 lnYB | −0.1878*<br>（−1.7625） | −0.2049<br>（−1.5723） | −0.1885<br>（−1.5170） | −0.2845<br>（−1.2623） | −0.1066<br>（−0.7937） |
| 加工贸易<br>进口 lnJG | 0.3266*<br>（2.0146） | 0.2458<br>（1.3360） | 0.2769<br>（1.7128*） | 0.2825<br>（1.0746） | 0.2674*<br>（1.7756） |
| 出口<br>lnEX | 0.5746***<br>（7.9584） | 0.4768**<br>（3.7752**） | 0.2963<br>（1.3387） | 0.4606**<br>（3.7397） | 0.2319***<br>（0.9491） |

（续表）

| 变量名称 | （1） | （2） | （3） | （4） | （5） |
|---|---|---|---|---|---|
| 投资<br>lnI | | 0.1445<br>（0.9454） | | | |
| 消费<br>lnC | | | 0.5043<br>（1.3645） | | |
| 工业增加值<br>lnV | | | | 0.3279<br>（1.1344） | |
| 税收<br>lnT | | | | | 0.3909<br>（1.4611） |

注：被解释变量为lnGDP；括号内为t检验值；★、★★、★★★分别表示显著水平为10%、5%和1%的临界值。

同广东省逐步回归结果类似，除出口变量外其他变量均不显著。在引入出口变量后，出口每增加1%，GDP增加0.57%；一般贸易进口每增加1%，GDP增加0.18%；加工贸易进口每增加1%，GDP增加0.32%。

## 五、结论

通过前文对广东省与江西省进口对经济增长的作用定性分析的论断与定量分析的检验，广东省的一般贸易进口与加工贸易进口对经济增长的作用都为正向促进作用，且加工贸易进口的促进作用更大。加工贸易进口、一般贸易进口与GDP之间存在协整关系，且不管是从长期或短期来看，进口贸易对广东省经济增长都具有促进作用。从长期来看，加工贸易进口和一般贸易进口对GDP的影响存在长期均衡的稳定关系。从反映这种长期均衡关系的协整方程来看，变量前的系数说明贸易进口对经济的拉动作用。从统计数据来看，加工贸易进口在进口总额中占有更高份额的比值，加工贸易进口中很大一部分是用于出口产品生产的原材料、零部件，这些原材料和零部件的进口直接推动了出口的增长，从而促进经济增长。而鼓励生产性资本品的进口是我国长期以来实施的进口政策，随着广东本土技术密集型制造业的扩展，"腾笼换鸟"政策将引导高新技术产业聚集珠三角地区，广东对技术密集型中间产品的进口需求也会越来越大，这无疑会对广东省的经济增长产生重要的推动作用。但一般进口贸易对GDP的促进作用仍然显著，随着广东人均收入稳定增长、消费品进口基数偏低、主要进口消费品关税下调、进口贸易便利化程度提高，一般贸易进口满足了消费者多样化的消费需求，而消费对经济增长的拉动作用也越来越显著，从而促进了经济增长。并且一般贸易进口缓解了经济增长中资源瓶颈和技术制约，广东科研能力及人才储备的不断增强，对一般贸易进口所带来的技术外溢效应进行吸收消化，转换为自我的经济建设中，从而拉动经济增长。然而加工贸易对经济增长的促进十分显著地高于进口贸易对经济增长的促进作用。随着劳动密集型产业加速向东南亚转移，广东省各项要素生产成本逐渐上升，广东省与全球其他低要素成本地区的比较优势逐步弱化；加上东南亚国家配套产业链的逐步完善，广东省以劳动力密集型为主的加工贸易呈下降趋势，进一步导致加工贸易进口缩减。又由于广东省的加工贸易集中在附加值较低的劳动密集型行业，加工贸易进口机器设备的技术溢出性较差，同时中间产品的进口阻碍了产业链的延长，从而造成了加工贸易进口对经济增长的促进作用的局限性。

相比之下，江西省的一般贸易进口对经济增长起阻碍作用，而加工贸易进口对经济增长起促进作用。与广东省进行对比，江西省地处东部老革命地区，经济较落后，人均生活水平不高直接导致消费多样性的降低，对一般贸易进口的需求水平低，从而对经济增长的促进作用不明显。而江西地区经济发展结构较单一，加工贸易进口对 GDP 的增长反而起了更大的促进作用。虽然江西省的出口产品结构不断优化，已经完成了由出口初级产品为主向出口工业制成品为主的转变，但与广东省相比仍存在对外贸易发展相对弱后、总体规模偏小、商品结构低级化、贸易方式单一，并且外贸主体不强的问题，外商投资领域多在低附加值和低技术含量的劳动密集型工业制成品和初加工或粗加工的资源型产品领域，甚至很多出口商品是高污染、高耗能的产品，而带有自身特色的高附加值的产品很少，高技术产品更少。江西省加工贸易的增值率不高、处于价值链的低端，承接的加工生产的产品不具有核心技术，因而与广东省相比，加工贸易的促进作用较弱。而江西省人均消费水平相对不高，一般贸易进口，挤占了国内的市场份额，对经济发展反而起阻碍作用。

## 六、政策建议

本文通过对 2000 ～ 2014 年加工贸易进口与一般贸易进口这两种贸易模式对广东省与江西省经济增长的关系进行比较分析，对增长的影响因素分别进行比较分析。因此，需要针对上述分析采取正确措施，从而进一步提升广东省进口贸易增长，促进经济增长。

1.结合动态比较优势的原理，两省应该逐步提升加工贸易的层次，延伸加工贸易产业链，支持企业开展深加工结转；增强加工贸易进口技术的消化吸收能力和对从业人员的培训；优化加工贸易的产品结构，推动加工贸易企业开展关键零部件、关键设备等高端制造业务；推动高新技术产业和战略性新兴产业的发展，促进高端新型电子信息、高端装备设备、节能环保等战略新兴产业加工贸易的发展。在进口产品和服务项目的选择上，以弥补省内生产短板、补强空白和不足为主。借此刺激两省生产要素的自由合理配置，推动产业快速转型，提升结构调整力度。同时增加一般消费品进口，满足消费者多样性的消费性需求，尤其是高端需求，并且能引领一些新的消费理念，促进消费结构升级。从趋势看，积极扩大进口，会促使外贸结构加快调整，提高进口的含金量，让国内市场更加开放具有活力，从而促进经济的发展。

2.虽然一般贸易进口与经济增长的短期关系不明显，但我们决不能忽视它对经济增长的长期作用。我们大力发展一般贸易进口，缓解经济增长的资源瓶颈和技术制约；同时也要加强对一般贸易进口技术的吸收，通过一般贸易促进人力资源开发，保持一般贸易与经济增长的长期稳定关系。

3.加快提升出口力度。当前美国推动以跨太平洋伙伴关系协议（TPP）谈判以及与欧盟建立跨大西洋贸易与投资伙伴关系（TTIP）谈判阶段性协议得以落实，中国对外贸易结构发生变化，"中国制造"会在一定程度上被某些东南亚国家的"制造"所代替。从亚洲四小龙等地区的国际经验来看，两省在继续重视进口的同时，还要高度重视出口的作用，加快提升出口的力度。

## 参 考 文 献

［1］李兵 . 进口贸易结构与中国经济增长的实证研究 [J]. 国际贸易问题，2008，（6）：27–32.

［2］于燕 . 中国进口贸易增长的影响因素——基于行业层面的贸易引力模型 [J]. 中国经济问题，2014，（9）：99–107.

［3］郑有国，吴少波 . 进口对阿根廷 GDP 的影响分析 [J]. 国际贸易问题，2010，（3）：36–42.

［4］赵佳丽，冯中朝 . 加工贸易进口、一般贸易进口与经济增长的关系——一个协整和影响机制的经验研究 [J]. 国际贸易，2008，（4）37–43.

［5］卢向前，戴国强 . 人民币实际汇率波动对我国进出口的影响 [J]. 经济研究，2005，（5）：31–38.

［6］汤学兵，韩晓丹 . 全球经济危机对我国进出口贸易的影响——基于多参数平滑法的定量分析 [J]. 国际贸易问题，2011，（4）：3–14.

［7］熊启泉，杨十二 . 重新审视进口在经济增长中的作用——基于中国的实证研究 [J]. 国际贸易问题，2005，（2）：5–10.

［8］陈玉明 . 中国进口贸易影响因素的研究——来自省级面板数据的实证分析 [J]. 审计与经济研究，2013，（3）：106–112.

［9］孙敬水 . 进口贸易对我国经济增长贡献的实证分析 [J]. 国际经贸探索，2007，（1）：13–18.

［10］吴丹 . 东亚双边进口贸易流量与潜力：基于贸易引力模型的实证研究 [J]. 国际贸易问题，2008，（5）：32–36.

［11］杜江 . 进口与经济增长的因果关系实证分析——兼论"重新审视进口在经济增长中的作用" [J]. 国际贸易问题，2007，（4）：9–12.

［12］杨正位 . 中国对外贸易与经济增长 [M]. 北京：中国人民大学出版社，2006.

［13］Guillaume Gaulier，Françoise Lemoine，Deniz Ünal–Kesenci. China's Integration in East Asia:Production Sharing,FDI & High–Tech Trade[J]. EconChange,2007,（40）:27–63.

# 我国自由贸易区税收激励机制的完善

林鹏程、罗韶风◇广东财经大学、广东技术师范大学

**摘要**：上海自由贸易区自 2013 年 8 月 22 日国务院正式批准设立之日起，它的推进引发了各界的关注和广泛的期待。现实行的"税收优惠"已渐渐不适应经济的发展，如何将它进行革新已成为一个新的问题。我国自由贸易区的总体规划以及现实行的各项税收措施存在的问题有：总体方案公布之前备受关注的 15% 的所得税的税率并无实施；总体方案中公布的税收缴纳方式存在着范围小、时间短等问题；免税措施范围极小。应对此问题需形成新的适合我国自贸区发展的措施：对税率问题实行分类减免税率；在缴纳方式上，不同的企业实行不同的缴纳方式，扩大个人分期缴纳的范围以及在免税问题上实行扩大免税范围，提高企业创新的积极性。

**关键词**：自由贸易区；税收；激励机制；法的价值

自 2013 年 8 月 22 日国务院正式批准上海自贸区设立之日起，自贸区便引发了各个领域的关注，尤其是想继上海自贸区之后成为第二批自贸区的广东、天津等地的关注。自贸区指的是设立在一个国家领土的小范围之内的能够允许外国商品货物豁免关税，免除通关、清关的手续、掌握国际市场的动态，带动周边地区的经济发展，改善投资环境的自由贸易区。在当前国际经济竞争激烈的大背景下，金融制度、税收制度以及整体的政策对自贸区的发展有着不可估量的作用，而税收作为自贸区发展必不可少的一项，在这里也同样占有着不可替代的一席之地。

作为新兴的自贸区，已不能用传统的税收模式继续发展了，但税收优惠又是各项政策中不可或缺的。若广东等地的自贸区相继建立，这一问题就成为重中之重。如何使我国自贸区的税收政策与其他自贸区的有所区别，并对自身的发展有较好的作用则成了现阶段的主要问题。本文根据上海自贸区总体规划及广东等地已实施的各项措施中找出了几个最为突出的问题：企业所得税的税率并无降低；税收缴纳方式大部分沿用中关村等地的方式以及免税的范围较小，并针对这些问题探讨解决的对策。

## 一、我国自由贸易区税收激励制度存在的问题

### （一）自贸区税收激励制度现状

我国（上海）自由贸易区作为经济改革中的焦点，从批准成立到公布总体方案再到现今的实施阶段都受到了极大的关注，如在公布总体方案前，媒体对税收激励措施中的税率的高低进行了猜测。由于内外部环境的影响下，它的建立以及发展至今就是我国经济最大的进步，同时，在各项改革措施中也有可喜的效果，如对于促进投资的税收激励机制措施是分期缴纳税款，还对部分生产投资进了优惠，多样化了优惠措施。无疑贯彻落实总体方案是必不可少的，而在这其中也要对出现的新问题提出解决的方法，对以前没有考虑到的问题进行及时的修补。在我国自贸区的税收立法方面，除了"暂停使用三年《外资企业法》《中外合资经营企业法》《中外合作经营企业法》"[1]，实行的多为非针对自贸区特有的法律，如：《我国企业所得税法》《中华人民共和国消费税暂行适用条例》《中华人民共和国进出口关税条例》等，这些法规不但施行时间早，同时对于自贸区而言无特殊的优惠。因而自贸区的税收激励机制没有较为正式的法的来源。

税收优惠政策作为自贸区优惠政策体系的重要组成部分，对促进自贸区的经济发展具有积极的作用。税收优惠的实质是在自由贸易区域内，对在该区域内发展的企业实行，"税收制度建设、各个税种的征税范围、税目税率、减免

---

[1] 林彦含，蔡向阳.上海自由贸易区里的新法制 [J].法制博览，2014，（01）：226.

税等的相关优惠，从而调控区域经济的发展[1]"。每个国家甚至是地区都有自己的特色，我们可以将其可取之处合理地运用到上海自贸区，以此完善我国自贸区的税收激励机制。

**（二）自贸区亟待解决的税收激励法律问题**

1. 税收激励政策中的税率问题

在（上海）自由贸易实验区总体方案公布前，媒体盛传的"对于注册在区内符合条件的专业从事境外股权投资的项目公司，参照技术先进性服务业减按15%的税率征收企业所得税，以及对区内符合条件的公司从事的离岸业务收入，减按15%的税率征收企业所得税"。这一举措就已受到了不小的抨击。而公布的方案中并没有此项优惠。

无疑，自贸区没有利用税率优惠的措施，许是想用制度创新替代税收优惠，但总体方案中告诉我们，自贸区并没有放弃税收优惠。而税率的降低是税收优惠中的"香饽饽"，作为新发展的自贸区不应放弃此项措施而继续使用传统的税率，尤其是在传统税率的积极性已经趋于消亡状态的前提下。同时，有世界上最低税率之称的我国香港、台湾、澳门等地区在税收优惠方面都采取了降低税率的方式，因而我国自贸区的优惠措施中放弃税率优惠实非明智之举。

2. 税收激励措施中的税收缴纳方式问题

自由贸易区的总体规划中对于税收缴纳的方式是："企业或个人股东，因非货币性资产对外投资等资产重组行为而产生的资产评估增值部分，实行不超过5年期限内分期缴纳所得税的措施。"而对企业高端人才和紧缺人才的奖励为给予区内企业以股份或出资比例等股权形式的，实行已在中关村等地区试点的股权激励个人所得税的分期纳税政策。无疑，5年内分期缴纳所得税可以帮助企业缓解资金上的困难，对政府的税收收入也具有调节作用。但就长远而言，优势并不明显。

一方面，不同性质的企业所需要的激励政策不同，不同地区的企业所需要的激励政策也不完全相同，如天津等地以及毗邻香港、澳门的广东地区。因而

---

[1] 熊铁军，袁红兵，WTO与特区税收优惠政策——入市对特区优惠政策的影响及应对措施 [J]. WTO与我国经济，2002，（71）：29-30.

此项措施针对的对象范围较小。5 年，对于投资较大，收效较慢的企业而言，远远不够，如：从事科技创新的企业，创新技术从研发到产品产出、投放并收获效应需要的时间很可能不止 5 年。但对于钻空子的企业而言又是一个契机，这对于我国的税收而言又是个毒瘤。另一方面，对于激励个人所得税分期纳税的政策而言，其个人指的是企业重要的技术人员和企业经营管理人员，那么对于相关人员而言，其积极性无疑会遭到打击。具体到企业经营管理人员和企业重要的人员，对于股权奖励、股权转让等方面的所得，也并不适用这个优惠，因而对这些人员也产生了负面影响。

3. 税收激励措施中的免税问题

免税可分为两类，一是免除关税和货物税，二是免除所得税，其目的是减轻纳税人税收负担。自由贸易区的最大特点就是免税，这一点并无多大的可比性。在总体规划中，关于免除货物税的措施是：对试验区内生产企业和生产性服务业企业进口所需的机器、设备等货物予以免税，但生活性服务业等企业进口的货物以及法律、行政法规和相关规定明确不予免税的货物除外。我国的税制是以流转税为主体的，而这一措施中除了对试验区内生产企业和生产性服务业企业进口所需的机器、设备等货物予以免税外，其他的几乎为零。

"对于很多技术性企业而言，在技术研发阶段就因资金不足而流产。"[1] 免除货物税的这一措施明显对资本构成高的高新技术企业缺乏鼓励力度，而对于免除所得税这一措施，我们无法在总体规划中搜寻到踪影。"免除所得税，能促进企业收回成本，缩短年限，增加利润，降低风险。"[2] 我国自由贸易区作为新一轮改革开放的试验点，缺少了这一措施，不但大大降低了税收优惠政策的激励性，还会对自贸区的发展产生一定的负面效果。

## 二、自由贸易区税收激励机制的理论分析

在当前的国际经济法律秩序中，"国际经济法必须体现国际经济自由化的

[1] 赵春生. 促进企业自主创新的税收优惠政策研究 [J]. 公司与产业，2013，（11）：106~107.

[2] 付亚丽. 完善我国涉外税收优惠政策研究 [D]. 沈阳：辽宁大学会计学院，2011.

原则"[1]。而国际经济自由化最终要体现的是贸易自由,自贸区的产生便由此而来。法律与我们的生活密不可分,它指引着我们的生活方向,规范我们的生活现状。作为我国新建立的自由贸易区更要注重法的指导,离不开法的帮助,在其尚在起步阶段,解决新问题,制定新政策、措施时更要注重以下理论分析。

（一）经济自由：法的自由价值

自由贸易区的特点中有一项值得注意,它享有充分的自由,在不违反设区国法律的前提下,在自由贸易区内的企业和个人享有四项自由:一是贸易自由,如对进出口贸易和转口贸易没有限制;二是如免办海关手续、卫生检疫以及出入境手续从简、船员可自由登岸等的运输自由;三是没有行业、投资比例等方面限制的投资自由;四是在金融领域,如外币可自由兑换、资金可自由进出、结算币种可自由选择等等。现行的上海自贸区实施的管理体制中的"一线开放","指的是在自贸区范围内与海关的监管上享有高度的自由"[2]就充分体现了以上自由贸易区的特点。

经济的发展需要一定程度的自由,改革开放前的历史教训告诉我们,只有选择打开经济的大门,才能让经济发展起来,才能使国家繁荣、富强。让经济自由地成长这一举措体现了法的自由价值。

（二）经济安全：法的安全价值

自贸区的建立不但促进了本国经济的发展,同时也提供了良好的环境给参与交易的各国的人们。通过自贸区的总体规划以及实行的各项法律政策,如《我国自贸区进口税收政策》《国家税务局关于出口退税若干问题的通知》等为自贸区的发展提供了较为稳定的法律环境,也提供了公平竞争的市场环境,有效维护了交易秩序,保护合法竞争,使自贸区得到了良好的发展。市场交易更加自由的自贸区对金融方面进行了改革,同时也进行了一定的干预,这就"在一定程度上避免了金融'泡沫',规避了市场的缺陷"[3]。保障了经济安全,遵循了市场经济是法制经济这个大原则,体现了法的安全价值。

---

[1] 何力.自由贸易区的国际经济法解析 [J].上海商学院学报,2013,（6）:16-18.

[2] 刘欣.上海自贸区——我国开放新高度 [J].今日中国,2013,（11）:41.

[3] 姚云.论经济法的经济安全观 [J].公民与法,2013,（3）:53-55.

### （三）经济自由与经济安全在自由贸易区中税收激励机制设计中的有机统一

我国自贸区中在经济自由方面实施了"负面清单"的模式，扩大了企业入驻的范围，减少了对企业的限制。在税收方面，自贸区实行了不超过 5 年内分期缴纳所得税的措施，对象是企业或个人股东因非货币性资产对外投资等资产重组行为而产生的资产评估增值部分。同时也对企业高端人才和紧缺人才实施了一定的激励措施。另外还对试验区内生产企业和生产性服务业企业进口所需的机器、设备等货物予以免税。

无疑，经济自由得到了充分的体现，自由地进行投资，且对投资收益所得进行了分期缴纳所得税以及采取对企业的生产设备进行免税的措施。自贸区的自由特点得到了充分的发挥，各项税收法律以及税收措施也为自贸区的经济安全做出了贡献。自贸区内实行的税收优惠激励机制已然将经济安全和经济自由有机地结合起来，一定程度上避免了自贸区内发生经济"泡沫"现象，也让自贸区的"自由"实至名归。

税收制度是政府在其范围内对其税收进行一定的管理，而自贸区的税收激励机制，更多的是趋向于减少约束，扩大其自由度，以此刺激自贸区的经济增长。自贸区内实行的各项管理如对进出口关税的管理、对消费税的管理等是为了保护市场交易主体的安全，维持市场交易的秩序，形成良好的市场交易环境，保障市场交易机制的正常运行。自贸区的税收激励机制，不但是政府对自贸区内的税收进行管理，保障国家的财政安全，而且是将自贸区的"自由"践行到底。

## 三、完善我国自由贸易区税收激励制度的对策

### （一）开拓因企制宜的税率方式

香港因简税制、低税率成为世界范围内市场经济成功的典范。它的税率指向明确，"分为促进技术创新的优惠政策、保持香港国际金融中心地位的以及保护环境的优惠政策"[1]。而"新加坡对从'质'和'量'来界定的'特许公司

---

[1] 周华伟．指向明确的香港税收优惠政策法律研究 [J]．中国财经报，2012，（06）：1-2.

管理中心'课征比香港还低的 10% 的企业所得税"。[1]据此，我们可以从以下几个方面来完善我国的税收优惠政策，在自贸区内更充分地体现法的自由价值和安全价值。

1. 对使用环保设施较高的企业实行减按 10% 的税率

在当前的环境下，环保毅然成为我们生活中不可忽视的一部分，发展经济不要再以牺牲环境为代价，支持可持续性发展。同时，环保设施需要较大的投资，对这些企业实行减免税率不但有助于提高企业的投资积极性，而且还有利于我国自由贸易区的可持续性发展。广州、北京等一些城市的环境状况不得不给我们警醒。香港实施的关于提高环保的税率优惠的措施中，不仅涉及到了商业方面，如企业生产设备等，还涉及到了生活方面，如使用交通工具等。作为我国经济发展的"焦点"，自贸区应发挥其现有的作用，提高公民的环保意识，使自贸区成为可复制、可推广的模式。

2. 对高新技术企业实行减按 10% 的企业所得税

高新技术企业已然成为经济发展的龙头，而作为发展中国家的中国，高新技术企业相较发达国家而言是少之又少。要改变我国以第二产业为主的国际地位，必须要重视对高新技术企业的培养和发展。此项措施虽属于事后措施，但它在一定程度上有助于企业提高自己的创新能力，对创新技术进行改良。10%的企业所得税，对于目前的自贸区而言，有一定的独特之处。结合处于发展中的我国而言，对于平衡我国的税收，有一定的促进作用，同时也将法的自由价值更充分地体现到税收激励机制中。

3. 对其他的企业实行减按 15% 的企业所得税

鉴于目前我国受到发达国家的经济制压，又要吸引资金投入的情况下，实行此项措施有一定的作用。因为以上两类的政策虽然鼓励性较强，但毕竟是实施的初期，这两类企业不会太多，"自由"的范围不会太广，但又不能放弃对它们的管理，因而也要照顾到除此两类企业之外的企业。实行 15% 的企业所得税，在总体方案出台前就已受到一定程度的认可，它的推行势在必行。此项措施不仅有助于吸引外资，也有助于提高其他企业的积极性。

---

[1] 叶笑中. 香港与新加坡税收优惠比较 [J]. 海外税制，2010，（08）：19-20.

### （二）不断完善税收的缴纳措施

"自贸区越来越成为国家间经济博弈的工具"[1]，而我国自贸区实行的税收缴纳措施，在短期内有一定的效应，应当继续推行，并对其加以完善，使之成为可复制、可推广的模式。同时，也需要逐渐的对其进行完善，让我国自贸区发挥其真正的作用，让法的自由价值与安全价值不断地渗透到其中。

1. 加大对创新型企业的税前扣除

自 2008 ~ 2009 纳税年度起，香港对于指定环保设施发生的资本性支出实行加速折旧。"对于购置环保机器、设备发生的资本性支出在当年一次性 100% 税前扣除，而对建筑物或构筑物发生的环保型安装、组装支出的实行在支出发生之日起连续 5 年内摊销完毕等"[2]。因此我们可比照香港税务条例并结合我国自贸区的情况作出适合的间接优惠政策，对不同企业的不同资本支出实行税前扣除，减少企业的投资成本。

同时，落实此项优惠措施，避免引发经济"泡沫"的源头，时刻谨记市场的交易安全。对于因受惠当年企业亏损或者盈利部分不足以抵扣相关数额的企业，可允许其适当向后或向前结转，如可往后结转 5 年，往前结转 2 年。增加企业使用优惠的可能性，使增加研发投入的企业真正得到补偿，提高企业自主研发新技术的动力。

2. 扩大个人所得税分期缴纳范围

目前，我国自贸区实行的对于个人的税收优惠措施是北京中关村等试点的税收优惠。此项优惠的主要对象是企业重要的技术人员和企业经营管理人员，其对象范围小，因而效果并不显著。"自由"在此限制度较大。发展较好的香港在此施行的是认可慈善机构捐款以及个人退休计划支付公款，在征收个人所得税时对此进行扣除。

我们可借鉴此方式，对在自贸区范围内所取得的个人所得如必须产生的税务部分进行扣除。同时，针对特定人员享有优惠的基础上，采取激励其他人员

---

[1] 夏善晨. 自贸区发展战略和法律规制的借鉴——关于我国自由贸易区发展的思考 [J]. 国际经济合作，2013，（9）：19-21.

[2] 香港税务条例：http://www.fsou.com/html/text/hnt/838861/83886110_7.html.

的措施，如对环保型企业的人员使用延后缴纳所得税的措施或对某些项目进行延缓缴纳，以减少投资的风险，保障经济的安全，提高个人对财产的"自由"分配，促进对自贸区的持续发展。

**（三）扩大免税的范围**

"新加坡对具有新技术开发性质的产业给予 5 ~ 15 年的免税期，对生产高附加值的产业给予 20 年以内的减 10% 所得税的优惠"[1]。目的是鼓励高新技术产品的生产以及推动经济的发展。在上海自贸区正式批准设立之前，天津、广东等地作为自贸区申报的一员，有其自身的优势如"天津是北方的第一大港，制造业基础雄厚"[2]。而广东毗邻香港，有利于体制创新和机制创新的环境。

我们可将其不同的优势因地制宜地运用到自贸区中。如上海自贸区利用其自身作为综合、全面的金融中心的特点，在第二批自贸区成立之前发挥出自身独特的优势。根据之前保税港等地的实验在整个自贸区内对金融行业的个人所得以及企业所得进行部分免除，如在金融行业在一到两年未达到一定所得额的可享受一定程度的免税待遇，对个人的所得额达到一定数额的进行免税奖励。这样不仅给企业减缓了资金压力，同时促进个人更好地进行创新，为企业做贡献，也为自贸区的税收激励机制提供探索的方向。

自贸区还可对企业进行分类，如广东地区内有较多创造能力较大的企业，则可对其所得税试行免除，不断地进行修改和完善，制定出一套适合自贸区的免税制度，为我国自贸区的发展开辟道路。

## 四、结论

自贸区已成为全球各国发展本国经济的重点，我国自贸区作为新一轮"改革开放"的前沿，其"一举一动"受到世人的关注。从法的价值的角度分析我国自贸区的现状，并借鉴外国的先进经验提出了相应的几点法律建议：对于税率的减免问题可针对不同的企业降低不同的税率。在缴纳所得税的方式上，将香港的征税模式以及大陆的中小企业模式引用过来，以求更好地促进自贸区的

---

[1] 陈丽平 . 新加坡税收法律保护制度初探 [J]. 法制与社会，2009，（02）：44.

[2] 王利 . 新一轮改革背景下的自贸区建设 [N]. 滨海时报，2013-12-16（008）.

发展。另外对于免税问题方面，除了少量的对生产性投入进行免税外并没有其他规定，这里可以借鉴新加坡免税年限的做法，对自贸区内的企业符合一定要求的进行免税。

## 参 考 文 献

**一、著作类**

［1］刘建明.外商投资税收激励与政策调整 [M].北京：人民出版社，2007：157.

［2］姚梅镇.姚梅镇文集 [M].武汉：武汉大学出版社，2010：221.

［3］陈少英.税法基本理论专题研究 [M].北京：北京大学出版社，2009：213.

**二、期刊论文类**

［1］陈革.上海自贸区成立的现实意义与发展思考 [J].行政事业发展与财务，2013，（9）：12-13.

［2］熊铁军，袁红兵，WTO与特区税收优惠政策——入市对特区优惠政策的影响及应对措施 [J].WTO与我国经济，2002，（71）：29-30.

［3］赵春生.促进企业自主创新的税收优惠政策研究 [J].公司与产业，2013，（11）：106-107.

［4］姚云.论经济法的经济安全观 [J].公民与法，2013，（3）：53-55.

［5］周华伟.指向明确的香港税收优惠政策法律研究 [J].我国财经报，2012，（06）：1-2.

［6］叶笑中.香港与新加坡税收优惠比较 [J].海外税制，2010，（08）：19-20.

［7］邓晓兰.唐海燕，税收优惠政策对企业研发的激励效应分析——兼论税收优惠政策的调整 [J].科技管理研究，2008，（7）：491-492.

［8］夏善晨.自贸区发展战略和法律规制的借鉴——关于我国自由贸易区发展的思考 [J].国际经济合作，2013，（9）：19-21.

［9］王道军.上海自贸区建立的基础与制度创新 [J].开放导报，2013，（05）：30.

［10］林彦含，蔡向阳．上海自由贸易区里的新法制 [J]. 法制博览，2014，（01）：226.

［11］何力．自由贸易区的国际经济法解析 [J]. 上海商学院学报，2013，（6）：16-18.

［12］刘欣．上海自贸区——我国开放新高度 [J]. 今日我国，2013，（11）：41.

［13］陈丽平．新加坡税收法律保护制度初探 [J]. 法制与社会，2009，（02）：44.

### 三、学位论文类

［1］陈飞乐．我国保税港区税收优惠政策研究 [D]. 重庆：西南政法大学法学院，2011.

［2］付亚丽．完善我国涉外税收优惠政策研究 [D]. 沈阳：辽宁大学会计学院，2011.

### 四、报纸类

王利．新一轮改革背景下的自贸区建设 [N]. 滨海时报，2013-12-16（008）.

### 五、其他参考资料来源

［1］我国上海自由贸易区总体规划：http://www.ysftpa.gov.cn/Web View Public/-homepage.aspx.

［2］香港税务条例：http://www.fsou.com/html/text/hnt/838861/83886110_7.html.

［3］新加坡税收政策：http://sg.xinhuanet.com/2012-11/21/c_123975050.html.

# 中美中间品贸易的技术外溢效应实证分析
## ——基于吸收能力的视角

黄林◇上海大学

**摘要**：本文利用 1998 ~ 2013 年中美中间品贸易数据对技术溢出效应进行实证分析，利用中国从美国进口中间品的贸易、美国的研发资本存量、中国的研发投入、人力资本以及经济开放度的相关数据分析了中国从美国进口中间品的技术溢出效应，以及研发投入、人力资本、经济开放度对技术溢出效应的影响。

**关键词**：中间品；技术溢出；技术创新能力

## 一、引言

技术创新是一个国家或一个地区技术进步和经济增长的源泉与动力，新增长理论的增长机制表明，如果对外贸易能够刺激一国的技术创新活动，便能促进该国的经济增长，这说明了对外贸易与技术创新之间有着密切联系，进口贸易在这方面的表现更为明显，是一种更为直接的技术溢出渠道。这是因为，一国进口的产品尤其是中间产品隐含了出口国的研发活动，进口贸易使得进口国能够低成本但高效率地模仿这些隐含研发活动的产品，从中获得该研发活动中的技术，同时进口贸易还避免了各国在研发活动中的重复操作，从而改善了全球的研发效率。因此，在越来越开放的经济条件下，一国技术水平的提升已不仅仅依赖于本国的技术研发与投入，更依赖于外国的技术研发资本，尤其是对发展中国家而言，吸取发达国家的技术资源比更多的研发投入更加便利。学者一致认为进口贸易的技术溢出效应明显，然而大多数文献研究的是进口贸易总量的技术溢出效应，较少关注贸易结构尤其是中间品进口的技术溢出。

## 二、文献综述

根据新增长理论与新贸易理论，国际 R&D 活动可以通过商品贸易或者是服务贸易间接地对本国技术进步产生促进作用。Coe 等（1997）指出中间产品的进口可以直接提高国内的劳动生产率。对进口贸易溢出效应进行经验分析最早源于 Coe 和 Helpman（1995），他们采用 1971 ~ 1990 年 22 个工业化国家和 77 个欠发达国家的面板数据对来自国际贸易的技术溢出进行了经验检验，结果表明发展中国家可通过进口贸易渠道分享发达国家的技术研发成果。Eaton 和 Kortum（1996）以及 Lichtenberg 和 Potterie（1998）采用了与 Coe 和 Helpman 不同的方法研究国际技术溢出效应，结果进一步证实了上述结论。Keller（2002）对经合组织成员国 1970 ~ 1995 年期间的制造业进行了技术溢出分析，结果表明进口贸易与 OECD 国家全要素生产率（TFP）的增长存在密切的联系，技术溢出促进了 TFP 增长。此外，DelBarrio-Castro 等（2002）、Griffith 等（2004）、Lumenga-Neso 等（2005）的研究也得到了相同的结论。除了研究技术溢出的影响，许多学者在传统的国际技术溢出效应研究的基础上，将人力资本作为技术吸收要素纳入国际技术溢出研究范围，Keller（1996）以 Dixit、Stiglitz（1977）的模型为基础，对同样通过实行外向型贸易政策来促进本国技术进步的东亚国家和南美国家进行研究，考察为什么南美国家的经济增长率远远低于东亚国家的经济增长率，其研究结果发现，正是由于人力资本积累的差距，导致了东亚国家和南美国家技术吸收效果以及最终经济增长率的不同。符宁（2007）的研究基于贸易而非外商直接投资的角度同样证实了人力资本对于技术吸收的重要作用，研究表明人力资本对于进口贸易技术溢出效果的影响明显，而且国内研发强度也会制约进口贸易的技术溢出。

中国作为一个大的发展中国家，可以利用国际技术溢出这个重要途径来提升自身的技术水平和加速经济增长，在以往有关技术溢出的研究中，国内学者侧重外商直接投资（FDI）国际技术溢出效应的研究，如何洁（2000）、王志鹏和李子奈（2003）、郑秀君（2006）、邱斌和杨帅等（2008）、赵囡囡和卢进勇（2012）的研究，而较少关注国际贸易的国际技术溢出效应，尤其是中间品贸易的国际技术溢出效应。方希桦等（2004）首先研究了以进口贸易为传导机制的国际技术溢出对中国全要素生产率的促进作用，结果表明进口贸易对中国全要素生产率的提高具有显著的促进作用。李小平与朱钟棣（2006）使用 1998 ~ 2003 年中国的行业面板数据，通过估算国外 R&D 资本存量也得出了相同的结论。但也有研究得出了与上述文献相反的结论，如谢建国（2006）使用 1994 ~ 2003 年中国省区面板数据，对中国省区国际贸易技术溢出进行了估算，结果表明，作为一个整体，进口贸易对中国的技术水平并不存在显著的影响。

根据国内外现有的文献，目前研究中间品进口的国际技术溢出效应的文献还比较少，尤其是针对国别的具体研究，并且在考察国际技术溢出效应时大多采用全要素生产率作为因变量，这意味着在研究国际技术溢出的效应时考虑的是整个国家或者整个行业的经济增长效应，而并没有确切得出进口贸易对技术创新到底有多大的影响，因此本文以技术创新能力为衡量变量，基于吸收能力为视角，对中国从美国进口的中间品的技术外溢效应进行实证分析。

### 三、中国从美国进口中间品的技术外溢效应实证分析

#### （一）理论模型

在开放经济中，中间品进口的国际技术溢出对技术创新的影响途径主要有两个方面，一是会使各创新主体接触到更多的国际技术知识进而促进技术创新，二是通过进口高技术含量的中间品增加各创新主体的资本存量。各国的研发投入、人力资本、经济开放度、国家的经济规模与发展水平等因素也会通过对国际技术溢出效果的影响进而对技术创新能力产生差异。本文检验从美国进口中间品的国际技术溢出是否能够促进中国的技术创新能力，不同的影响因素存在何种差异。

本文的模型基于生产函数模型：$Q_i = A K_i^{\beta} L_i^{\beta_2} \varepsilon_i$。其中，A 代表影响知识生产过程绩效的其他因素，Q 表示知识产出，K 表示研发资本，L 表示人员投入，

$\beta_1$ 表示研发资本投入的知识产出弹性，$\beta_2$ 表示人员投入的知识产出弹性，$\varepsilon$ 为误差项。

在考虑中间品进口的国际技术溢出因素的基础上，本文将知识生产函数模型进行对数化处理，并加入相关的解释变量，将模型设定为：

$$\ln I_t = \alpha_0 + \alpha_1 \ln S_t^{IMP-Interm} + \alpha_2 RD_t \times \ln S_t^{IMP-Interm}$$

$$+ \alpha_3 H_t \times \ln S_t^{IMP-Interm} + \alpha_4 OPEN_t \times \ln S_t^{IMP-Interm} + \varepsilon_t$$

其中，$I$ 表示技术创新能力，$S^{IMP-Interm}$ 表示中间品进口的国际技术溢出，$RD$ 表示研发投入，$H$ 表示人力资本投入，$OPEN$ 表示经济开放度，$t$ 表示年份，$\varepsilon$ 为误差项。模型在考虑与不考虑吸收能力的基础上，考察中间品的国际技术溢出、国内研发投入、人力资本、经济开放度对技术创新能力的影响以及研发投入、人力资本、经济开放度是如何影响中国对于国际技术溢出的吸收效果的。

**（二）数据来源**

本文所有变量选取了 1998 ~ 2013 年间的数据，中美中间品贸易的数据根据 BEC 的分类，从联合国贸易统计数据库获取，美国国内研发资本流量数据来源于经济合作与发展组织发布的《主要科技指标》，美国 GDP 数据来源于世界银行，中国的技术创新能力、研发投入、人力资本以及经济开放度的相关原始数据均来源于《中国统计年鉴》和《中国科技统计年鉴》。其中涉及到美元的数据，如美国 GDP、美国国内研发资本流量以及中国从美国进口的中间品贸易总额，其计量单位通过每年美元兑人民币的平均汇率换算为人民币。

**（三）变量介绍与分析**

1. 技术创新能力（$I$）。目前对于技术创新能力评价方法比较多，没有统一的评价方法，如文东伟（2011）采用专利数衡量技术创新能力，梁超（2013）采用专利申请量作为技术创新的代理变量，但此类实证分析较多采用专利数来表示技术创新能力，其中专利数包括了专利申请和专利授权数。由于专利可进一步分为发明专利、实用新型专利和外观设计专利，其中发明专利技术含量最高，也最能体现创新能力，所以本文采用发明专利授权数表示技术创新能力。

2. 中间品进口的国际技术溢出（S）。本文根据 LP 模型的方法，计算来自美国的中间品进口的国际技术溢出，即 $S_t^{IMP-Interm} = \sum IMP - Interm_t / Y_t \times SD_t$，其中 $IMP - Interm$ 表示中国从美国进口的中间品总值，$Y$ 表示美国的 GDP，$SD$ 表示美国国内研发资本存量。此外，本文采用永续盘存法计算美国的国内研发资本存量，并假设折旧率为 15%，最初年份的国内资本存量用如下公式计算：$SD_0 = I / (\delta + g)$，其中 $SD_0$ 为可得的最早年份的研发资本存量，$\delta$ 表示折旧率，$g$ 表示研发支出的平均增长率。

3. 研发投入（R&D）。研发活动是指为获得科学与技术（不包括人文、社会科学）新知识，创造性运用科学技术新知识，或实质性改进技术、产品（服务）而持续进行的具有明确目标的活动。R&D 活动是影响技术吸收能力的关键因素之一，较高的国内 R&D 存量能提高本国对新技术的承接、利用和改造的能力。现有衡量研发投入的方法主要有两种，一是采用研发投入金额来度量，如仇怡（2005）；二是采用研发投入密度来度量。本文基于能更真实地反映一个国家的国内研发活动强度考虑，采用研发投入密度作为指标度量，具体计算方法是研发经费内部支出除以 GDP。

4. 人力资本（H）。在经济增长中，人力资本发挥的作用越来越大，但如何度量人力资本是一个很大的难题，目前，对于度量人力资本还没有一个统一的计算方法，已有研究中常用的度量方法有受教育年限法（崔玉平，2000；胡永远，2003）、教育经费法、各级教育入学率等。各衡量指标均有其优缺点，本文基于数据的可得性，采用平均受教育年限法来测度人力资本，计算公式为 $H_t = \sum_{i=1}^{n} h_i p_i \Big/ p$。其中 $i$ 表示受教育程度，分为小学、初中、高中和大学，$h_i$ 表示受教育程度的教育年限，目前中国的不同教育程度的年限为小学 6 年、初中 9 年、高中 12 年、大学（大专及以上）16 年，$p_i$ 表示不同受教育程度的人口数量，$p$ 表示总人口数，按照 6 岁以上的人口数量计算。

5. 经济开放度（OPEN）。经济开放度包括两个方面：一是允许外国在何种程度上加入本国的社会经济活动；二是本国在何种程度上，以何种方式介入国际分工、国际交换和国际市场。衡量经济开放度的方法很多，如对外贸易比率来表示，道拉斯法（Dollars，1992）、爱德华兹法（Edwards，1998）等，基于简单、直观的理念，本文采用对外贸易比率来衡量，即中国进出口贸易总额与 GDP 的比值表示经济开放度。

（四）实证结果分析

本文从技术创新能力的视角考察中间品进口的国际技术溢出效应，先对各模型进行 Hausman 检验以判断模型是固定效应还是随机效应，检验结果显示，模型为固定效应模型。对各模型进行固定效应回归，结果如表 1 所示，从中可以得出：

第一，中间品进口的国际技术溢出对中国技术创新能力的影响是显著为正的，说明中国从美国进口中间品，对于中国的技术创新能力有一定的提升作用。

第二，（2）到（8）表示的是在存在吸收能力的基本上，国际技术溢出对技术创新能力的影响，以及研发投入、人力资本、经济开放度对中国对于从美国进口中间品的国际技术溢出的吸收效果的影响。（2）、（3）、（4）表示存在单一的吸收能力时，中间品的技术溢出对技术创新存在正效应，并且研发投入和人力资本对于技术溢出的吸收效果明显，影响系数分别为 9.656286 和 0.0681282，国内研发投入对于技术溢出效果的吸收作用和本国技术创新能力提升作用尤为明显，每增加 1 个单位的研发投入，都能得到 9.66 个单位的技术能力提升，但是同时我们可以看到，在（4）中，加入经济开放度这个吸收能力的因素后系数变为 –0.1461257，说明经济开放度作为唯一的吸收能力时对技术溢出的吸收效果是负影响，即进出口贸易量的增减对于国际技术溢出的吸收作用是不显著的，并且可以得出经济开放度对于本国技术创新能力提升具有一定的阻碍作用。（5）、（6）、（7）表示的是存在任意两种吸收能力的因素的回归结果，我们会发现，此时，研发投入、人力资本和经济开放度对于国际技术溢出的吸收效果都存在正的影响效应，说明经济开放度对于国际技术溢出的吸收效果的影响要基于其他的因素才能发挥重要的作用。（8）的回归结果表明，越强的吸收能力就越能促进技术溢出的吸收，更能推动技术创新能力的提升。

第三，从所有的 8 个回归分析结果来看，对中国对于从美国进口中间品的国家技术溢出的吸收效果影响最为明显的是国内研发投入，影响系数都大于 1，说明对于技术溢出的吸收效果成倍的增长，并且研发投入对技术创新能力的提升的影响也是很显著的。

表 1 中国从美国进口中间品的国际技术溢出效应的估计结果

| | $\ln S_t^{IMP-Interm}$ | $RD_t \times$ $\ln S_t^{IMP-Interm}$ | $H_t \times$ $\ln S_t^{IMP-Interm}$ | $OPEN_t \times$ $\ln S_t^{IMP-Interm}$ | $R^2$ | $F$ |
|---|---|---|---|---|---|---|
| （1） | 1.054279* （17.6） | | | | 0.9568 | 309.87 |
| （2） | 0.7195934** （3.13） | 9.656286* （1.5） | | | 0.9632 | 169.95 |
| （3） | 0.3149048* （0.76） | | 0.0681282* （1.8） | | 0.9654 | 181.3 |
| （4） | 1.163737** （10.04） | | | −0.1461257* （−1.1） | 0.9605 | 157.87 |
| （5） | 0.3510106* （0.75） | 2.040432* （0.19） | 0.0582848* （0.9） | | 0.9655 | 111.92 |
| （6） | 0.4697694** （0.68） | 14.50154* （1.02） | | 0.1093203* （0.39） | 0.9636 | 105.94 |
| （7） | 0.3043651* （0.46） | | 0.068852* （1.31） | 0.0035835*** （0.02） | 0.9654 | 111.57 |
| （8） | 0.1908308** （0.25） | 5.770433** （0.32） | 0.055824* （0.82） | 0.0769026** （0.27） | 0.9657 | 77.46 |

注：变量回归系数底下括号内为 t 值，★表示在 10% 的水平上显著，★★表示在 5% 的水平上显著，★★★表示在 1% 的水平上显著。空白处表示模型中没有加入该变量。

## 四、结论与建议

本文采用中美中间品贸易 1998 ~ 2013 年的数据，研究了中国从美国进口中间品的技术溢出对中国技术创新能力的影响。研究结果表明：作为国际技术溢出的主要渠道之一，进口中间品贸易对技术进步具有显著而积极的作用。国内研发投入、人力资本、经济开放度等吸收能力因素极大地影响着国际技术溢出的效果发挥。国内研发投入对于技术创新能力的提升有明显的促进作用，并且有利于对技术溢出效应的吸收。人力资本对于技术创新能力的提升也具有促进作用，但没有研发投入的影响效果显著，对于中间品的国际技术溢出吸收效果的影响也是正的。国际进口贸易虽然能够直接推动进口国的经济增长，并且带来国外的先进技术和产品，但进口国能否真正获得和利用这些技术还需要看其拥有的技术吸收能力。国内研发投入、人力资本和经济开放度正是影响技术吸收的重要因素，进口国的研发投入越多，人力资本越强，经济开放度越高，对国外技术的吸收能力也就越强。

根据结论提出如下政策建议：在积极扩大中间品贸易进口的同时注重其技术溢出效应的发挥，加大高技术密集行业的中间品的进口，在进口来源国方面加以政策引导，加大高技术密集行业的中间品的进口加强对技术先进国家的贸易进口。与此同时，特别注重技术吸收能力的提升，具体来说，加强国内研发的投入力度，增加研发投入金额和科技人员；加大教育投资，促进人力资本水平提高；降低进口门槛，增加高技术含量的中间品的进口，扩大经济开放度。

# 参 考 文 献

［1］符宁. 人力资本、研发强度与进口贸易技术溢出——基于我国吸收能力的实证研究 [J]. 世界经济研究，2007，（11）：37–42.

［2］Coe D T,Helpman E.International R&D Spillovers[J].European Economic Review,1995,（39）:859–887.

［3］Coe D T , Helpman E, Hoffnaister A.North–South R&D Spillovers[J]. Economic Joural,1997,（107）：134–150.

［4］Griffith,Rachel,Stephen,Redding,and John,Van,Reenen.Mapping the Two Faces of R&D:Productivity Growth in a Panel of OECD Industries[J].The Review of Economics and Statistics,2004,（86）:883–895.

［5］Keller W.Geographic Localization of International Technology Diffusion[J]. The American Economic Review,2002,（92）:120–142.

［6］Lichtenberg, Potterie.International R&D Spillovers:Acomment[J].European Economic Review,1998,42（8）:1483–1491.

# 中澳自贸协定下中国羊毛贸易救济研究

王贝贝、肖海峰◇中国农业大学

**摘要**：羊毛一直是中澳自贸区谈判中重点关注产品之一，随着谈判结束协定签署，针对澳大利亚羊毛的免税国别配额量意味着中国羊毛市场对澳大利亚更加开放是既定事实。本文根据 1995～2013 年中澳羊毛生产和贸易数据，从进口量变化和对国内产业影响两方面分析了澳大利亚羊毛国别配额量是否会触发羊毛贸易救济，并探讨了采取反倾销、反补贴和保障措施三种贸易救济措施的可能性。结果表明：自贸区建立后澳大利亚羊毛进口可能发生国别配额量完全用于新增进口的极端情况，这将会降低国内羊毛价格、挤压国内羊毛尤其是细羊毛生产和减少农牧民羊毛收入，但我国采取贸易救济措施来保护我国羊毛产业的可能性并不大，最后提出缓解自贸区建立对国内羊毛产业不利影响的对策建议。

**关键词**：中国；澳大利亚；自贸区；羊毛；贸易救济

## 一、引言

中国和澳大利亚作为亚太地区的重要国家，两国经济贸易关系往来日渐密切。为促进双边贸易发展，2005 年中国和澳大利亚更是开始了自由贸易区谈判。澳大利亚作为世界羊毛生产大国，以生产超细型和细型羊毛著称，是中国第一大羊毛进口来源国，因此羊毛成为自贸区谈判中重点关注产品之一。可以说，羊毛属于比较灵活的农产品，占的份额也比较少，在自贸区谈判中处于弱势。在羊毛问题谈判上，澳方认为中国羊毛与新西兰羊毛较为接近，二者是竞争关系，但是澳大利亚羊毛较中国羊毛质量更好，所以二者之间竞争性较弱、互补性更强。尽管如此，在澳大利亚羊毛国别配额问题上，中方仍反对大幅增加国别配额量，而澳方要求不能低于新西兰配额量水平( 2.5 万吨)，且逐年递增5%[1]。2015 年 6 月 17 日，中国—澳大利亚自由贸易协定正式签署。根据协议内容，中国将为澳大利亚羊毛提供独有的国别配额量，2016 年国别配额量为 3 万吨( 净毛重)，此后每年以 5% 的增速增至并维持在 2024 年的 4.43 万吨( 净毛重 )水平，且配额内进口关税为零 [2]。可见，针对澳大利亚羊毛的额外且免税国别配额量意味着中国羊毛市场对澳大利亚羊毛更加开放是既定事实，那么未来中澳两国羊毛贸易如何变化？同时对国内羊毛产业影响如何？是否可能需要启动针对羊毛的贸易救济措施？都是值得关注的问题。

澳大利亚羊毛具有竞争优势而中国羊毛比较优势较弱已经是中澳羊毛研究不争的事实 [3-6]，所以自中国—澳大利亚自贸区建设谈判开始以来，国内外学者非常关注自贸区建设对中国羊毛产业的影响。Mai 和 Adams（2005）[7] 运用莫纳什多国模型分析表示中澳自贸区建立后取消关税将造成中国羊毛产量下降9.3%，羊毛产业就业下降 13.8%，而中国的澳大利亚羊毛进口量将保持每年10.8% 的速度增长；何昱（2006）[8] 运用 CGE 模型模拟中国取消羊毛进口配额制度，那么国内进口羊毛价格和国产羊毛价格分别下降 22.2% 和 15.3%，羊毛进口量将增加 12.5 万吨，国内羊毛产量将减少 8.86%，国内羊毛工业产值将减少 12.5 亿元，但考虑到纺织行业获得的利益将达到羊毛行业因此受到损失的4 倍，所以建议放宽羊毛进口关税配额制；何好俊等（2009）[9] 运用动态 CGE模拟结果表明，如果中澳自贸区建立后双边关税削减，中国羊毛产业受影响较大，羊毛产量、羊毛价格和劳动力需求量均将随着时间的推移不断下降，而自澳大利亚进口羊毛将不断增加；林海等（2010）[10] 运用 GTAP 模拟了关税完全削减、配额外关税大幅削减和关税配额量大幅增加三种不同政策方案，均表示出中国羊毛进口量显著大量增加，而国内羊毛产量下降幅度较大；周向阳（2012）[11] 也运用 GTAP 模型模拟了中澳之间全部进口商品关税均削减至零的情景，结果表示国内羊毛价格将下降 3.48%，羊毛贸易逆差进一步扩大，羊毛产量下降 13.35%，羊毛产值下降 16.36%，在建立中澳自贸区时采取保护羊毛产业的政策略好于完全放开羊毛产业。

总体来看，现有研究基本都是通过实证模型进行政策模拟，并且结果都指向中澳自贸区建立后中国羊毛产量、价格和产值均将下降，而中国进口澳大利亚羊毛将增加，羊毛产业面临冲击。基于此，本文将从贸易救济角度出发，在分析中澳自贸区建立后中国羊毛进口增加可能性及羊毛自给率变化的基础上，总结进口增加对国内羊毛产业产生的影响，并进一步探析对我国羊毛产业实施贸易救济的必要性和可能性，最后提出相应政策建议。

## 二、羊毛贸易救济实施基本前提

贸易救济措施指一国进口量太大对本国国内产业造成负面影响时，进口国政府所采取的减轻乃至消除该类负面影响的措施。目前，贸易救济措施包括三种形式：反倾销、反补贴和保障措施。根据实施所必须满足的条件，反倾销、反补贴与保障措施的实施都要求以进口数量的增加为起因，并且正是因为这种进口产品数量的增加对国内产业构成了损害或损害威胁。所以，只有在满足上述两个条件下，才可有针对性地对羊毛实施贸易救济措施。因此，只有在清楚了解中澳自贸区建立后中国从澳大利亚进口羊毛数量大量增加可能性以及对羊毛产业损害程度的基础上，才能进一步分析中国对羊毛产业实施贸易救济措施的可能性。

### （一）澳大利亚羊毛进口增加的可能性

贸易救济措施中所指的进口产品数量增加是指进口产品数量的绝对增加或者与国内生产相比的相对增加。因此，是否能对羊毛产业采取贸易救济措施首先要考虑自贸区建立后澳大利亚羊毛进口数量是否会大幅绝对增加或相对增加。根据目前已知的中澳自贸区谈判结果，中国将为澳大利亚羊毛提供额外且免税的 3 万吨（净毛重）国别配额量，并且国别配额量将会以每年 5% 的增速增至 2024 年的近 4.43 万吨（净毛重）。所以，本部分将从使用额外国别配额量的两种极端方式出发，考虑其可能发生的澳大利亚羊毛进口数量变化及澳大利亚出口可能性情况。分析所使用的羊毛生产和贸易数据均来源于 FAO 数据库和 UN Comtrade 数据库。

### （二）情景模拟简化假设

为简化研究，在分析前根据实际情况进行一些假定。

假定 1：每年国别配额量全部使用，并且全部用于原毛进口。中国主要自澳大利亚进口原毛，原毛进口量占自该国进口羊毛总量的比例自 2010 年以来近 99%，国别关税配额量将可能全部用于自澳大利亚进口原毛，这也会是引起澳大利亚羊毛进口量最大程度增加的情况。根据澳大利亚近 5 年的净毛率平均水平 64% 折算，那么 2016 年国别配额量可用于进口原毛 4.69 万吨，此后每年按照 5% 的增速增加，至 2024 年可进口原毛 6.93 万吨。

假定 2：自贸区建立后澳大利亚羊毛每年的产量为 36.00 万吨。受到羊只屠宰数量的上升以及部分主产区恶劣气候条件的影响，澳大利亚羊毛产量近年来持续小幅下降，2013 年羊毛产量已降至 36.02 万吨，同时澳大利亚羊毛产量预测委员会（2014）[12] 和美国绵羊业协会（2014）[13] 均预测下一统计年度澳大利亚羊毛将以 2% ~ 2.8% 的幅度继续小幅下降，但未来产量不会出现大的变故。

假定 3：中国和澳大利亚统计口径的折算比例为 0.70。由于统计制度不同，以及有关原产地认定等处理不同，中国统计的自澳大利亚进口羊毛数量和澳大利亚统计的对中国出口羊毛数量有差异，中国统计的进口量小于澳大利亚统计的出口量。为简单转化，将口径折算比例定为近 10 年的平均水平，即 0.70。

假定 4：中国自新西兰和其他国家进口的羊毛数量为 18.34 万吨。2013 年中国自澳大利亚以外国家进口的羊毛数量为 17.34 万吨，其中新西兰是主要的进口来源国，进口量占总进口量的比例为 35.51%。根据近年来中国自新西兰进口羊毛数量的变化，每年新毛进口量同比增加不足 1 万吨。同时各羊毛主产国由于复杂多变的气候条件和农牧民生产决策调整，羊毛产量变化的可能性不大，再加上可能受到澳大利亚羊毛进口的挤占，预计中国自新西兰和其他国家进口羊毛数量在产量有限和贸易条件没有明显改变的情况下保守增加 1 万吨。

假定 5：中国羊毛出口数量为 6.68 万吨。每年中国羊毛出口贸易数量增减波动，2013 年中国羊毛出口量为 5.68 万吨，主要出口至韩国、德国、意大利等国。

预期这些出口目的国经济状况良好，羊毛需求量稳中微增，中国羊毛出口数量增加 1 万吨。

**（三）产量变化情况**

在以上假定条件下，分别考虑自贸区建立后中国羊毛产量的两种变化情况。

情况 1：中国羊毛不减产。中国农牧民饲养绵羊的收入来源主要是羊肉产值，羊毛产值占总产值的比例非常小。根据《全国农产品成本收益资料汇编》，2013 年主产区每只本种绵羊的毛产值最高仅为 12.91 元，占总产值的比例不到 2%；每只改良绵羊的毛产值最高为 69.30 元，占总产值的比例最高也就 10.27%。因此，羊毛产值的大小可能对养殖决策的影响较小，农牧民更多会因为羊肉价格高位运行、绵羊产品畜收入较好而增加绵羊饲养数量，从而带动我国羊毛产量稳定增长。所以，在此情况下考虑中澳自贸区建立后中国羊毛产量不会减产，每年的羊毛产量为 2013 年按照近年来 3% 的增速增长后的水平。

情况 2：中国羊毛减产 13.35%。根据周向阳（2012）的 GTAP 模型模拟结果，如果中澳自贸区建立，并且中澳两国之间全部进口商品的关税削减至零关税，那么中国羊毛生产会因为澳大利亚羊毛进口增加而导致萎缩，羊毛产量下降 13.35%，这是现有研究成果中中澳羊毛贸易完全放开可能对中国羊毛生产带来的最大影响。

1. 配额使用方式

由于中国羊毛进口企业如何使用澳大利亚羊毛国别配额量也会对羊毛进口有所影响，所以进一步考虑国别配额量的使用方式。2004 年以来，中国原毛和洗净毛的关税配额量一直维持在 28.7 万吨，对于配额内的羊毛征收 1% 关税、配额外的羊毛征收 38% 关税。所以，在中澳自贸区建立前，中国对澳大利亚羊毛征收的进口关税最低为 1%。如果自贸区建立后，澳大利亚羊毛可以以零关税进口，那么以前支付进口关税的羊毛进口企业可能会申请零关税的国别配额量，使得额外的国别配额量有可能会完全用于替换原有的关税进口，在此情况下，中国每年进口澳大利亚羊毛数量可能仍与以前相同，保持在 18 万吨左右；与此相反，羊毛进口企业也可能不会改变原有羊毛进口行为，而是在原来的基础上使用国别配额量来新增澳大利亚羊毛进口。因此，有如下两种使用澳大利亚羊毛国别配额的极端方式：

方式1：额外国别配额量完全用来替换原贸易中的关税进口量，澳大利亚羊毛进口量维持不变。

方式2：原有澳大利亚羊毛进口贸易量不变，额外国别配额量完全用来增加进口量。

2.情景模拟结果分析

在以上假定条件下，模拟结果如表1所示。

模拟情景1：中国羊毛不减产，且国别配额量完全替换原有关税进口量。那么中澳自贸区建立后每年中国进口澳大利亚羊毛数量不会有大变化，按照近年来变化规律，应该会维持在18万吨左右。按照统计口径折算后，澳大利亚统计的对中国羊毛出口量在26万吨左右，占本国产量的比例在72%左右，与往年的水平相比无大变化。因为进口量比较稳定，所以对中国羊毛自给率影响较小，自给率维持在59%左右。

模拟情景2：中国羊毛不减产，且国别配额量完全用于增加进口量。那么中澳自贸区建立后第1年中国自澳大利亚进口的羊毛数量会增加4.69万吨（相当于中国国内产量的11.07%），较2013年增加了25.80%。按照统计口径折算后，澳大利亚统计的对中国羊毛出口量为32.65万吨，占本国产量的比例为90.69%，比2013年的水平提高近16个百分点。同时随着每年国别配额量增加且完全用于增加进口，至第9年中国自澳大利亚进口羊毛的数量会达到25.09万吨，相当于澳大利亚羊毛产量的99.57%，几乎澳大利亚所产羊毛均用于出口至中国。由于澳大利亚国内羊毛需求少，最低时国内需求量仅为0.56万吨（相当于国内产量的1.51%）。所以，在自贸区建立后第1年中国的澳大利亚羊毛进口量立刻增加4.69万吨，不会挤压澳大利亚国内羊毛的最低需求，所以这种澳大利亚羊毛进口量短期内大幅增加是很有可能的。此外，随着每年国别配额量的增加，中国国内羊毛自给率将不断下降，自贸区建立后第1年羊毛自给率将比2013年下降近3个百分点，降至55%左右，此后每年羊毛自给率微幅下降，但也保持在50%以上。

模拟情景3：中国羊毛减产13.35%，且国别配额量完全替换原有关税进口量。与模拟情景 1 的进口贸易情况相似，中澳自贸区建立后每年中国进口澳大利亚羊毛数量不会有大变化，应该会维持在 18 万吨左右。按照统计口径折算后，澳大利亚统计的对中国羊毛出口量在 26 万吨左右，占本国产量的比例在 72% 左右，与往年的水平相比无大变化。虽然进口量比较稳定，但是由于受到中澳自贸区建立影响，中国羊毛市场开放，国内羊毛生产量下降，导致羊毛自给率水平比不减产情况低 4 个多百分点，维持在 54% 左右。

模拟情景 4：中国羊毛减产 13.35%，且国别配额量完全用于增加进口量。这是中澳自贸区建立后羊毛进口冲击最大也是对国内羊毛自给率影响最大的极端情况。与模拟情景 2 的进口贸易情况相似，在中澳自贸区建立后第 1 年中国自澳大利亚进口的羊毛数量会增加 4.69 万吨，相当于中国国内产量的比例提升到 13.16%，较 2013 年增加了 25.80%。按照统计口径折算后，澳大利亚统计的对中国羊毛出口量为 32.65 万吨，占本国产量的比例为 88.24%。同样，在这种极端模拟情景下，自贸区建立后中国的澳大利亚羊毛进口量立刻增加 4.69 万吨也不会影响到澳大利亚国内羊毛的最低需求，所以这种澳大利亚羊毛进口量短期内大幅增加也是很有可能的。同时，由于中国羊毛减产，中国国内羊毛自给率水平更低，自贸区建立后第 1 年羊毛自给率将比 2013 年下降近 7 个百分点，降至 51% 左右。并且随着每年国别配额量的增加，羊毛自给率下不断微幅下降，最低时不到 50%。

综合考虑以上模拟情景，不论中国羊毛是否减产，中澳自贸区建立后第 1 年澳大利亚羊毛国别配额使用方式会是上述两种极端方式的结合，即会有一部分配额用于增加进口，又会有一部分配额用于替换原关税进口。参考中国和新西兰自贸区情况，根据协议文本，2009 年开始，中国对新西兰羊毛提供 2.55 万吨（净毛重）的零关税国别配额量。2009 年中国自新西兰实际进口羊毛 3.46 万吨（净毛重），仅比 2008 年增加了 0.40 万吨，低于新增的国别配额量，意味着原来关税进口量部分被零关税国别配额量替换。所以，中澳自贸区建立后，原有的进口贸易结构可能会因为零关税配额量发生变化，进口量增加会介于 0～4.69 万吨之间，相对于中国国内产量的比例在 13.16% 以下，中国羊毛自给率会在 50% 以上。同时即使全部使用国别配额量后也不会挤压澳大利亚国内羊毛的最低需求，所以不排除澳大利亚羊毛进口发生极端情况，即国别配额量完全用于新增进口。

综上所述，不论中国羊毛是否因市场开放而减产，澳大利亚羊毛的进口可能发生极端情况且不会影响澳大利亚的国内羊毛最低需求，所以中澳自贸区建立后，澳大利亚羊毛的进口绝对量可能会大量增加，并且增加量相对于中国国内产量水平也不低。如果中国羊毛市场开放而带来国内羊毛生产萎缩，羊毛产量减少，那么澳大利亚羊毛进口的相对增加会表现更为明显。

表1 中国和澳大利亚自贸区建立后两国羊毛贸易情况模拟（万吨，%）

| 年份 | 中国 | | | | | | | 澳大利亚 | | | | |
| | 生产量 | 进口量 | 出口量 | 总需求 | 自给率 | 自澳进口 | | 自别国进口 | 生产量 | 对中出口 | | 统计折算 |
| | | | | | | 数量 | 占进口比重 | | | 数量 | 占产比重 | |
| --- | --- | --- | --- | --- | --- | --- | --- | --- | --- | --- | --- | --- |
| 1995 | 27.74 | 28.37 | 1.08 | 55.03 | 50.41 | 10.13 | 35.70 | 18.24 | 72.95 | 13.16 | 18.05 | 0.77 |
| 2000 | 29.25 | 30.07 | 1.42 | 57.90 | 50.52 | 20.73 | 68.95 | 9.34 | 67.10 | 23.60 | 35.18 | 0.88 |
| 2005 | 39.32 | 26.90 | 5.95 | 60.28 | 65.23 | 18.31 | 68.07 | 8.59 | 46.57 | 26.20 | 56.27 | 0.70 |
| 2006 | 38.88 | 29.85 | 7.04 | 61.69 | 63.02 | 18.88 | 63.24 | 10.97 | 47.25 | 27.11 | 57.38 | 0.70 |
| 2007 | 36.35 | 33.05 | 6.43 | 62.97 | 57.72 | 19.72 | 59.67 | 13.33 | 45.02 | 28.06 | 62.33 | 0.70 |
| 2008 | 36.77 | 30.00 | 4.41 | 62.35 | 58.97 | 17.49 | 58.30 | 12.51 | 40.79 | 24.39 | 59.80 | 0.72 |
| 2009 | 36.40 | 32.40 | 4.05 | 64.76 | 56.21 | 18.16 | 56.04 | 14.24 | 37.06 | 26.60 | 71.79 | 0.68 |
| 2010 | 38.68 | 33.02 | 6.12 | 65.58 | 58.98 | 17.76 | 53.80 | 15.26 | 35.27 | 26.86 | 76.15 | 0.66 |
| 2011 | 39.31 | 32.84 | 7.07 | 65.08 | 60.40 | 18.07 | 55.03 | 14.77 | 36.83 | 25.94 | 70.43 | 0.70 |
| 2012 | 40.00 | 31.43 | 5.20 | 66.23 | 60.40 | 17.34 | 55.16 | 14.10 | 36.21 | 26.13 | 72.17 | 0.66 |
| 2013 | 41.11 | 35.51 | 5.68 | 70.94 | 57.95 | 18.17 | 51.16 | 17.34 | 36.05 | 26.75 | 74.91 | 0.68 |
| 模拟情景1：中国羊毛不减产，且国别配额量完全替换原有关税进口量 | | | | | | | | | | | | |
| 每年 | 42.35 | 36.51 | 6.68 | 72.18 | 58.67 | 18.17 | 49.76 | 18.34 | 36.00 | 25.96 | 72.10 | 0.70 |
| 模拟情景2：中国羊毛不减产，且国别配额量额外增加进口量 | | | | | | | | | | | | |
| 第1年 | 42.35 | 41.20 | 6.68 | 76.86 | 55.09 | 22.85 | 55.47 | 18.34 | 36.00 | 32.65 | 90.69 | 0.70 |
| 第2年 | 42.35 | 41.43 | 6.68 | 77.09 | 54.93 | 23.09 | 55.73 | 18.34 | 36.00 | 32.98 | 91.62 | 0.70 |
| 第3年 | 42.35 | 41.68 | 6.68 | 77.34 | 54.75 | 23.33 | 55.99 | 18.34 | 36.00 | 33.33 | 92.60 | 0.70 |
| 第4年 | 42.35 | 41.94 | 6.68 | 77.60 | 54.57 | 23.59 | 56.26 | 18.34 | 36.00 | 33.70 | 93.62 | 0.70 |
| 第5年 | 42.35 | 42.21 | 6.68 | 77.87 | 54.38 | 23.86 | 56.54 | 18.34 | 36.00 | 34.09 | 94.70 | 0.70 |
| 第6年 | 42.35 | 42.49 | 6.68 | 78.16 | 54.18 | 24.15 | 56.83 | 18.34 | 36.00 | 34.50 | 95.83 | 0.70 |
| 第7年 | 42.35 | 42.79 | 6.68 | 78.45 | 53.97 | 24.45 | 57.13 | 18.34 | 36.00 | 34.93 | 97.01 | 0.70 |

（续表）

| 年份 | 中国 | | | | | | | 澳大利亚 | | | 统计折算 |
| | 生产量 | 进口量 | 出口量 | 总需求 | 自给率 | 自澳进口 | | 自别国进口 | 生产量 | 对中出口 | |
| | | | | | | 数量 | 占进口比重 | | | 数量 | 占产比重 | |
|---|---|---|---|---|---|---|---|---|---|---|---|---|
| 第8年 | 42.35 | 43.11 | 6.68 | 78.77 | 53.76 | 24.76 | 57.45 | 18.34 | 36.00 | 35.37 | 98.26 | 0.70 |
| 第9年 | 42.35 | 43.43 | 6.68 | 79.10 | 53.54 | 25.09 | 57.77 | 18.34 | 36.00 | 35.85 | 99.57 | 0.70 |
| 模拟情景3：中国羊毛减产13.35%，且国别配额量完全替换原有关税进口量 | | | | | | | | | | | | |
| 每年 | 35.62 | 36.51 | 6.68 | 65.46 | 54.42 | 18.17 | 49.76 | 18.34 | 36.00 | 25.96 | 72.10 | 0.70 |
| 模拟情景4：中国羊毛减产13.35%，且国别配额量额外增加进口量 | | | | | | | | | | | | |
| 第1年 | 35.62 | 41.20 | 6.68 | 70.14 | 50.79 | 22.85 | 55.47 | 18.34 | 36.00 | 32.65 | 90.69 | 0.70 |
| 第2年 | 35.62 | 41.43 | 6.68 | 70.37 | 50.62 | 23.09 | 55.73 | 18.34 | 36.00 | 32.98 | 91.62 | 0.70 |
| 第3年 | 35.62 | 41.68 | 6.68 | 70.62 | 50.44 | 23.33 | 55.99 | 18.34 | 36.00 | 33.33 | 92.60 | 0.70 |
| 第4年 | 35.62 | 41.94 | 6.68 | 70.88 | 50.26 | 23.59 | 56.26 | 18.34 | 36.00 | 33.70 | 93.62 | 0.70 |
| 第5年 | 35.62 | 42.21 | 6.68 | 71.15 | 50.07 | 23.86 | 56.54 | 18.34 | 36.00 | 34.09 | 94.70 | 0.70 |
| 第6年 | 35.62 | 42.49 | 6.68 | 71.43 | 49.87 | 24.15 | 56.83 | 18.34 | 36.00 | 34.50 | 95.83 | 0.70 |
| 第7年 | 35.62 | 42.79 | 6.68 | 71.73 | 49.66 | 24.45 | 57.13 | 18.34 | 36.00 | 34.93 | 97.01 | 0.70 |
| 第8年 | 35.62 | 43.11 | 6.68 | 72.05 | 49.45 | 24.76 | 57.45 | 18.34 | 36.00 | 35.37 | 98.26 | 0.70 |
| 第9年 | 35.62 | 43.43 | 6.68 | 72.38 | 49.22 | 25.09 | 57.77 | 18.34 | 36.00 | 35.85 | 99.57 | 0.70 |

数据来源：根据 FAO、UN Comtrade 数据库数据整理

注：总需求是指在不考虑库存、损耗等因素下国内生产量和净进口量的合计，统计口径的折算比例是指中国统计的自澳大利亚进口羊毛数量与澳大利亚统计的对中国出口羊毛数量的比值。

表2 中国—新西兰自贸区羊毛国别配额使用情况（净毛重，万吨）

| 年份 | 中国自新西兰进口量 | | 自贸协定约定零进口关税国别配额量 | |
| | 原毛和洗净毛 | 羊毛条 | 原毛和洗净毛 | 羊毛条 |
|---|---|---|---|---|
| 2008 | 3.06 | 0.04 | – | – |
| 2009 | 3.46 | 0.02 | 2.50 | 0.05 |
| 2010 | 4.09 | 0.01 | 2.63 | 0.05 |
| 2011 | 4.22 | 0.00 | 2.76 | 0.05 |
| 2012 | 4.83 | 0.00 | 2.89 | 0.05 |
| 2013 | 5.50 | 0.00 | 3.04 | 0.05 |
| 2014 | – | – | 3.19 | 0.06 |

（续表）

| 年份 | 中国自新西兰进口量 | | 自贸协定约定零进口关税国别配额量 | |
| --- | --- | --- | --- | --- |
| | 原毛和洗净毛 | 羊毛条 | 原毛和洗净毛 | 羊毛条 |
| 2015 | – | – | 3.35 | 0.06 |
| 2016 | – | – | 3.52 | 0.06 |
| 2017 及以后 | – | – | 3.69 | 0.07 |

数据来源：UN Comtrade 数据库、《中国—新西兰自由贸易协定》

### 三、澳大利亚羊毛进口对国内羊毛产业影响

由于中澳自贸区建立后从澳大利亚进口羊毛数量可能会大量增加，那么需要进一步考虑澳大利亚羊毛进口数量的增加是否会给国内羊毛产业带来损害或损害威胁，主要关注对国内市场羊毛价格的影响以及对国内羊毛生产的影响。

#### （一）澳大利亚羊毛进口增加将降低我国国内羊毛价格

澳大利亚羊毛生产以细羊毛为主，中国生产的细羊毛无论在数量上还是质量上都无法与之抗衡。作为中国羊毛进口的第一大来源，中国毛纺企业对澳大利亚细羊毛的依赖程度非常高，使得澳大利亚羊毛价格的任何变化都对我国羊毛产业带来相应影响。所以，按照自贸协定，中国对澳大利亚羊毛提供的免税国别配额量将会在一定程度上降低中国进口的澳大利亚羊毛价格，加工企业会更加倾向于采购性价比具有优势的澳大利亚进口羊毛，而这会导致国内羊毛需求低迷，国内羊毛价格将下降。根据周向阳（2012）[11]GTAP 模拟结果，如果中澳自贸区建立并且中国对澳大利亚完全放开羊毛市场，那么中国国内羊毛价格将比基准水平下降 3.48%。根据实际谈判情况，中国并没有对澳大利亚完全放开羊毛市场，而是通过对澳大利亚羊毛实施限量零关税国别配额的方式逐步且有限地放开羊毛市场，所以自贸区建立后，中国国内羊毛市场价格会下降，但降幅可能会小于 3.48%。

#### （二）澳大利亚羊毛进口增加将挤压我国国内羊毛生产

目前虽然我国是世界第一大羊毛生产国，羊毛产量稳步增长，但是国内

细羊毛生产止步不前。2003 年以来,我国细羊毛产量几乎没有增长,一直维持在 12 ~ 13 万吨。而国内羊毛产量已从 2003 年的 33.81 万吨增至 2013 年的 41.11 万吨,突破 40 万吨大关。因此,我国细羊毛产量占总产量的比重总体呈现明显的下降态势。国内细羊毛产生发展受阻主要是受到细羊毛养殖效益偏低的影响:一是国内细羊毛价格持续下降,但羊肉价格高位运行,细羊毛较羊肉的比价劣势更加凸显,导致细羊毛生产的比较效益下降,农牧民对细毛羊的改良和养殖积极性减弱;二是细毛羊饲养管理要求高,要求管理精细。近年来受禁牧政策限制,细毛羊养殖面临资源和环境约束加大,转向半舍饲或舍饲饲养后成本增加相对较多,导致农牧民倾向于饲养耐粗放的土种羊;三是细羊毛流通秩序混乱,养殖户混级销售细羊毛现象普遍,并且细羊毛销售仍以污毛计价为主,细羊毛销售过程中没有体现优质优价,农牧民生产高质量细羊毛积极性较低。中澳自贸区建立后,如果澳大利亚羊毛进口大量增加导致国内羊毛市场价格下降,在养殖成本上涨和流通秩序混乱短期内不会改变的情况下,那么国内细羊毛生产的效益将会进一步下降,极可能导致中国细羊毛生产出现较大幅度的滑坡,而这又会导致国内细羊毛市场进一步被进口羊毛所挤占。周向阳(2012)[11] 的模拟结果也显示,如果中国羊毛市场对澳大利亚羊毛完全放开,那么中国羊毛产量将比基准水平下降 13.35%。

**(三)澳大利亚羊毛进口增加将减少我国农牧民羊毛生产收入**

按照中澳自贸区谈判协议,中国会在一定程度上放开国内羊毛市场,澳大利亚羊毛进口将有所增加,受此影响国内羊毛价格将下降,细羊毛产量将下滑,而这些势必会造成农牧民养殖收入的减少。按照周向阳(2012)[11] 的模拟结果,如果自贸区建立后中国羊毛市场完全对澳大利亚羊毛开放,那么中国羊毛产业产值将比基准方案减少 16.36%。按照此极端产值降幅估计,对本种绵羊养殖而言,每百只本种绵羊毛的全国平均产值将减少 164.92 元,占农牧民人均家庭经营纯收入的比重为 2.17%。其中宁夏和四川每百只本种绵羊毛的产值减少较多,均在 200 元以上,相对于各自省份农牧民人均家庭经营纯收入的比重均在 3% 以上。相对而言,每百只改良绵羊的产值绝对数量下降较多,全国平均产值将减少 536.89 元,占农牧民人均家庭经营纯收入的比重达到 7.08%。其中，新疆和内蒙古作为我国细羊毛的主产区，其受到国内羊毛市场开放的影响最大，每百只改良绵羊的产值将分别减少 1133.72 元和 1024.20 元，占各自省区农牧民人均家庭经营纯收入的比重分别达到 12.18% 和 9.57%，远高于其他省份的水平。所以，中澳自贸区建立后，中国对澳大利亚羊毛开放国内市场，我国农牧民的羊毛收入将受到一定影响，这种负面影响对细羊毛主产区尤其明显。

表 3 2013 年中国各地区本种和改良绵羊羊毛生产的产值情况（元，元 / 公斤，%）

| 项目 | 平均 | 内蒙古 | 四川 | 甘肃 | 青海 | 宁夏 | 新疆 | 西藏 |
|---|---|---|---|---|---|---|---|---|
| 每百只本种绵羊 | | | | | | | | |
| 毛（绒）产值 | 1008.07 | 984.52 | 1290.85 | 787.21 | 983.49 | 1399.52 | 1055.24 | 856.62 |
| 占总产值比重 | 2.30 | 1.72 | 1.19 | 2.33 | 3.84 | 2.04 | 1.77 | 1.90 |
| 毛（绒）产量 | 156.84 | 173.39 | 150.03 | 128.94 | 108.99 | 170.97 | 212.38 | 94.13 |
| 毛（绒）平均出售价格 | 6.43 | 5.68 | 8.60 | 6.11 | 9.02 | 8.19 | 4.97 | 9.10 |
| 产值按 16.36% 降幅下降 | 164.92 | 161.07 | 211.18 | 128.79 | 160.90 | 228.96 | 172.64 | 140.14 |
| 占农牧民人均家庭经营纯收入比重 | 2.17 | 1.51 | 3.18 | 2.89 | 3.13 | 3.52 | 1.85 | 1.69 |
| 每百只改良绵羊 | | | | | | | | |
| 毛（绒）产值 | 3281.72 | 6260.38 | – | 1732.35 | 1337.99 | 1289.59 | 6929.82 | – |
| 占总产值比重 | 6.45 | 8.98 | – | 3.12 | 5.14 | 1.82 | 10.27 | – |
| 毛（绒）产量 | 220.29 | 427.53 | – | 202.22 | 119.47 | 166.82 | 284.26 | |
| 毛（绒）平均出售价格 | 14.90 | 14.64 | – | 8.57 | 11.20 | 7.73 | 24.38 | – |
| 产值按 16.36% 降幅下降 | 536.89 | 1024.20 | – | 283.41 | 218.90 | 210.98 | 1133.72 | – |
| 占农牧民人均家庭经营纯收入比重 | 7.08 | 9.57 | – | 6.35 | 4.26 | 3.25 | 12.18 | – |

数据来源：根据《全国农产品成本收益资料汇编》《中国统计年鉴》计算整理

综上所述，中澳自贸区建立后，中国对澳大利亚羊毛提供免税国别配额量，意味着在一定程度上放开了国内羊毛市场。这将降低澳大利亚羊毛进口价格，使得毛纺企业更加倾向于采购澳大利亚羊毛而对国毛需求下降，进而造成国内羊毛价格下跌，减弱农牧民羊毛生产尤其是细羊毛生产的积极性，可能导致中国细羊毛生产出现较大幅度的滑坡。同时在国内羊毛价格下跌和羊毛产量下降的双重影响下农牧民羊毛生产收入将减少，农牧民的生产积极性进一步减弱。在利益驱使下，农牧户的倒改或转产行为可能较大规模发生，这将对国内羊毛产业的数量和质量发展极为不利，容易陷入国内农牧民羊毛生产积极性持续减弱的恶性循环中，从而给我国羊毛产业发展尤其是细羊毛产业发展带来较为严重的损害。

## 四、羊毛贸易救济实施可能性分析

通过上述分析可知，中澳自贸区建立后，中国为澳大利亚羊毛提供免税的国别配额量将可能带来澳大利亚羊毛进口量大量增加，并且因此对国内羊毛生产尤其是细羊毛生产带来损害。所以，在损害发生时有必要根据实际情况采取相对应的贸易救济措施保护国内羊毛产业。

反倾销是针对倾销行为而采取的一种贸易救济措施，我国《反倾销条例》将倾销定义为"在正常贸易过程中进口产品以低于其正常价值的出口价格进入中华人民共和国市场"，其中进口产品的正常价值一般为进口产品的同类产品在出口国（地区）国内市场正常贸易过程中的可比价格。由表4所示，与中国羊毛价格相比，澳大利亚市场中相同细度的澳大利亚羊毛价格本身就较高，再加上进出口费用等，中国国内市场中澳大利亚羊毛价格远高于国毛价格。所以，即使中澳自贸区建立后，澳大利亚羊毛也不太可能以低于正常价值的出口价格进入我国市场，即澳大利亚羊毛倾销的可能不大，我国对澳大利亚羊毛实施反倾销措施的可能性较小。

表 4  澳大利亚羊毛和中国羊毛价格比较（净毛计价，元/公斤）

| 年份 | 70S | | | 66S | | | 64S | | |
|---|---|---|---|---|---|---|---|---|---|
| | 澳大利亚羊毛 | 国内澳大利亚羊毛 | 国毛 | 澳大利亚羊毛 | 国内澳大利亚羊毛 | 国毛 | 澳大利亚羊毛 | 国内澳大利亚羊毛 | 国毛 |
| 2011 | 84.87 | 107.58 | 77.78 | 83.50 | 99.43 | 62.50 | 80.54 | 95.73 | 52.08 |
| 2012 | 82.60 | 99.56 | 50.91 | 78.94 | 95.61 | 40.82 | 76.07 | 92.67 | 34.00 |

（续表）

| 年份 | 70S | | | 66S | | | 64S | | |
|---|---|---|---|---|---|---|---|---|---|
| | 澳大利亚羊毛 | 国内澳大利亚羊毛 | 国毛 | 澳大利亚羊毛 | 国内澳大利亚羊毛 | 国毛 | 澳大利亚羊毛 | 国内澳大利亚羊毛 | 国毛 |
| 2013 | 75.32 | 87.51 | 60.00 | 73.92 | 84.74 | 52.08 | 72.92 | 83.43 | 48.78 |
| 2014 | 69.37 | 78.53 | 55.10 | 68.12 | 77.65 | 48.00 | 67.44 | 76.90 | 42.55 |

数据来源：根据南京羊毛市场和绒毛用羊产业经济团队调研数据整理

注：澳大利亚羊毛价格为澳大利亚羊毛拍卖市场的平均价格；国内澳大利亚羊毛价格为南京羊毛市场平均拍卖价格；国毛为绒毛用羊产业经济团队调研省份平均销售价格。

　　反补贴是针对补贴行为而采取的一种贸易救济措施，我国《反补贴条例》将补贴定义为"出口国（地区）政府或者其任何公共机构提供的并为接受者带来利益的财政资助以及任何形式的收入或者价格支持"，并且强调补贴的专向性。澳大利亚政府为避免羊毛价格剧烈波动，保护羊毛生产者利益，自1974年开始对国内羊毛生产实施了羊毛最低保护价政策，后因为囤积羊毛无法销售且财政资金有限，于1991年终止了羊毛价格支持政策。此后，澳大利亚政府从减轻羊毛生产者税赋出发支持国内生产，在2000年将羊毛税率从4%降至并维持在2%水平，同时将羊毛税收投入到羊毛科技研发与市场营销环境来支持羊毛产业发展[14]。可见，澳大利亚并没有专门针对羊毛出口的补贴或优惠待遇，同时与中国全部免征牧业税相比，澳大利亚羊毛生产者仍有一定的税赋压力。考虑到随着全球经济一体化的不断发展，多边贸易谈判要求削减扭曲贸易的国内支持政策，预计在中澳自贸区建立后，澳大利亚政府不会针对羊毛产业出台价格支持或出口补贴等扭曲两国羊毛贸易的扶持政策，所以未来中国针对澳大利亚羊毛进口而对国内羊毛产业实施反补贴贸易救济措施的可能性也较小。

　　保障措施不同于针对不公平贸易竞争行为的反倾销和反补贴贸易救济措施，强调的是在进口国承担关税减让义务之后出现的情况，分为一般保障措施和特殊保障措施。一般保障措施的实施条件比反倾销、反补贴更严格，即只有进口产品对国内产业造成严重损害或严重损害威胁，且进口激增同严重损害或严重损害威胁之间确实存在因果关系时才能使用；同时保障措施在结果上讲究利益的平衡，要求给予受到影响的公平贸易出口方相应的贸易补偿；此外保障措施必须遵循非歧视原则，只针对进口产品，而不论其来源，所以对一种进口产品采取保障措施往往涉及多个国家或地区，树敌较多[15]。因此，如果澳大利亚羊毛进口激增符合启动一般保障措施的条件，中国对羊毛进口实施保障措施后对出口方补贴的财政压力和出口方的贸易报复风险不容忽视，所以采取保障措施通常为无奈之举。特殊保障措施主要是指《农业协议》中针对农产品的特殊保障条款（SSG），强调当特定农产品的进口数量激增到某一程度或者进口价格下降到某一程度时，进口国可以征收额外的关税。但只有完成关税化且在减让表中用 SSG 符号标明为减让对象的农产品才能使用该特殊保障条款，而大多数发展中国家有关农产品贸易措施并没有实现关税化，因此在国外农产品进口大量增加或国际农产品价格急剧下降的情况下，不能利用这一机制保护本国农业。虽然 2008 年 G33 集团在多哈回合的谈判中提出了专门针对发展中国家农产品的特殊保障机制，但是由于美国和印度无法在农产品特殊保障机制上达成一致，导致多哈回合谈判陷入僵局。所以，中国目前无法利用农产品特殊保障措施保护国内羊毛产业应对进口羊毛数量激增或国内羊毛价格下跌带来的国内产业冲击。

综上所述，中澳自贸区建立后，我国可以采取反倾销、反补贴和一般保障措施三种贸易救济措施减轻国内羊毛产业受澳大利亚羊毛进口增加的负面影响。由于相同细度下澳大利亚羊毛价格高于国毛，澳大利亚羊毛发生倾销的可能性不大，而且澳大利亚目前没有并且以后也不太会针对羊毛产业出台价格支持或出口补贴等政策，所以中国对羊毛实施反倾销和反补贴的可能性不大。而中国对羊毛进口实施一般保障措施将面临补贴出口方的财政压力和出口方的贸易报复风险，采取一般保障措施是迫不得已时的无奈之举，所以一般情况下，采取的可能性也不大。

## 五、结语

本文根据 FAO 和 UN Comtrade 数据库 1995 ~ 2013 年中国和澳大利亚羊毛生产、贸易数据，运用情景模拟方法探讨了中澳自贸区建立后中国羊毛产业贸易救济问题。根据自贸协定中羊毛配额内容，中澳自贸区建立对我国的羊毛产业具有较大的不利影响，但我国采取贸易救济措施来保护我国羊毛产业的可能性并不大。为应对中澳自贸区建立对我国羊毛产业的不利影响，我们提出如下政策建议：

1. 建立羊毛进口预警机制，动态监控羊毛进口信息。中澳自贸区的建立，意味着中国羊毛市场更加开放，同时国内羊毛生产受外毛冲击风险增强。为防止澳大利亚羊毛进口冲击国内市场，应当建立羊毛进口预警机制，动态监控中国羊毛月度或季度进口价格和数量变化情况，国别市场集中度和生产实力的变动趋势情况等。并进一步对比国内羊毛产业指标情况，来判断国内羊毛产业受到损害或损害威胁的状况，从而发出预警，供国内羊毛进口企业和生产者及时调整进口战略和生产决策，以及在损害达到一定程度后发起产业损害调查并寻求相应的贸易救济方式。

2. 加强与其他进口来源国的羊毛贸易合作，拓宽羊毛进口渠道。除澳大利亚和新西兰外，南非、乌拉圭、阿根廷也是中国主要羊毛贸易国。南非原毛加工成毛条的费用较低，毛条制成率较高，在国际市场上需求一直较为旺盛，并且南非原毛的国际市场占有率已经超过新西兰，仅次于澳大利亚；乌拉圭和阿根廷等国家毛条质量优良，贸易竞争力高、比较优势明显，并且国际部分梳毛企业正从英法等西欧国家向这两国转移。因此，为防止因中澳自贸区建立带来中国对澳大利亚羊毛过度依赖以及澳大利亚羊毛价格对中国市场影响加剧，我国可加强与南非、乌拉圭和阿根廷等国的羊毛贸易合作，拓宽羊毛进口渠道，促进进口来源国相互竞争局面的形成，以有效降低澳大利亚羊毛对国内羊毛市场的影响及垄断可能。

3. 振兴国内细羊毛产业，提高国产羊毛质量水平。国内对澳大利亚羊毛需求旺盛最根本原因在于国内质量能够达到澳大利亚水平的羊毛产量十分有限，不能满足国内毛纺工业需求，所以要防范和应对中澳自贸区建立后澳大利亚羊毛进口对国内羊毛生产的冲击就应从振兴国内细羊毛产业着手，积极推动细羊毛产业发展，提高国内羊毛质量水平。一是培育在细度、长度、强度、产量等方面具备高性能的细毛羊品种，重点关注生产细型和超细型羊毛的细毛羊优良品种，建立相应的品种保护体系和推广体系，同时增加科技投入以充分发挥保种场、种羊场、改良站、扩繁站等基层单位的保种、推广工作积极性；二是鼓励农牧户采取标准化、科学化的方式饲养优质细毛羊，提升农牧户通过购买种公羊和良种冻精促进品种改良的科学意识，加强农牧户饲草料配比、机械剪毛、羊毛分级等实用现代养殖技术的掌握；三是加快细羊毛现代流通体系建设，完善并严格执行细羊毛分级国家标准和细羊毛分级技术条件及打包技术规程，加强专业剪毛人员和羊毛分级打包人员队伍建设，健全和规范羊毛客观检验检疫制度，鼓励以"合作社／协会／公司＋农牧户"方式推进羊毛分级分价、优质优价销售机制的形成。

4. 鼓励养羊户多元化经营，增加收入来源。中澳自贸区建立后，国内养羊农牧户特别是细毛羊养殖农牧户可能蒙受经济损失，所以缓解羊毛收入减少压力和增加养羊户收入来源成为急需应对的问题。一方面，鼓励养羊户结合自身资源和技术水平发展多元化经营，增加经营收入来源；一方面，通过提供棚圈建设补贴、机械购置补贴等生产性补贴推进养羊户饲养水平的提升，降低羊只死亡损失风险，释放养羊劳动力；一方面，推动羊毛协会和专业合作社等组织发展，鼓励养羊户联合协会、合作社或企业销售羊毛，减少中间流通环节，增加销售收入。

# 参 考 文 献

［1］江晨. 中澳羊毛联合工作小组（开普敦）工作会议 [EB/OL].（2014–05–19）[2015–10–10]http://www.woolmarket.com.cn/NewsDetail.aspx?id=35580.

［2］《中华人民共和国政府和澳大利亚政府自由贸易协定》[EB/OL]（2015–06–18）[2015–10–10]http://fta.mofcom.gov.cn/Australia/australia_special.shtml.

［3］王丽娜. 世界羊毛生产与贸易的经济分析 [D]. 杭州：浙江大学，2004.

［4］郝瑞玲. 基于 FTA 视角的中澳羊毛贸易研究 [D]. 呼和浩特：内蒙古农业大学，2010.

［5］姜涛. 中国羊毛贸易格局及竞争力分析 [D]. 北京：中国农业大学，2010.

［6］黄小曦. 中国羊毛产业国际竞争力及影响因素分析 [D]. 北京：中国农业大学，2011.

［7］MAIY，ADAMSP.TradeliberalisationscenariosforwoolunderanAustralia-ChinaFreeTradeAgreement[R].CentreofPolicyStudiesMonashUniversityWorkingPaper，No.G-156,2005.

［8］何昱. 中澳自由贸易区对我国羊毛和纺织行业的影响分析 [D]. 长沙：湖南大学，2006.

［9］何好俊，祝树金，肖皓. 中澳自贸区建立关税削减影响中国农业的 CGE 研究 [J]. 经济问题探索，2009，（11）：151-156.

［10］林海，曹慧，张海森. 中国澳大利亚自贸区谈判中的羊毛配额问题 [J]. WTO 经济导刊，2010，（12）：90-92.

［11］周向阳，肖海峰. 中澳自由贸易区建立对中国羊毛产业的影响分析 [J]. 中国农村经济，2012，（3）：35-43.

［12］The Australian Wool Production Forecasting Committee.Australian Wool Production Forecast Report, December2014[EB/OL]（2014-12-12）[2015-10-10] http://www.wool.com/market-intelligence/wool-production-forecasts.

［13］American Sheep Industry Association.Consumer Confidence Hits Six-Year High[J/OL].Wool Journal,2014,（3）：2.

［14］周向阳，马翠萍，王寒笑，等. 澳、新、美羊毛价格政策及对我国的启迪 [J]. 经济问题探索，2011，（11）：186-190.

［15］刘丽佳. 中国农业贸易救济措施研究 [D]. 北京：北京邮电大学，2009.

# 宏观经济变量对股票市场波动影响的实证性分析

邵丹◇广东财经大学

**摘要**：股市作为经济运行的晴雨表，主要表现在股票市场规模与宏观经济规模相吻合、股票价格波动周期与宏观经济波动周期相一致。本文以宏观经济预警指数（YJ）和反映通货膨胀程度的指标居民消费价格指数（CPI）作宏观经济环境的度量指标、以一年期存款利率（R）、货币供应量（$M_2$）和人民币兑美元汇率（ER）为货币政策变化的相关度量指标，以 2000 年 1 月 ~ 2015 年 4 月期间的上证综合指数、宏观经济环境和货币政策相关数据为样本，利用 VAR 模型、脉冲响应函数与方差分解对宏观经济环境和货币政策等宏观经济指标和中国股票市场波动性之间的关系进行实证研究。研究结果表明，股票价格指数的短期波动受宏观经济预警景气的指数、货币供给量、国内通货膨胀率的短期变化的影响，而一年期存款利率和汇率对股票价格指数的波动性的影响较小。

**关键字**：宏观经济；股票价格；向量自回归模型；脉冲响应函数与方差分解

## 一、引言

股市作为经济运行的晴雨表，主要表现在股票市场规模与宏观经济规模相吻合、股票价格波动周期与宏观经济波动周期相一致。中国股票市场经过十余年的发展，逐渐成为与整个经济发展紧密相连的一个重要市场。但是，中国股票市场作为一个典型的不成熟的新兴市场，与国外成熟的股票市场仍然存在较低差距，主要表现在中国股票市场与宏观经济发展相背离，受到宏观经济政策影响程度较大，股价波动主要是资金拉动型，股票流动性低等问题。

从已有的相关研究中可以发现，中国宏观经济环境、财政政策、货币政策与中国股票市场之间的关系已经受到国内越来越多的学者的关注。邢治斌，仲伟周（2013）通过研究发现宏观经济政策对股市流动性风险影响效果会受到宏观经济环境变化的干扰，其中货币供应量、财政支出以及印花税的增加会降低股票市场流动性风险。许均华、李启亚等（2001）运用时间研究方法考察宏观政策对我国股市影响的研究发现股市的运行受到非连续性政策事件的影响较大。孙洪庆、邓瑛（2009）通过探讨中国股票价格与某些宏观经济变量之间的协整关系，揭示了货币政策对股票价格的作用，结果显示中国股票价格是反经济周期的，并未反映到实体经济中，表现在股市传导货币政策的财富效应很弱，投资效应几乎没有；但是同时又发现股票价格与货币供应量之间有较强的协整关系，即货币政策可以在短期内影响股票价格。吴慧等（2009）选择股票价格指数与经济增长、货币以及出口额的关系进行研究，得出中国股票价格指数与宏观经济增长指标相关性不强、未能充分发挥宏观经济"晴雨表"的功能，认为这主要是由于货币政策操作手段之间影响到股市的资金投入量，引起股价波动，即认为中国股市具有较强的资金推动性。刘玲等（2006）通过选取企业景气指数、工业增加值、利率、通货膨胀率、货币供给量以及汇率指标进行宏观经济变量与股票价格关系的研究，结果表明沪深股指与企业景气指数、工业增加值之间存在一种正相关关系，与利率、货币供给量之间存在负相关关系，并得出股票价格指数在一定程度上能反映经济发展的整体趋势及水平，利率对股票市场指数存在短期和长期的负向冲击效应，而物价指数对股票市场指数存在短期正向和长期的负向冲击效应的结论。曾志坚、江洲（2007）通过国民经济整体运行状况、国家货币政策、通货膨胀程度、金融企业借贷情况、利率以及汇率水平等方面的指标来代表宏观经济变量来对股票价格进行研究，结果发现中国股票市场与宏观经济的发展一致，但与实体经济发展相背离。陈其安等（2010）以2000年1月到2008年6月的上证综合指数、宏观景气指数以及货币政策和财政政策的相关数据为样本进行研究，结果发现财政政策的调控功能基本失效，利率政策在显示经济环境中也未能发挥作用，而货币政策的作用明显。隋建利等（2011）运用名义利率、名义汇率、工业增加值增速以及货币供应量的月度同比增长率来度量我国宏观经济运行态势，并使用我国股票综合指数月收益率数据来表示我国股票收益来进行关联性的研究，得到名义汇率与股票收益率之间的相关性较低、名义利率对股票市场有较小但稳定的影响、工业增加值对股票收益率具有较为显著的影响作用和货币供应量对股票市场有较大且滞后的影响。贾炜等（2007）通过运用SVAR即结构向量回归模型，探讨了实体经济扰动和实体经济收益率（固定利率）对中国股市的影响。结果表明实体经济扰动的方差能力：固定利率＞工业增加值＞国内生产总值＞固定资产投资；股市的波动主要来源与股市本身；利率的解释能力大于其他实体经济指标，利率对股市的影响更为直接。从众多研究成果中，我们可以发现，大部分学者都认同股市与宏观经济有密切的关系，但是在实证分析中，得到中国股市缺乏作为经济运行的"晴雨表"功能、难以与实体经济的运行趋势相一致。

综合上述分析，现有相关研究成果在指标与模型的选择、数据样本、研究结论中存在如下方面的不足：（1）宏观经济环境的度量指标过于简单，采用实体经济的某一部分来衡量整个宏观经济环境。（2）大多是针对货币政策对股票市场的波动进行研究，缺乏对多种政策组合对股票市场的波动进行研究。（3）缺乏深入探讨宏观经济环境对股票市场波动的影响。本文将采用理论结合实证模式探讨宏观经济环境、政府政策与股票市场波动的关系。

## 二、指标选择与数据描述

### （一）上证综合指数收盘价

根据研究的目的和数据可得性，本文选取2000年1月～2015年4月证综合指数的收盘价作为样本区间。收盘价是股票在证券交易所一天交易活动结束前的最后一笔交易价格，是当日行情的标准，又是下一个交易日开盘价的依据，可以用来预测股票市场行情。上证综合指数全部数据都来源于国泰安数据库。

### （二）宏观经济环境的度量指标

为了尽可能准确和全面反映宏观经济环境，本文选择宏观经济预警指数（YJ）和反应通货膨胀程度的指标居民消费价格指数（CPI）作宏观经济环境的度量指标。宏观经济预警指数是反映当前经济的基本走势具有我国特色的指数，其由工业生产、就业、社会需求（投资、消费、外贸）、社会收入（国家税收、企业利润、居民收入）等四方面合成。它包括一致指数、先行指数和滞后指数，比单一的 GDP 或者 GNP 等经济整体状况指标较为全面地涵盖了经济运行状况和所处的经济周期位置，更全面地显示出一国宏观经济的运行状况以及未来的发展趋势，是衡量股市健康发展的核心指标。宏观经济预警指数对股票市场有正向作用，宏观经济预警指数下降表明经济不景气，大多数企业的经营盈利状况不佳，企业会减少投资，降低融资。同时投资者由于经济不景气而降低未来的收入预期，会减少支出和投资。两方面的同时作用导致股票价格降低。居民消费价格指数对股票市场有反向作用，当居民消费指数较高即当经济出现较高通货膨胀率时，股票的价格会下跌。全部数据都来自于中国统计局官网。

### （三）货币政策变化的相关度量指标

利率政策与存款准备金率的调整是我国调控股票市场的两种主要货币政策手段。利率是影响股市走势最为敏感的因素之一，是持有货币的机会成本。利率下调，可以降低货币的持有成本，促进储蓄向投资转化，从而增加流通中的现金流和企业贴现率，导致股价上升。所以利率提高，股市走低；反之，利率下降，股市走高。汇率又称汇价，是一国货币兑换另一国货币的比率。汇率作为一项重要的经济杠杆，汇率的变动对一国股票市场的相互作用体现在多个方面，一个国家的汇率上升，意味着本币贬值，会促进出口、平抑进口，从而增加本国的现金流，提高国内公司的预期收益，会在一定程度上提升股票价格。基于此，本文选择货币供应量（$M_2$）和一年期存款利率（R）的变动量以及汇率（ER）作为货币政策调控的度量指标。全部数据来自于中国人民银行官网。

表 1 经济指标

| 代码 | 变量名称 | 代码 | 变量名称 |
|------|----------|------|----------|
| P | 上证综合指数收盘价 | R | 一年期存款利率 |
| YJ | 经济预警指数 | $M_2$ | 货币供应量 |
| CPI | 居民消费价格指数 | ER | 人民币兑美元汇率 |

**（四）数据描述**

图 1 到图 5 是上证综合指数收盘价分别与宏观经济景气指数、居民消费价格指数、利率、货币供应量以及人民币兑换美元汇率的 2000 年 1 月 ~ 2015 年 3 月变动走势图。

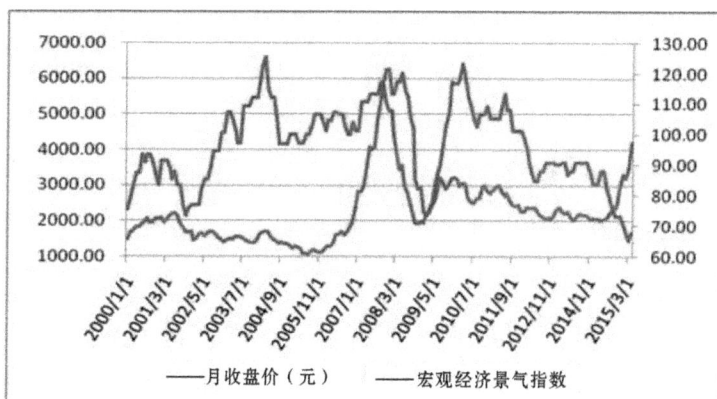

图 1 上证综合指数收盘价与宏观经济景气指数变动走势图

宏观经济景气指数反应我国当前经济基本走势的宏观指标，它的下降表明经济不景气，大多数的企业的经营盈利状况不佳，企业会减少投资，降低融资。同时投资者由于经济不景气而降低未来的收入预期，会减少支出和投资。两方面的同时作用导致股票价格降低。由图 1 可以看出，由于美国次贷危机的影响，2007 ~ 2008 年股市震荡巨大，且宏观经济景气指数与上证综合价格指数变动趋势大体一致，显示宏观经济景气指数对股票价格的影响是正向的。

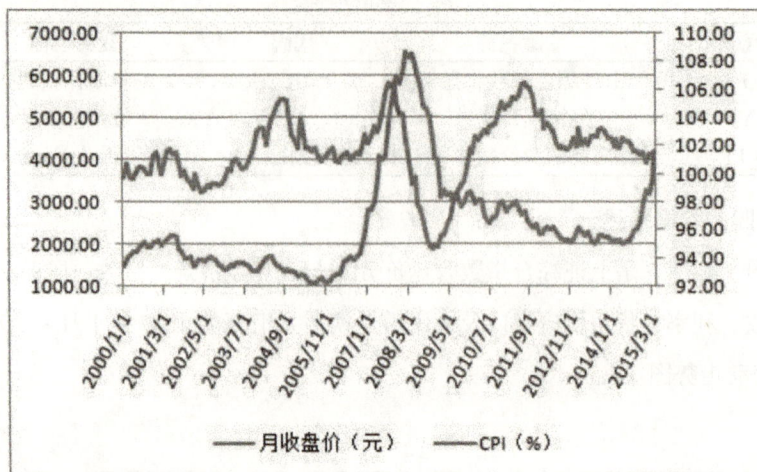

图 2 上证综合指数收盘价与居民消费价格指数（CPI）变动走势图

居民消费价格指数（CPI）作为反应通货膨胀率的指标，当居民消费价格指数较高即当经济出现较高通货膨胀率时，股票的价格会下跌。一般来说，通货膨胀不仅直接影响人们当前的决策，还会诱发他们对通货膨胀的预期。在通货膨胀时期，由于货币贬值所激发的通货膨胀预期促使居民使用货币去交换商品以保值，这些工具中包括股票，从而扩大了股票的需求。股票市场与通货膨胀之间呈现正相关关系。由图 2 可以看出，上证综合指数收盘价与居民消费价格指数走势大致相同。

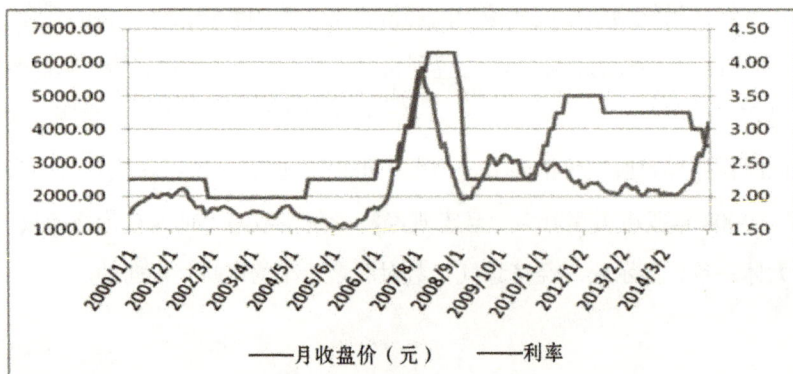

图 3 上证综合指数收盘价与利率变动趋势图

利率变动对股价的影响可以从三方面加以描述：第一，股票的价格主要取决于证券的预期收益率和银行存款利息两个因素，与证券预期收益率成正比，与银行利率成反比。第二，股票的价格强烈的受供求关系的影响当市场供不应求时股票价格上涨，反则反之。利率变动影响市场的资金量，利率上升会使得股票的机会成本增加，从而导致资金从股票市场流出，股票供过于求，价格下降。第三，利率上升会使得企业的融资成本增加，资金获得困难加大，在其他条件不变的情况下会使得未来的收益减少，股票价格因此会下降。由图3可以看出，利率作宏观经的工具在我国利率没有市场化的情况下，变动幅度较小，但可以看出其对于股价的负相关影响。

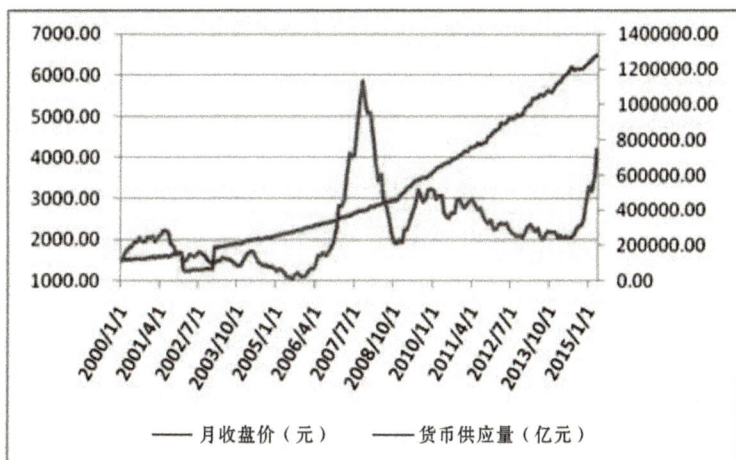

**图4 上证综合指数收盘价与货币供应量变动走势图**

货币供应量也是政府常用的一种调控宏观经济的手段，今年以来为了股市的发展我国中央银行多次降低存款准备金率，扩大市场货币流通量，足以可见货币供应量对于股价的影响是正向的。具体来说货币供应量对股票市场有三种效应，分别是预期效应、投资组合效应和股票内在价值增长效应。以上三种效应一般来说都是正向的。由图4可以看出，尤其是今年以来，随着货币供应量的增加，股市价格也有上涨的趋势。

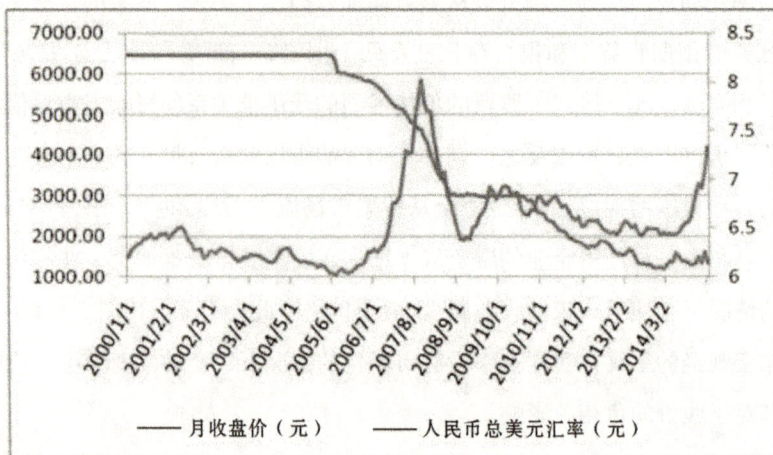

**图 5 上证综合指数收盘价与人民币兑换美元汇率变动走势图**

图 5 表示上证综合指数收盘价与人民币兑换美元汇率之间的变化关系，汇率影响着资本在国家之间的流动，一个国家汇率上升，意味着本币贬值，增加国内的现金流；汇率下降，意味着本币升值，会减少国内的现金流。我国实行的是以市场供求为基础、参考一篮子货币价格、有管理的浮动汇率制度。2005年 3 月 14 日，国家总理温家宝在两会结束时表示，"中国的汇率改革从 1994年开始，到现在也没有停止。我们确立目标是实行根据市场需求、有管理的、浮动和汇率制度。现在我们正在进一步研究改革的方案，使汇率对于市场变得更有弹性"。由图 5 可以看出，自 2005 年后，人民币持续升值，且人民币升值对于股票市场有着反向作用。

## 三、模型建立与求解

### （一）向量自回归基本模型

向量自回归模型（VAR）是基于数据的统计性质建立模型，VAR 模型系统中每一个内生变量作为系统中所有内生变量的滞后值来构建模型，从而将单变量自回归模型推广到多元时间序列变量组成的"向量"自回归模型。VAR 模型通常用于分析相关时间序列系统的相关性和随机扰动对系统的动态影响。因为它避免了结构方程中需要对系统中每个内生变量关于所有内生变量的滞后值函数的建模问题，所以运用更为广泛。

VAR（r）的基本模型为：

$$Y_t = A_1 Y_{t\text{-}1} + \cdots + A_r Y_{t\text{-}r} + B_1 X_1 + B_1 X_{t\text{-}S} + \varepsilon_t \tag{1}$$

其中，$Y_t$ 和 $X_t$ 分别是内生变量和外生变量，$A_i$ 和 $B_i$ 是待估计矩阵，$r$ 和 $s$ 是滞后期。一般根据 AIC 和 SC 信息量最小标准确定的模型阶数，定义为：

$$AIC = \text{-}2I/T + 2k/T \tag{2}$$

$$SC = \text{-}2I/T + k\log T/T \tag{3}$$

其中，$k = m(rd + pm)$ 是待记参数个数，n 是观测值数目，而且：

$$I = -\frac{mT}{2}(1 + \log 2\pi) - \frac{T}{2}\log|\Omega| \tag{4}$$

其中，$|\Omega| = \det\left[\dfrac{1}{T-r}\sum_i \varepsilon_i \varepsilon_i'\right]$ 是残差方差矩阵。

## （二）脉冲响应函数

脉冲响应函数用于衡量来自随机扰动项的一个标准差冲击对内生变量当前和未来取值的影响。考虑下面的两变量 VAR（1）模型：

$$\begin{aligned} P_t &= a_{11}P_{t\text{-}1} + a_{12}M_{t\text{-}1} + \varepsilon_{1,t} \\ M_t &= a_{21}P_{t\text{-}1} + a_{22}M_{t\text{-}1} + \varepsilon_{2,t} \end{aligned} \tag{5}$$

模型中随机扰动项称为新息。

上面的 VAR（1）模型中，如果 $\varepsilon_{1,t}$ 发生变化，不仅当前的 P 的值立即发生改变，而且还会通过当前的 P 值影响到变量 P 和 M 今后的取值。脉冲响应函数试图描述这些影响的轨迹，显示任意一个变量的扰动如何通过模型影响所有其他变量，最终又反馈到自身的过程。如果新息是相关的，它们将包含一个不与某特定变量相联系的共同成分。通常，将共同成分的效应归属于 VAR 系统中第一个出现（依照方程顺序）的变量。

在经济系统中，扰动项一般用于刻画从模型中省略下来而又集体地影响着变量的全部变量的替代物。如果扰动项对经济系统的当前值和未来值的冲击程度较高，说明该经济系统对经济环境的依赖作用较强，反之则相反。除此之外，由于扰动项是通过模型中各变量的滞后值对各变量的未来值施加影响，脉冲响应检验也可以反映各变量对其他变量未来值和现期值的影响程度。

### （三）方差分解

方差分解提供了另一种研究系统动态特性的方法。其主要思想是，把系统中每个内生变量（共 $m$ 个）的波动（k 步预测均方误差）按其成因分解为各方程信息相关联的 $m$ 个组成部分，从而了解各信息对模型内生变量的相对重要性。方差分解能提供与冲击响应函数同样的信息，但与冲击响应函数不同的是，方差分解把一个内生变量的变化分解为 VAR 模型中所有内生变量冲击，它显示了 VAR 模型中各变量随机误差的相对重要程度。

## 四、模型结果分析

### （一）数据的选择和处理

本文分别采用上证综合指数的月收盘价作为股票市场的指标，由于收盘价每天都会发生并且进行交易，而月收盘价不便获得，因此采用该月每天的交易股数量乘以当天的收盘价进行加总起来再除以该月的交易股数量，这样来获得当月的收盘价，宏观经济变量主要是宏观经济预警指数、一年期利率、货币供应量、通过膨胀率和人民币兑美元汇率这 5 个指标，通过膨胀率这个指标一般选择消费价格指数来进行反映，因此选择消费价格指数来代替同伙膨胀率。选择数据样本选取区间是从 2000 年 1 月 ~ 2015 年 4 月，共计 184 个月。为消除异方差影响，对各序列取常用对数。

### （二）平稳性检验

一般经济变量都是非平稳的，都是需要经过一阶差分之后才会平稳，如果直接进行回归，会造成"伪回归"影响后面实证有效性，不能真实反映自变量和应变量之间的关系，先分别对上证指数月收盘价的对数 $1np$、宏观经济景气指数的对数 $1nyi$、一年期存款利率的对数 $1nr$、货币供应量的对数 $1nM_2$、消费价格只是 $1ncpi$、汇率 $1ner$ 进行比较常见的 ADF 单位根检验。如表 2 所示，经过 ADF 检验发现各序列一阶 t 统计值均小于在 1%、5% 及 10% 置信区间下单位根的临界值，则各序列都是一阶平稳的。即 $1np$ 与 $1nyi$、$1nr$、$1nM_2$、$1ncpi$、$1ner$ 属于一阶单整。

表 2 $1np$、$yi$、$r$、$M_2$、$cpi$ 和 $er$ ADF 检验结果

| 变量 | 检验值 | 1% 临界值 | 5% 临界值 | 10% 临界值 | 结论 |
|------|--------|-----------|-----------|------------|------|
| $1np$ | −2.350661 | −3.466994 | −2.877544 | −2.575381 | 非平稳 |
| | −8.714456 | −3.466377 | −2.877274 | −2.575236 | 平稳 |
| $1nyi$ | −2.167546 | −3.466377 | −2.877274 | −2.575236 | 非平稳 |
| | −10.42687 | −3.466377 | −2.877274 | −2.575236 | 平稳 |
| $1nr$ | −2.268656 | −3.466580 | −2.877363 | −2.575284 | 非平稳 |
| | −6.125562 | −3.466580 | −2.877363 | −2.575284 | 平稳 |
| $1nM_2$ | 3.289137 | −3.466176 | −2.877186 | −2.575189 | 非平稳 |
| | −12.91370 | −3.466377 | −2.877274 | −2.575236 | 平稳 |
| $1ncpi$ | −2.454616 | −3.468749 | −2.878311 | −2.575791 | 非平稳 |
| | −6.017216 | −3.468749 | −2.878311 | −2.575791 | 平稳 |
| $1ner$ | 0.010512 | −3.466580 | −2.877363 | −2.575284 | 非平稳 |
| | −5.603271 | −3.466580 | −2.877363 | −2.575284 | 平稳 |

### （三）VAR 模型滞后阶数的选择

根据 SC 和 AIC 信息量最小准则，一般 AIC 和 SIC 越小的话，所选择的 VAR 模型更优，根据 LR、FPE、AIC、SC、HQ 检验，进行选择最优 VAR 模型，由表 3 可知，选择滞后一阶或者是二阶 VAR 模型两个模型都是最优的，但是考虑到 LR、FPE、HQ 检验和经验的选择，最后选二阶 VAR 模型是最优的。

表 3 VAR 模型滞后阶数的检验

| Lag | LogL | LR | FPE | AIC | SC | HQ |
|-----|------|----|----|-----|-----|-----|
| 0 | 802.2874 | NA | 6.08e−12 | −8.798756 | −8.692728 | −8.755770 |
| 1 | 2544.832 | 3350.307 | 3.93e−20 | −27.65561 | −26.91341* | −27.35471* |
| 2 | 2595.816 | 94.64440* | 3.34e−20* | −27.82118* | −26.44282 | −27.26236 |
| 3 | 2623.401 | 49.37731 | 3.67e−20 | −27.72818 | −25.71366 | −26.91145 |

### （四）VAR 模型的建立

首先将它们分别作为内生向量（其中替代性指标选择其一）进行向量自回归，然后逐次剔除不显著的变量或将它们列为外生变量作回归，同时根据 AIC 和 SIC 信息准则原则选取最后阶数，得到最后的向量自回归阶模型：

$$
\begin{pmatrix} \ln p \\ \ln yj \\ \ln r \\ \ln M_2 \\ \ln cpi \\ \ln er \end{pmatrix}_t = c_t + a_1 \begin{pmatrix} \ln p \\ \ln yj \\ \ln r \\ \ln M_2 \\ \ln cpi \\ \ln er \end{pmatrix}_{t-1} + a_2 \begin{pmatrix} \ln p \\ \ln yj \\ \ln r \\ \ln M_2 \\ \ln cpi \\ \ln er \end{pmatrix}_{t-2} + \varepsilon_t \qquad (6)
$$

其中，$(\ln p, \ln yj, \ln r, \ln M_2, \ln cpi, \ln er)$ 为系统内生向量，$a_1$ 与 $a_2$ 为滞后 1、2 阶的系数矩阵，C 为常数项。具体的系数矩阵及其 t- 统计量如下：

$$
a_1 = \begin{pmatrix}
1.297091 & 0.100270 & 0.107085 & 0.059680 & 0.004739 & -0.003958 \\
(17.8664) & (2.32503) & (2.36739) & (0.47058) & (0.68957) & (-0.77084) \\
-0.050776 & 1.093795 & 0.023727 & -0.028477 & 0.012589 & -0.007054 \\
(-0.43017) & (15.5994) & (0.32262) & (-0.13811) & (1.12664) & (-0.84492) \\
-0.091051 & 0.331014 & 1.148066 & -0.059506 & 0.025303 & -0.001503 \\
(-0.75122) & (4.59749) & (15.2029) & (-0.28105) & (2.20534) & (-0.17534) \\
-0.000618 & 0.045866 & -0.013845 & 0.961389 & -0.008452 & -0.000171 \\
(-0.01366) & (1.70570) & (-0.49089) & (12.1578) & (-1.97239) & (-0.05342) \\
2.496113 & 1.069461 & -0.334371 & 0.074412 & 0.797117 & 0.044752 \\
(3.14309) & (2.26698) & (-0.67577) & (0.05364) & (10.6029) & (0.79676) \\
-1.105354 & -0.552478 & -0.935056 & -0.122798 & -0.033127 & 0.937319 \\
(-0.93942) & (-0.79043) & (-1.27547) & (-0.05974) & (-0.29741) & (11.2635)
\end{pmatrix}
$$

$$
a_2 = \begin{pmatrix}
-0.300552 & -0.082869 & -0.092340 & -0.096691 & 7.30E-05 & 0.000851 \\
(-3.91534) & (-1.81732) & (-1.93070) & (-0.72106) & (0.01005) & (0.15668) \\
0.035752 & -0.181752 & -0.053270 & 0.016159 & -0.010915 & 0.001390 \\
(0.30896) & (-2.64404) & (-0.73885) & (0.07994) & (-0.99644) & (0.16985) \\
-0.016524 & -0.373686 & -0.173354 & 0.297796 & -0.002664 & -0.003159 \\
(-0.12501) & (-4.75918) & (-2.10496) & (1.28970) & (-0.21292) & (-0.33793) \\
0.043163 & -0.035081 & 0.009717 & -0.040369 & 0.010384 & -0.000994 \\
(0.98149) & (1.34286) & (0.35463) & (-0.52548) & (2.49435) & (-0.31965) \\
-2.981409 & -0.210387 & 0.104458 & -0.420073 & 0.016598 & -0.055660 \\
(-4.02005) & (-0.47755) & (0.22606) & (-0.32424) & (0.23642) & (-1.06115) \\
1.334136 & 0.587809 & 0.920620 & -0.518815 & 0.043428 & 0.044876 \\
(1.14148) & (0.84663) & (1.26422) & (-0.25411) & (0.39251) & (0.54288)
\end{pmatrix}
$$

$$
c = \begin{pmatrix}
1.779106 & -4.039041 & 1.174108 & 3.108149 & 0.674998 & 0.149627 \\
(1.04932) & (-4.01027) & (1.11145) & (1.04940) & (4.20552) & (1.24779)
\end{pmatrix}
$$

**（五）VAR 模型平稳性的检验**

VAR 模型的平稳性检验，需要进行 AR 特征方程特征根的检验，如果 VAR 模型所有根的模的倒数都小于 1，即都在单位圆内，则该模型是稳定的；如果 VAR 模型所有根的模的倒数都大于 1，即都在单位圆外，则该模型是不平稳的。如果被估计的 VAR 模型不平稳，则得到的结果有些是无效的。本文通过 Eviews6.0 软件对 VAR 模型的 AR 特征方程特征根的检验，所得到的结果如表 4 和图 6，可见该 VAR（2）模型所有根的模的倒数都小于 1，都在单位圆内，则 VAR（2）模型是稳定。

表 4 VAR（2）模型的特征根以及特征根的倒数

| Root | Modulus |
| --- | --- |
| 1.001453 | 1.001453 |
| 0.951641−0.115959i | 0.958680 |
| 0.951641+0.115959i | 0.958680 |
| 0.947266−0.059105i | 0.949108 |
| 0.947266+0.059105i | 0.949108 |
| 0.803056 | 0.803056 |
| 0.442511 | 0.442511 |
| 0.124540−0.197376i | 0.233383 |
| 0.124540+0.197376i | 0.233383 |
| 0.120922 | 0.120922 |
| −0.102072 | 0.102072 |
| −0.077986 | 0.077986 |

Inverse Roots of AR Characteristic Polynomial

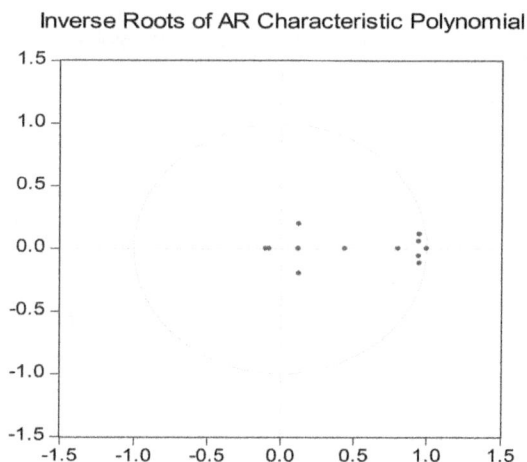

图 6 AR 特征方程特征根的检验

## （六）脉冲响应函数

由于本文主要研究宏观经济变量对股票市场波动性的影响，因此本文主要运用脉冲响应函数研究宏观经济变量的扰动对上证综合指数当前和未来取值的影响。从图7可知，上证综合指数收盘价对其自身的个标准差新息在第一期就立即有较强的反应，增加了约0.058，整个整体都是正的，影响程度随着时间的推移，刚开始越来越高，到达六期的时候增加约达到0.08，此刻的影响是最大的，随后呈现越来越低的趋势；而序列对一年期存款利率的新息前六期基本没有反应，到第七期之后，影响比较明显，在第七期的时候增加了约–0.004，从第七期开始，影响程度随着时间的推移越来越高，其整体影响都是负的；该序列来自宏观经济景气预警指数的信息量在第一期没有反应，第二期反应明显，约为–0.002，整体影响都是负的，随着时间的推移变得越来越高；该序列对来自货币供应量的新息第一期和二期都没反应，第四期反应明显，约为0.01，整个整体都是正的，随着时间的推移，影响程度越来越高；该序列对来自国内通货膨胀率的新息在第一期没有反应，在第二期反应特别明显，约为0.016，此期影响程度达到最高的，随后影响程度变得越来越低，在第六期的时候由正影响转为负影响；该序列对来自汇率的新息在前六期基本没有反应，在第七期稍微有些反应，约为0.002，整个整体都是正的，且持续时间较长，影响程度随着时间的推移越来越高。

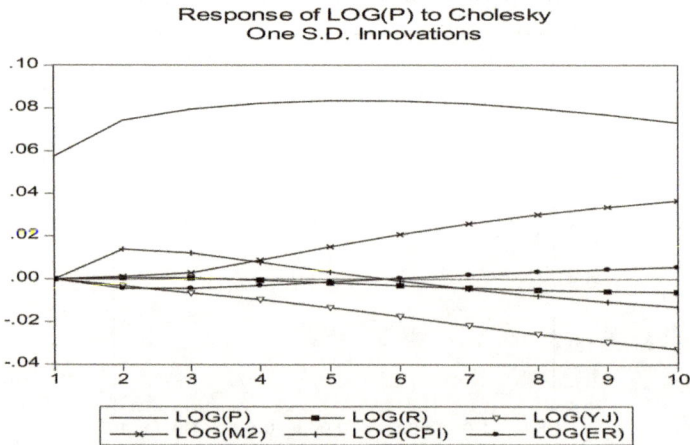

Response of LOG(P) to Cholesky
One S.D. Innovations

图7 宏观经济变量对上证综合指数的影响

### （七）方差分解

方差分解的主要思想是，把系统中每个内生变量的波动，按其成因分解为与各方程变量冲击相关联的组成部分，从而了解各变量冲击对模型内生变量的重要性。由于本文主要研究宏观经济变量对股票价格的影响，因此主要对上证综合指数进行方差分解分析。

运用 Eviews6.0 软件对上证综合指数进行方差分解，具体的方差分解变量顺序为：上证综合指数月度收盘价的变化、一年期存款利率的变化、宏观经济预警景气的指数、货币供给量的变化、通货膨胀率的变化、货币供给量的变化、通货膨胀率的变化和汇率的变化，上证综合指数的方差分解结果见表 5。

**表 5 上证综合指数的方差分解**

| Period | S.E. | LOG（P） | LOG（R） | LOG（YJ） | LOG（M2） | LOG（CPI） | LOG（ER） |
|---|---|---|---|---|---|---|---|
| 1 | 0.057616 | 100.0000 | 0.000000 | 0.000000 | 0.000000 | 0.000000 | 0.000000 |
| 2 | 0.095240 | 97.52348 | 0.003626 | 0.113053 | 0.013557 | 2.133400 | 0.212884 |
| 3 | 0.125006 | 97.16497 | 0.003856 | 0.335741 | 0.062620 | 2.185726 | 0.247085 |
| 4 | 0.150465 | 96.99027 | 0.003665 | 0.632355 | 0.386924 | 1.776163 | 0.210624 |
| 5 | 0.173322 | 96.32844 | 0.013184 | 1.074930 | 1.045094 | 1.373702 | 0.164645 |
| 6 | 0.194311 | 95.08549 | 0.035365 | 1.680419 | 1.972151 | 1.095251 | 0.131326 |
| 7 | 0.213775 | 93.34314 | 0.068092 | 2.436533 | 3.082483 | 0.953204 | 0.116548 |
| 8 | 0.231894 | 91.22175 | 0.107292 | 3.319845 | 4.301871 | 0.929836 | 0.119403 |
| 9 | 0.248759 | 88.83964 | 0.148706 | 4.304615 | 5.571309 | 0.999248 | 0.136483 |
| 10 | 0.264416 | 86.30015 | 0.188690 | 5.365867 | 6.846167 | 1.135343 | 0.163786 |

从上证综合指数的方差分解结果来看，与脉冲响应函数的分析结果一致，上证综合 指数月度收盘价的波动除受其自身的影响外，随着时间的推移，还主要受宏观经济预警景气的指数的变化、货币供给量变化、国内通货膨胀率的影响。虽然上证综合指数月度收盘价的波动也受一年期存款利率的变化与汇率的变化的影响，但随着时间的推移，受到一年期存款利率的变化的影响在不断增大，受到汇率的变化的影响先减小后增大，但是影响水平还是很低的。通过脉冲响应函数与方差分解分析，我们发现宏观经济变量的扰动会影响股票价格当前和未来取值。随着时间的推移，股票价格的波动除受其自身的影

响外，还主要受宏观经济预警景气的指数的变化、货币供给量变化、国内通货膨胀率的影响。

## 五、结论和建议

本文以宏观经济预警指数（YJ）和反映通货膨胀程度的指标居民消费价格指数（CPI）作宏观经济环境的度量指标、以一年期存款利率（R）、货币供应量（$M_2$）和人民币兑美元汇率（ER）为货币政策变化的相关度量指标，以2000年1月～2015年4月期间的上证综合指数、宏观经济环境和货币政策相关数据为样本，利用VAR模型、脉冲响应函数与方差分解对宏观经济环境和货币政策等宏观经济指标和中国股票市场波动性之间的关系进行实证研究，得到如下的主要研究结果：上证综合指数收盘价对其自身的标准差新息的影响很大，并且整个整体还呈现都是正的；宏观经济变量的扰动会影响股票价格当前和未来取值，上证综合指数月度收盘价的波动除受其自身的影响外，随着时间的推移，还主要受宏观经济预警景气的指数的变化、货币供给量变化、国内通货膨胀率的影响。宏观经济景气预警指数从理论的角度来看，宏观经济景气预警指数下降表明经济不景气，大多数企业的经营盈利状况不佳，企业会减少投资，降低融资。同时投资者由于经济不景气而降低未来的收入预期，会减少支出和投资。两方面的同时作用导致股票价格降低，正好宏观经济预警景气指数对股票价格的新息整体影响都是负的，随着时间的推移变得越来越高的结论是一致的。货币供给量变化从理论的角度来看，货币供应量增加常常会产生如下效应：一是"货币幻觉效应"，即货币供应量增加使人们持有的钞票数量（名义货币）增多而产生很有钱的错觉，这显然会促使人们更多地投资于股票市场，进而增加股票市场的资金供给量；二是"低资金成本效应"，即在供求关系的作用下，货币供应量增加必然会降低资金获取成本，这使得投资者能够以较低的成本获取大量资金，并将投放到股票市场。可见，货币供应量增加产生的这两种效应都会导致股票市场资金增多，从而导致股票市场的波动性呈现正的影响，正好本文货币供应量的变化对整个整体都是正的，随着时间的推移，影响程度越来越高；国内通货膨胀率对股票价格的波动先正后负，主要股票市场需求的增长大于供给的增长，则股票市场价格就与通货膨胀之间呈现正的相关关系，否则如果股票市场需求的增长小于供给的增长，则股票市场价格就与通货膨胀之间呈现负的相关关系。因此，国内通货膨胀率对股票价格的波动先正后负。一年期存款利率和汇率对股票市场的波动性影响虽然很小，但是也有一定的影响，一年期存款利率对股票价格的波动的新息整体影响都是负的，而汇率对股票价格的波动的新息整体影响都是正的，主要是利率下调，可以降低货币的持有成本，促进储蓄向投资转化，从而增加流通中的现金流和企业贴现率，导致股价上升。所以利率提高，股市走低；反之，利率下降，股市走高；而一个国家的汇率上升，意味着本币贬值，会促进出口、平抑进口，从而增加本国的现金流，提高国内公司的预期收益，会在一定程度上提升股票价格。因此，汇率对股票价格的影响是正的。本文的上述研究所得到的结论正好与理论上对股票价格的影响是一致的，说明股票市场的波动性可以通过宏观经济环境和货币政策相关的指标进行调节。

通过本文研究结论，给予政府提供相关的一些建议，主要是以下几点：

1. 加强股票市场制度建设

制度是管长远的，具有根本性和基础性。中国基本国情决定了制度化在促进股票市场发展，抑制股市过度波动，充分发挥股票市场资源、风险配置功能，制约政府过度干预行为等方面尤为重要。中国股市的发展先天不足，是在政府参与扶持下逐步发展而来，是不完全股票市场。中国股市的发展离不开政府部门的参与和推动，但政府部门的过度干预甚至实际介入股票市场运行，大大降低股市运行效率，异化股票市场应有功能。政府的角色应是利用行政力量制定股票市场发展的统一规则，构建股票市场基本框架，健全股票市场体系，完善股票市场运行机制，强化对股票市场各参与主体的监管，以制度供给者身份促进股票市场有序运行。

2. 正确认识宏观货币财政政策作用

由于货币政策具有典型的滞后性，同时影响股市因素较为复杂，一定时期货币政策操作未必能够达到预期目标，但货币政策效应累积效应以及其他可能因素的叠加会使市场形势发生逆转，因此货币政策的前瞻性、灵活性更显重要。

货币政策的运用需考虑经济周期不同阶段,更加合理把握货币政策操作节奏,更加准确观察股票市场反应,侧重于为实体经济、股票市场创造良好的货币环境而非宏观经济、股票市场异动的根源,避免由于货币政策本身对股票市场造成剧烈波动。

避免财税政策的短期化、工具化倾向,减轻股票市场波动。财税政策的运用同样需考虑经济周期、政策组合和股市走势因素等综合分析,合理把握政策制定和运用艺术,防止政策功能异化,谨防政策具体长期介入股市实际运行,避免股市政策"依赖症",为股市发展创造良好的财税环境。

## 参 考 文 献

[1]赵振全,张宇.中国股票市场波动和宏观经济波动关系的实证分析 [J].数量经济技术经济研究,2003.

[2]陈其安,张媛,刘星.宏观经济环境、政府调控政策与股票市场波动性——来自中国股票市场的经验证据 [J].经济学家,2010.

[3]黎阳.基于 SVAR 模型的我国股票市场与宏观经济关系的实证研究 [D].南昌:江西财经大学,2014.

[4]黄海燕.中国股票市场与宏观经济 [J].宏观经济管理,2004.

[5]刘勇.我国股票市场和宏观经济变量关系的经验研究 [J].财贸经济,2004.

[6]郭金龙,李文军.我国股票市场发展与货币政策互动关系的实证分析 [J].数量经济技术经济研究,2004.

[7]邹昊平,唐利民,袁国良.政策性因素对中国股市的影响:政府与股市投资者的博弈分析 [J].世界经济,2000.

[8]赵蓉.试论中国股票市场失衡及其与宏观经济运行态势的背离 [J].南开管理评论,2000.

[9]曾志坚,江洲.宏观经济变量对股票价格的影响研究 [J].财经理论与实践,2007.

[10]贾炜,蔡维,樊瑛.一个关于中国股票市场和宏观经济相互关系的

实证分析 [J]. 北京师范大学学报：自然科学版，2007.

[11] 吴逸. 中国股票市场与宏观经济关系的实证分析 [J]. 中国集体经济（下半月），2007.

[12] 邢治斌，仲伟周. 宏观经济政策对股票市场流动性风险影响的实证分析 [J]. 统计与决策，2013.

[13] 谢赤，吴丹. 论股票市场对扩张性货币政策效力的影响及相应对策 [J]. 当代经济科学，2002.

[14] 许均华，李启亚. 宏观政策对我国股市影响的实证研究 [J]. 经济研究，2001.

[15] 唐齐鸣，陈健. 市场信息流与股票波动性分析 [J]. 经济管理，2001.

[16] 孙洪庆，邓瑛. 股票价格、宏观经济变量与货币政策——对中国金融市场的协整分析 [J]. 经济评论，2009.

[17] 吴慧，林锦国，李为相，萨日娜. 股票价格波动与宏观经济变量关系的实证研究 [A]. 江苏省系统工程学会（Systems Engineering Society of Jiangsu）. 江苏省系统工程学会第十一届学术年会论文集 [C]. 江苏省系统工程学会（Systems Engineering Society of Jiangsu）：2009：12.

[18] 马进，关伟. 我国股票市场与宏观经济关系的实证分析 [J]. 财经问题研究，2006.

[19] 刘玲，谢赤，曾志坚. 股票价格指数与宏观经济变量关系的实证研究 [J]. 湖南师范大学学报：社会科学版，2006.

[20] 隋建利，刘金全，曲国俊. 中国股票收益率与宏观经济波动的关联性研究 [J]. 现代管理科学，2011.

# 沪深 300 指数波动与居民消费行为关系的研究

## ——基于 VAR 模型的分析

蒋凡◇广东财经大学

**摘要**：选择沪深 300 指数及居民现金消费支出涨跌幅为主要指标，结合居民消费价格指数（CPI）作为中间变量分析，提出两个假设。主要运用 ADF 检验、VAR 模型、格兰杰因果关系检验来对股票价格波动与居民消费的关系之间的关系进行探索。而股票投资主体为城镇居民，故本文将研究对象分为城镇居民和农村居民，进行交叉对比分析。实证结果表明，城镇居民现金消费与股票价格波动存在联动关系和因果关系，农村居民现金消费与股票价格波动不存在明显联动关系和因果关系。

**关键词**：沪深 300 指数；宏观经济；VAR 模型；脉冲响应；方差分解

## 一、引言

股票市场在金融市场中占据着重要的地位，股价走势的跌宕起伏则与国内一些重要指标的波动有着紧密的联系，并呈现出一定的联动性或因果性。引起股票价格波动的因素诸多，股票价格的波动也能反映出与不同领域相关的诸多信息。其中沪深 300 指数由最具代表性的 300 只股票组成，以综合反映沪深 A 股市场整体表现，是目前中国内地证券市场使用广泛度最高的指数。运用沪深 300 指数与特定的宏观经济指标进行关联和因果关系分析能在一定程度上反映股票市场与经济指标的关系，从而做出预测和决策。

## 二、文献综述

国外相对国内更早已有了对股票价格波动和宏观经济变量关系的研究。Fama 和 Eugene（1990）认为美国证券市场收益率与国内生产总值增长率、通货膨胀率等宏观经济变量间存在长期的关联关系。Mukherjee 和 Naka（1995）认为在日本的股票市场，股票价格和货币供应量、长期和短期利率等宏观经济变量之间存在长期的协整关系。Kolari Luintel（2001）和 Paudyal（2006）的研究均认为，通货膨胀率、净外国直接投资流入、利率和汇率均能在一定程度上影响股票价格变化，但是影响程度不大。

Adam，Anokye M，Tweneboah 和 George（2008）采用了 Johansen 多变量协整检验探讨了变量间的长期关系，通过脉冲响应函数和方差分解分析研究了变量间的短期动态关系。研究发现美国股票价格与美国工业生产总值呈现出正相关关系，并发现货币供应量对股价的变化也有着一定程度的影响。

国内至今也有了很多探索沪深 300 指数波动和其他宏观因素关系的研究，但还没有对沪深 300 指数波动与居民消费关系的研究案例。吴蓉蓉（2008）对我国沪深 300 指数和相关宏观经济变量运用 ADF 平稳性检验、Johansen 协整检验的方法，对它们之间的协整关系进行实证分析。实证结果表明沪深 300 指数与美元对人民币汇率、居民消费价格指数、工业增加值之间存在长期协整关系，而与其他变量之间不存在协整关系。陈磊和于真（2009）对沪深 300 股指期货和现货，利用协整检验和 Granger 因果关系检验，探索了股指期货和股指现货价格的领先滞后关系。张宗成、刘少华（2010）借助计量经济学平稳检验、Granger 因果检验、协整检验及自回归向量误差纠正模型（VECM），研究并分析了沪深 300 股指期货市场与现货市场之间是否存在关系。得出了两市场波动相互影响，互为格兰杰因果关系的结论。

而居民消费能力能在一定程度上体现一国的购买力，购买力的强弱与 GDP 的高低息息相关，GDP 高低是衡量一国国力的重要指标。鉴于沪深 300 指数和居民消费能力的重要性，本文引入 CPI 指标作为中间变量来辅助对前两个变量关系的研究，并立足于以下两个角度分析：（一）根据微观经济学理论，人民的消费行为受物价变动的影响（本文以 CPI 作为物价指标）。从现有研究得知，股价的波动与 GDP 呈现联动性，而 GDP 与 CPI 同样呈现联动性，故股价的波动与 CPI 指标的波动可能存在着内在的联系，并且能反映在居民的消费支出上。另外，对于短期投机的人来说，股价的涨跌也影响了他们的收入，而收入的变化有可能影响他们的支出。故提出假设一：股票价格波动与居民消费存在相关关系或者一定的联动性，股价的涨跌影响居民消费的增减。或者居民消费的增减能在一定程度上反映股价的波动情况。（二）人民的消费主要还是以日常消费作为主体，体现在食物、衣物这些必需品上。故股价的涨跌虽然影响人们的收入，但将投资作为长期收入来看，短期的股票波动并不能很大程度影响人们短期的消费行为。于是提出假设二：股票价格的波动与居民消费相互独立，两个变量的各自的波动并不能反映或者影响对方的波动。基于已有的理论和研究成果，参考 GDP 与沪深 300 指数关系的研究成果以及其他宏观经济指标与沪深 300 指数的研究方法，运用平稳检验、协整检验、Granger 因果检验及 VAR 模型对居民消费行为和沪深 300 指数动数进行研究分析，对城镇模型和农村模型分别进行研究和对比分析，观察变量呈现出怎样的关联性，进而考察能否有助于在未来宏观经济变量波动时对经济形势及走势的预测。

## 三、实证模型分析

### （一）变量选取

由于本文分为城市模型和农村模型进行对比讨论，有些变量会分为城市变量和农村变量。变量均以季为单位。变量的数据均从广发证券软件、国家统计局官网下载，并整理成以季度为单位的数据。时间范围为 2007 年第一季度 ~ 2014 年第四季度。

表 1 变量说明

| 变量名称 | 符号 | 变量定义 | 数据来源 | 其他说明 |
|---|---|---|---|---|
| 沪深 300 指数收盘价 | QHS300 | 沪深 300 指数当日收市时的价格 | 广发证券软件 | 为该季度沪深 300 指数日收盘价的均值 |
| 城镇居民消费价格指数 | QCCPI | 衡量城镇居民消费价格水平的指标 | 国家统计局 | 为该季度月城镇居民消费价格指数的均值 |

（续表）

| 变量名称 | 符号 | 变量定义 | 数据来源 | 其他说明 |
|---|---|---|---|---|
| 农村居民消费价格指数 | QVCPI | 衡量农村居民消费价格水平的指标 | 国家统计局 | 为该季度月农村居民消费价格指数的均值 |
| 城镇居民人均现金消费支出增量 | QCZ | 当季城镇居民现金消费相比较上一季度的增减 | 国家统计局 | = 当期镇居民人均现金消费支出 – 前期镇居民人均现金消费支出 |
| 农村居民人均现金消费支出增量 | QVZ | 当季农村居民现金消费相比较上一季度的增减 | 国家统计局 | = 当期农村居民人均现金消费支出 – 前期农村民人均现金消费支出 |

### （二）变量平稳性检验 /ADF 检验

对变量进行 ADF 检验是对变量进行平稳性检验的一种方法。由每个变量的数据折线图可初步判定五个变量均为平稳变量。表 2 ~ 表 6 分别为用 eviews 软件对五个变量进行 ADF 检验的结果，结果表示，五个变量均在 1% 的置信度下平稳。

**表 2 沪深 300 指数收盘价 ADF 检验**

| | | t-Statistic | Prob.* |
|---|---|---|---|
| Augmented Dickey-Fuller test statistic | | -5.394740 | 0.0001 |
| Test critical values: | 1% level | -3.670170 | |
| | 5% level | -2.963972 | |
| | 10% level | -2.621007 | |

**表 3 城镇居民消费价格指数 ADF 检验**

| | | t-Statistic | Prob.* |
|---|---|---|---|
| Augmented Dickey-Fuller test statistic | | -6.352777 | 0.0000 |
| Test critical values: | 1% level | -3.661661 | |
| | 5% level | -2.960411 | |
| | 10% level | -2.619160 | |

**表 4 农村居民消费价格指数 ADF 检验**

| | | t-Statistic | Prob.* |
|---|---|---|---|
| Augmented Dickey-Fuller test statistic | | -3.977496 | 0.0052 |
| Test critical values: | 1% level | -3.699871 | |
| | 5% level | -2.976263 | |
| | 10% level | -2.627420 | |

表5 城镇居民人均现金消费支出增量 ADF 检验

|  |  | t-Statistic | Prob.* |
|---|---|---|---|
| Augmented Dickey-Fuller test statistic |  | -7.310939 | 0.0000 |
| Test critical values: | 1% level | -3.661661 |  |
|  | 5% level | -2.960411 |  |
|  | 10% level | -2.619160 |  |

表6 农村居民人均现金消费支出增量 ADF 检验

|  |  | t-Statistic | Prob.* |
|---|---|---|---|
| Augmented Dickey-Fuller test statistic |  | -5.242008 | 0.0002 |
| Test critical values: | 1% level | -3.661661 |  |
|  | 5% level | -2.960411 |  |
|  | 10% level | -2.619160 |  |

由 ADF 检验结果可以看出各变量时间序列的 ADF 值均小于 1%、5% 和 10% 三个置信水平下给定的临界值，故拒绝原假设，五个变量都不存在单位根，均为平稳序列。所有变量都平稳，进行向量自回归建模不会出现伪回归现象。为接下来建立 VAR 模型提供了条件。

**（三）建立向量自回归模型 /VAR 模型**

由此步骤开始，建模对象分为城镇和农村两个子模型以进行比较。城镇模型包含的变量为：沪深 300 指数收盘价、城镇居民消费价格指数、城镇居民人均现金消费支出增量。农村模型包含的变量为：沪深 300 指数收盘价、农村居民消费价格指数、农村居民人均现金消费支出增量。

1. 模型滞后期数的选择

建立 VAR 模型，首先要选取变量的滞后期数。值得注意的是，若模型滞后期选择过长，模型就需要估计较多参数，会导致模型的自由度下降导致模型效果不够好。而滞后期过短会使得残差达不到白噪声，出现估计偏差。将两个子模型各变量的数据导入 eviews 软件中进行 VAR 模型滞后期数判定，结果见表7、表8。

表 7 城镇 VAR 模型滞后期数判定结果

| Lag | LogL | LR | FPE | AIC | SC | HQ |
|---|---|---|---|---|---|---|
| 0 | -416.5999 | NA | 2.83e+08 | 27.97333 | 28.11345 | 28.01815 |
| 1 | -388.8065 | 48.17526 | 81132592 | 26.72043 | 27.28091 | 26.89974 |
| 2 | -364.2521 | 37.65016* | 29388407* | 25.68347* | 26.66431* | 25.99725* |

表 8 农村 VAR 模型滞后期数判定结果

| Lag | LogL | LR | FPE | AIC | SC | HQ |
|---|---|---|---|---|---|---|
| 0 | -437.4712 | NA | 1.14e+09 | 29.36475 | 29.50487 | 29.40957 |
| 1 | -414.0990 | 40.51183 | 4.38e+08 | 28.40660 | 28.96708 | 28.58590 |
| 2 | -390.4223 | 36.30433* | 1.68e+08* | 27.42815* | 28.40899* | 27.74193* |

城镇 VAR 模型滞后期数判定结果给出的 AIC、SC 值均在 2 期达到最小通过检验值，指向 2 期最优，故城镇 VAR 模型的建立选择滞后期数为二期。农村 VAR 模型滞后期数判定结果给出的 SC 值在 2 期达到最小通过检验值，但 AIC 值在 3 期达到最小通过检验值。参考 LR、FPE、HQ 值均指向 2 期最优，农村 VAR 模型的建立也选择滞后期数为二期，也便于与城镇模型在相同条件下进行比较。

2. 回归方程的建立与参数估计

确定了滞后期数为 2 期，建立回归方程如下：

2.1 城市模型回归方程假设

HS300=C（1,1）*HS300（-1）+C（1,2）*HS300（-2）+C（1,3）*FCHENG（-1）+C（1,4）*FCHENG（-2）+C（1,5）*SCCPI（-1）+C（1,6）*SCCPI（-2）+C（1,7）

FCHENG=C（2,1）*HS300（-1）+C（2,2）*HS300（-2）+C（2,3）*FCHENG（-1）+C（2,4）*FCHENG（-2）+C（2,5）*SCCPI（-1）+C（2,6）*SCCPI（-2）+C（2,7）

SCCPI=C（3,1）*HS300（-1）+C（3,2）*HS300（-2）+C（3,3）*FCHENG（-1）+C（3,4）*FCHENG（-2）+C（3,5）*SCCPI（-1）+C（3,6）*SCCPI（-2）+C（3,7）

用 eviews 软件进行参数估计，得到结果见表 9。

表 9 城镇 VAR 模型参数估计结果

| | QHS300 | QCCPI | QCZ |
|---|---|---|---|
| QHS300(-1) | 1.465958<br>(0.11193)<br>[ 13.0973] | 0.000458<br>(0.00013)<br>[ 3.39136] | -0.005414<br>(0.02836)<br>[-0.19090] |
| QHS300(-2) | -0.672837<br>(0.10480)<br>[-6.42050] | -0.000207<br>(0.00013)<br>[-1.63822] | -0.047040<br>(0.02655)<br>[-1.77169] |
| QCCPI(-1) | -296.3371<br>(179.364)<br>[-1.65216] | -0.509846<br>(0.21619)<br>[-2.35830] | 134.0449<br>(45.4441)<br>[ 2.94967] |
| QCCPI(-2) | -236.6906<br>(179.705)<br>[-1.31710] | 0.075902<br>(0.21660)<br>[ 0.35042] | 115.1002<br>(45.5306)<br>[ 2.52797] |
| QCZ(-1) | -1.031059<br>(0.64693)<br>[-1.59378] | -0.000407<br>(0.00078)<br>[-0.52216] | 0.157634<br>(0.16391)<br>[ 0.96173] |
| QCZ(-2) | 0.024001<br>(0.50557)<br>[ 0.04747] | 0.000483<br>(0.00061)<br>[ 0.79324] | 0.042893<br>(0.12809)<br>[ 0.33486] |
| C | 54242.54<br>(31277.7)<br>[ 1.73422] | 143.0356<br>(37.6998)<br>[ 3.79406] | -24662.98<br>(7924.60)<br>[-3.11220] |

2.2 农村模型回归方程假设

HS300=C（1,1）*HS300（−1）+C（1,2）*HS300（−2）+C（1,3）*FCUN（−1）

+C（1,4）*FCUN（−2）+C（1,5）*SVCPI（−1）+C（1,6）*SVCPI（−2）+C（1,7）

FCUN=C（2,1）*HS300（−1）+C（2,2）*HS300（−2）+C（2,3）*FCUN（−1）

+C（2,4）*FCUN（−2）+C（2,5）*SVCPI（−1）+C（2,6）*SVCPI（−2）+C（2,7）

SVCPI=C（3,1）*HS300（−1）+C（3,2）*HS300（−2）+C（3,3）*FCUN（−1）

+C（3,4）*FCUN（−2）+C（3,5）*SVCPI（−1）+C（3,6）*SVCPI（−2）+C（3,7）

用 eviews 软件进行参数估计，得到结果见表 10。

表 10 农村 VAR 模型参数估计结果

| | QHS300 | QVCPI | QVZ |
|---|---|---|---|
| QHS300(-1) | 1.552189<br>(0.12291)<br>[ 12.6285] | 0.000563<br>(0.00015)<br>[ 3.75350] | -0.057804<br>(0.06838)<br>[-0.84535] |
| QHS300(-2) | -0.732896<br>(0.10550)<br>[-6.94659] | -0.000314<br>(0.00013)<br>[-2.43522] | -0.032703<br>(0.05869)<br>[-0.55717] |
| QVCPI(-1) | -240.8927<br>(185.102)<br>[-1.30140] | -0.388668<br>(0.22591)<br>[-1.72043] | 238.6713<br>(102.977)<br>[ 2.31771] |
| QVCPI(-2) | -350.2302<br>(189.750)<br>[-1.84575] | -0.029405<br>(0.23158)<br>[-0.12697] | 176.1585<br>(105.563)<br>[ 1.66876] |
| QVZ(-1) | 0.512868<br>(0.35905)<br>[ 1.42839] | 0.000495<br>(0.00044)<br>[ 1.12849] | -0.097971<br>(0.19975)<br>[-0.49046] |
| QVZ(-2) | -0.096532<br>(0.33572)<br>[-0.28754] | -5.28E-05<br>(0.00041)<br>[-0.12887] | -0.198732<br>(0.18767)<br>[-1.06406] |
| C | 59751.00<br>(31079.0)<br>[ 1.92255] | 141.4455<br>(37.9312)<br>[ 3.72900] | -41182.57<br>(17290.1)<br>[-2.38186] |

3. 模型稳定性检验

在进行了参数估计后，当所有 AR 根的模的倒数均位于单位圆内时，意味着 VAR 模型是稳定的，参数的估计才是有效的。使用 eviews 软件分别查看城镇 VAR 模型和农村 VAR 模型 AR 根结果。见图 1、图 2。

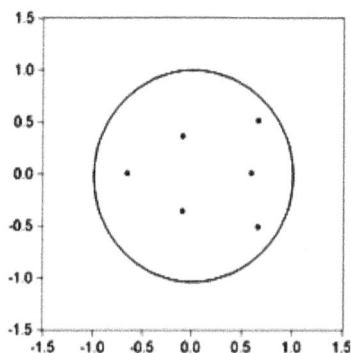

图 1 城镇 VAR 模型 AR 根分布图　　　图 2 农村 VAR 模型 AR 根分布图

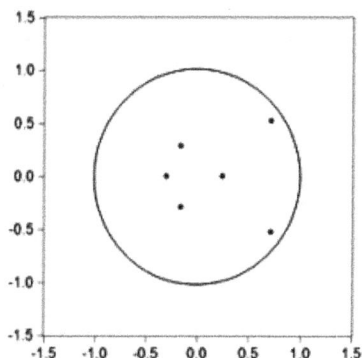

由结果图可看出两个模型 AR 根的模的倒数均在单位圆内，故模型均是稳定的。参数估计有效。

从对回归方程参数估计的结果来看，方程中有些参数的标准差 t 检验值是不显著的，但一般不进行剔除，VAR 理论不看重个别检验结果，而是注重模型的整体效果。回归方程的成功建立说明城镇模型内含的变量以及农村模型内含的变量均具有一定相关性。由最终的两组回归方程结果可以看出：当期沪深 300 指数收盘价与前 1 期城镇居民人均现金消费支出增量呈负相关关系，与前 1 期农村居民人均现金消费支出增量呈正相关关系；而当期城镇居民人均现金消费支出增量与前 1 期沪深 300 指数收盘价呈负相关关系，当期农村居民人均现金消费支出增量与前 1 期沪深 300 指数收盘价虽呈负相关关系，但贝塔系数均近乎等于 0。考虑到沪深 300 指数数值的基数较大。初步认为，当沪深 300 指数收盘价上升时，意味着消费者价格指数体现出上升的联动性。城镇居民现金消费和农村居民现金消费均减少。从物价的角度合理地解释了沪深 300 指数波动与居民消费增量负相关的关系。而城镇居民的消费能力相比农村居民强，且农村居民主要消费都用于必需品上，农村股民也较少，从而解释了方程中体现出的当期沪深 300 指数与前一期城镇居民现金消费支出呈负相关关系，因为居民消费量的增加意味着物价上涨的可能。而当期沪深 300 指数与前一期农村居民现金消费支出呈正相关关系有待进一步考察原因，其贝塔值绝对值也小于城镇的贝塔值，是否存在其他导致两变量联动的原因还有待进一步考察。宏观经济的波动往往是复杂难以捉摸的，能确定的是沪深 300 指数与居民消费所体现出的负相关性。基于 VAR 模型的建立以及回归方程的参数估计，接下来可以对变量的脉冲响应函数做进一步分析。

（四）脉冲相应函数

使用 eviews 分别导出城镇和农村模型的脉冲相应函数：

1. 城市模型脉冲响应函数

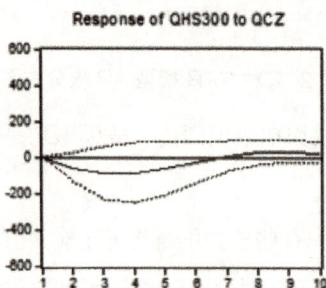

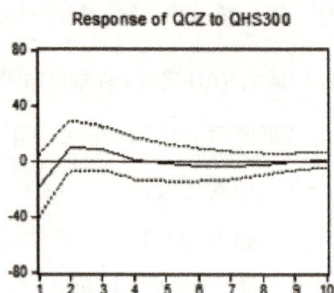

图 3 城镇沪深 300 对居民现金消费脉冲响应　　图 4 城镇居民现金消费对沪深 300 脉冲响应

由城镇模型三个变量之间的脉冲响应函数图可以看出，在当期给城镇人均现金支出增量一个标准差冲击后，从第 1 期到第 4 期沪深 300 指数下降浮波动，第 4 期后开始回调，逐渐呈现出稳定的回调趋势，第 7 期后逐渐平稳，呈现出中期的负相关关系。在当期给沪深 300 指数一个标准差冲击后，当期城镇人均现金支出增量骤降为负，从第 1 期到第 2 期回升，但依旧为负，第 2 期到第 3 期体现出短暂的正相关，之后逐渐平稳，总体呈现出短期的负相关关系。与之前 VAR 模型的建立及所得回归方程分析相符。

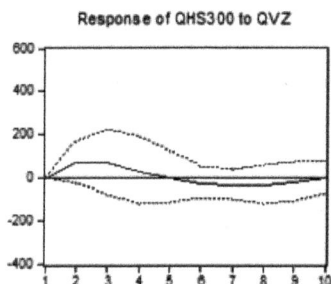

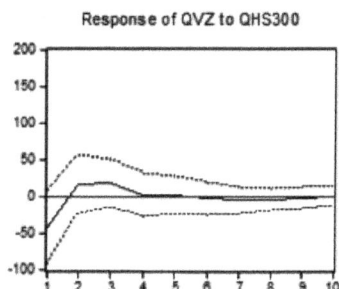

图5 农村沪深 300 对居民现金消费脉冲响应　　图 6 农村居民现金消费对沪深 300 脉冲响应

2. 农村模型脉冲响应函数

由农村模型三个变量之间的脉冲响应函数图可以看出，在当期给农村人均现金支出增量一个标准差冲击后，从第 1 期到第 4 期沪深 300 指数轻微上浮波动，第 4 期后开始回调呈现出稳定的回调趋势，整个过程基本是平稳的。在当期给沪深 300 指数一个标准差冲击后，当期城镇人均现金支出增量骤降为负，从第 1 期到第 2 期回升，但依旧为负，第 2 期到第 4 期体现出短暂的正相关，之后逐渐平稳，总体呈现出短期的负相关关系。与之前 VAR 模型的建立及所得回归方程分析相符。

由城镇及农村的三变量脉冲响应函数得出的结果分析与之前 VAR 模型的建立及所得回归方程分析相符。沪深 300 指数收盘价与居民人均现金消费支出体现出短期的负相关的关系，并且在城镇居民体现得较为明显。从物价角度与短期投机收入角度解释均合理。对于农村居民人均现金消费支出与沪深 300 指数的关系还有待考察，轻微的正相关有可能由物价水平以外的因素引起或者只是偶然性。

（五）方差分解分析

使用 eviews 分别导出城镇和农村模型的方差分解分析：

Variance Decomposition of QHS300

Variance Decomposition of QCZ

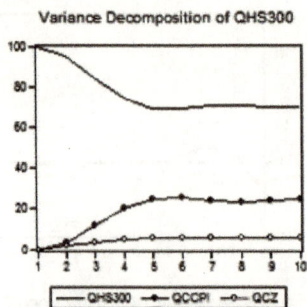

图 7 城镇模型沪深 300 指数方差分解          图 8 城镇居民人均现金支出增量方差分解

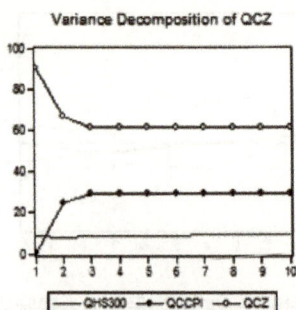

1.城镇模型方差分解分析

由图 7 可以看出，沪深 300 指数除了受自身波动影响外，城镇居民价格指数的波动对沪深 300 的影响逐期增大，直到 5 期开始保持平稳。存在长期影响，城镇居民现金消费支出增量对沪深 300 的方差贡献逐渐增大至 5 期后保持平稳，但总体贡献度不大。图 8 表示城镇居民现金消费支出增量在不同时期的预测误差。可以看出，沪深 300 指数对其贡献从 1 期开始便一直保持平稳，处于 13%左右，城镇居民价格指数对方差的贡献度从 1 期开始上升至 3 期达到平稳并从之后一直维持在 30% 左右，与之前的分析相符。

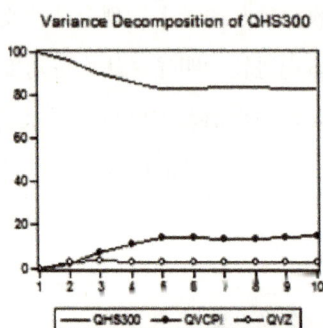

Variance Decomposition of QHS300

Variance Decomposition of QVZ

图 9 农村模型沪深 300 指数方差分解          图 10 农村居民人均现金支出增量方差分解

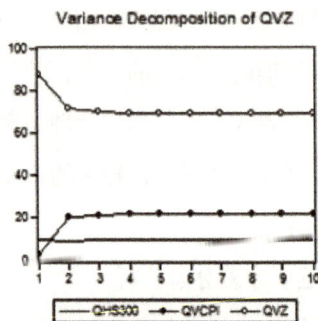

2.农村模型方差分解分析

图 9 表示护身 300 指数在不同时期的预测误差。可以看出，沪深 300 指数除了受自身波动影响外，农村居民价格指数的波动对沪深 300 的影响逐期增

大，直到 5 期开始保持平稳。存在长期影响，但不如城镇居民价格指数的贡献程度大。农村居民现金消费支出增量对沪深 300 的方差短期和长期均趋于零。图 10 表示农村居民现金消费支出增量在不同时期的预测误差。可以看出，沪深 300 指数对其贡献从 1 期开始便一直保持平稳，处于 13% 左右，农村居民价格指数对方差的贡献度从 1 期开始上升至 2 期达到平稳并从之后一直维持在 20% 左右。低于城镇的贡献度，与之前的分析相符。

由以上方差分析结果可以看出，城镇 CPI 以及城镇居民现金消费支出增量对沪深 300 指数的方差贡献均要高于农村 CPI 以及农村居民现金消费支出。可以看出在城镇模型中各指标的关联程度要强于农村模型，且农村模型两指标对沪深 300 的波动贡献度较低，轻微的贡献度有可能由物价水平以外的因素引起或者只是偶然性。

表 11 VAR 下的多变量格兰杰因果检验

| Dependent variable: QVZ | | | | Dependent variable: QCZ | | | |
|---|---|---|---|---|---|---|---|
| Excluded | Chi-sq | df | Prob. | Excluded | Chi-sq | df | Prob. |
| QHS300 | 2.474628 | 2 | 0.2902 | QHS300 | 5.896080 | 2 | 0.0524 |
| QVCPI | 6.062282 | 2 | 0.0483 | QCCPI | 9.992966 | 2 | 0.0068 |
| All | 6.778880 | 4 | 0.1480 | All | 11.77371 | 4 | 0.0191 |

VAR 模型下的多变量格兰杰因果检验可以检验两个变量是否同时格兰杰引起另一个变量，使用 eviews 分别导出城镇和农村模型的格兰杰因果检验结果表可以看出在 0.9 的置信范围内，沪深 300 指数和城镇 CPI 均为影响城镇居民现金消费支出增量的格兰杰原因。在 0.9 的置信范围内城镇 CPI 为影响农村居民现金消费支出增量的格兰杰原因。而沪深 300 指数不是影响农村居民现金消费支出增量的格兰杰原因。

故在城镇模型中三变量体现出了格兰杰因果关系，而农村模型中沪深 300 指数与农村人均现金消费支出增量不存在格兰杰因果检验关系，与之前的分析是相符的。

## 四、结论与建议

本文通过构建城镇模型、农村模型来对沪深 300 指数、居民价格消费指数、居民现金消费支出三个变量的关系进行研究，从而探索股指波动对人民消费的影响关系。从检验的整体结果来看，城镇模型更符合假设一：股票价格波动与居民消费存在相关关系或者一定的联动性，股价的涨跌影响居民消费的增减；农村模型更符合假设二：股票价格的波动与居民消费相互独立，股票价格的波动并不能影响居民的消费量。在检验过程中，沪深 300 指数始终与居民消费价格指数体现出较强的相关性，强于与居民现金消费支出增量体现出的关系。由此可见，沪深 300 指数与居民消费的关系不能仅仅从价格水平变动（多由通货膨胀引起）的角度研究，还存在着诸多不定因素对变量的波动有着一定的冲击能力。但在城镇模型沪深 300 指数的波动与城镇 CPI 和城镇居民现金支出增量都体现出了一定的联动性和因果关系，且这种关系不仅在短期体现，还随着期数呈现变化，并在长期存在的稳定的相互影响关系。由此可见股指的波动对城镇居民的现金消费有着一定的影响，这种影响与通货膨胀或紧缩带来的价格波动（CPI 变化的重要原因）有关，同时还与一些其他因素有所关系。而股指的波动对农村居民的现金消费不存在显著影响，从价格变化的角度分析，由于农村居民消费的大多为必需品，奢侈品和耐用品较少。物价一定程度上的变动不会对他们的消费行为产生太大影响。故得出结论：股指的波动影响城镇居民的现金消费，二者呈现出一定的联动性，且股指的波动为城镇居民的现金消费变动的一个原因。股指的波动不影响农村居民的现金消费，二者不存在明显的联动性与因果关系。

## 参 考 文 献

［1］Doug Waggle,Gisung Moon.Expected Returns,Correlations,and Optimal Asset Allocations[J].Financial Services Review,2005,（14）:253-267.

［2］Yuan zheng Wang,Ya jing Xu,Peng Liu.The Co-integration and Causality Relationship Research of Stock Index Futures IF006 and HS300 Stock Index[J].

Education and Management,2011,（210）: 541-545.

［3］Tao Lei,Cheng Zeng,Bin Li.A Study on the Stock Index Futures Arbitraging and Hedging Model[J].Advances in Intelligent and Soft Computing,2012,（137）: 843-851.

［4］Liu C,Lu L W.The Dynamic Analysis on the FDI's Time Lag Effect under the Framework of VAR Model[J].The Journal of Quantitative&Technical Economics,2006, 10（3）: 21-25.

［5］Granger C W J,Bwo Nung Huang,Chin Wei Yang.A bivariate causality between stock prices and Exchange rates:evidence from recent Asian flu[J].The Quarterly Review of Economics and Finance,2000,（40）:337-254.

［6］陈磊，于真 . 沪深 300 股指期货价格发现功能的实证研究 [J]. 现代经济，2009，8（6）.

［7］张宗成，刘少华 . 沪深 300 股指期货市场与现货市场联动性及引导关系实证分析 [J]. 中国证券期货，2010，（5）: 4-6.

［8］吴蓉蓉 . 沪深 300 指数与宏观经济变量的协整检验 [J]. 金卡工程，2008，（8）.

［9］王洪 . 关于股价指数与 GDP 年增长率关系的相关回归实证分析——以沪深 300 为例 [N]. 湖北经济学院学报，2013.

［10］高莹，勒莉莉 . 沪深 300 指数与世界主要股票指数的关联性分析 [D]. 沈阳：东北大学，2007.

［11］魏涛 .CPI 与 GDP 相关性探讨 [R]. 南昌：南昌县统计局，2012.

［12］王荣 . 沪深 300 指数期货与股票现货关系的实证研究 [J]. 经济论坛，2008,（4）.

［13］王黎明，王连，杨楠 . 应用时间序列分析 [M]. 上海:复旦大学出版社，2013.

［14］李子奈，潘文卿 . 计量经济学 [M]. 北京：高等教育出版社，2013.

［15］张风兰 . 沪深 300 指数主要影响因素分析 [D]. 杭州：浙江大学，2008.

［16］文凤华，刘文井，杨晓光.沪深300指数期货与现货市场的动态关联性研究[N].长沙理工大学学报，2011，26（2）：28-34.

［17］华桂宏，周茂彬，成春林.银行体系、股票市场与固定资产投资——基于三元向量自回归模型的格兰杰因果关系检验[J].财贸研究，2008，（1）：90-94.

# 股权激励条件下上市公司业绩预告行为的市场反应研究

## ——基于中国证券市场的经验证据

*王浩、向显湖◇西南财经大学*

**摘要**：本文研究股权激励条件下我国上市公司业绩预告行为的市场反应特征。研究发现，公司业绩预告行为具有显著的信息含量，随着业绩预告形式上的精确性和实质上的准确性提高，信息质量提高，市场反应愈强烈；业绩预告及时性增强，市场反应减弱。股权激励条件下，业绩预告行为的市场反应具有双向性特征（增强或减弱）。进一步研究发现，业绩预告的未预期盈余与股票价格之间是正相关关系，未预期盈余越大，股票价格越高。本文结论丰富了公司业绩预告行为的经济后果研究，为上市公司强化管理和证券机构加强监管提供有益参考。

**关键词**：股权激励；业绩预告行为；市场反应

## 一、引言

业绩预告是指在定期财务报告正式对外发布之前，公司管理层以预测数据方式披露的预计盈利信息，为股东和市场提供及时有效的决策信息，有利于提高公司信息披露透明度，降低信息不对称程度，提前释放经营业绩风险，避免股价较大波动，保护股东利益，是公司信息披露制度的重要组成部分（Healy and Palepu，2001）。我国于1998年开始实施业绩预告制度，经过多年的实践发展，历经多次修改、补充、深化，业绩预告范围逐步扩展、指标渐趋稳定、及时性逐渐提高，业绩预告制度渐趋完善。业绩预告制度并非单一的规章制度，而是由一系列文件构成的制度体系，仍处于不断的发展完善之中。

国内外已有研究表明，业绩预告具有信息含量，能够引起明显的市场反应（Jaggi and Bikki，1978；Coller and Yohn，1997；薛爽，2001；洪剑峭和皮建屏，2002；蒋义宏等，2003；宋云玲和罗玫，2010）。上述文献大多是建立在业绩预告数据与过去已实现业绩数据比较分析的基础上，鲜有直接研究业绩预告披露行为（信息质量和行为特征）对资本市场的影响，特别是股权激励条件下业绩预告披露行为的市场反应特征。本文欲在此方面进行尝试，试图发现当前我国资本市场中业绩预告信息披露方面的某些规律性特征，以期为上市公司强化管理和证券机构加强监管提供有益参考。

本文选择2006～2013年沪、深两市A股公司的年度数据作为样本，运用事件研究方法，分析研究股权激励条件下我国上市公司业绩预告行为的市场反应特征。研究发现，业绩预告行为（信息质量和行为特征）具有显著的信息含量，对资本市场的股票价格具有显著影响；股权激励条件下，业绩预告行为的市场反应具有双向性特征（增强或减弱）。

本文的研究意义有以下几点：首先，在现有文献的基础上，直接研究业绩预告行为（信息质量和行为特征）对资本市场的影响，实证检验得出了一些创新性结论，深化了该领域的研究。其次，本文将高管激励具体化为高管股权激励方式，深入研究股权激励条件下业绩预告行为的市场反应特征，有助于加深对我国特殊制度背景下公司治理机制和资本市场信息传导机制的认识，对于研究业绩预告经济后果的文献是有益的补充。再次，本文的研究结论表明，股权激励条件下，业绩预告行为具有显著的信息含量，市场反应的双向性特征比较明显，为公司强化内部管理以及监管部门完善监管措施提供经验支持。

本文的结构安排如下：第一部分为引言。第二部分进行理论分析，提出研究假设。第三部分进行研究设计，包括样本选择和数据来源、变量定义和模型设计。第四部分是检验结果，包括描述性统计分析、回归分析。第五部分进行稳健性检验。第六部分得出本文的研究结论。

## 二、理论分析和研究假设

Ball and Brown（1968）首次从信息观的角度验证了会计盈余与股价之间存在着关联。Beaver（1968）首次提出了会计盈余与股价之间关系的理论框架：当期盈余为未来盈余的预测提供信息，未来盈余为未来股利的预测提供信息，未来股利决定当前股票价格。上述理论为随后会计信息含量及业绩预告信息含量的深入研究奠定了基础。

Jaggi and Bikki（1978）实证研究发现，业绩预告具有信息含量，投资者能够正确理解和充分利用这些信息来对自己的投资策略进行适当调整，从而导致业绩预告公告日前后的股票价格有明显的波动。Coller and Yohn（1997）研究认为，业绩预告能够在一定程度上缓解资本市场中的信息不对称，因而具有信息含量。国内学者也从不同的角度对业绩预告的市场反应进行了研究。薛爽（2001）研究发现，预亏公告的市场反应显著，在研究窗口内股价平均下降了5.98%。洪剑峭和皮建屏（2002）研究表明，业绩预警具有提前释放风险、降低股价波动的积极作用。蒋义宏等（2003）研究发现，业绩预告公告期间的超额收益率显著，并且不同的业绩预告类型引起的股价反应不同，得出了业绩预告具有显著信息含量的结论。宋云玲和罗玫（2010）研究认为，业绩预告有助于资本市场纠正错误定价，也即是说资本市场认为业绩预告是可信的。

上述国内外研究文献的结论基本相同：业绩预告具有信息含量，能够引起明显的市场反应。那么，进一步讲，基于上述理论，业绩预告行为（信息质量和行为特征）的市场反应又会具有哪些不同的特征呢？这正是本文研究的主要内容。在业绩预告的信息质量方面，Baginski，Conrad and Hassell（1993）实证检验了开区间、闭区间和点值三种披露方式的市场反应，发现披露的精确性越高，股价的波动越大。Pownall，Wasley and Waymire（1993）研究也证实，资本市场对精确性高的预告信息的反应强度更大。Skinner（1994）认为，定量预告信息与定性预告信息对股价的影响存在显著差异。杨德明和林斌（2006）研究表明，年度业绩预告具有明显的市场反应，市场对坏消息的反应更加强烈，不同属性的业绩预告的市场反应不同。从上述文献可以看出，业绩预告的信息质量（包括形式上的精确性和实质上的准确性）越高，市场反应越强烈。在业绩预告的行为特征（及时性）方面，Baginski and Hassell（1990）研究显示，与其他期间相比，第四季度的业绩预告信息含量较少，引起的市场反应较弱。罗玫和宋云玲（2012）认为，在会计年度结束前发布业绩预告，可能会因为经营状况的不稳定而偏离实际，因此，资本市场更相信在会计年度结束后发布的业绩预告。由此可见，业绩预告公告日越早，及时性越强，而市场反应越弱。

根据上述理论分析和文献回顾，我们提出第一个研究假设：业绩预告具有信息含量，能够引起明显的市场反应，又进一步细分为如下三个假设：

研究假设 H1a：业绩预告形式上的精确性提高，信息质量提高，市场反应愈强烈。

研究假设 H1b：业绩预告实质上的准确性提高，信息质量提高，市场反应愈强烈。

研究假设 H1c：业绩预告的及时性增强，市场反应减弱。

利益趋同假说（Jensen&Meckling，1976）认为，随着持股比例的增加，高管利益与股东利益会趋于一致，高管行为偏离股东利益最大化的倾向就会减轻，委托代理问题将会得以缓解，该理论为随后的高管股权激励深入研究奠定了基础。高敬忠和周晓苏（2013）研究发现，随着高管持股比例和持股价值的提高，其选择披露方式的精确性和及时性也随之提高，并更趋于稳健，一定程度上能够减轻自愿性披露中的代理问题。马连福等（2013）研究发现，高管持股会提高业绩预告的收益型特征（准确性和及时性）的质量，但是会降低成本型特征（具体性）的质量。从上述文献可以看出，尽管存在着差异，但其基本结论一致：高管持股对公司业绩预告行为具有激励效应，能够促进业绩预告信息质量提高，及时性增强。

根据上述文献分析并结合业绩预告行为的市场反应，我们以高管持股作为股权激励的替代变量，提出如下第二个研究假设：

研究假设 H2a：股权激励条件下，业绩预告形式上的精确性提高，信息质量提高，市场反应愈强烈。

研究假设 H2b：股权激励条件下，业绩预告实质上的准确性提高，信息质量提高，市场反应愈强烈。

研究假设 H2c：股权激励条件下，业绩预告的及时性增强，市场反应减弱。

## 三、研究设计

### （一）样本选择和数据来源

本文研究股权激励条件下我国上市公司业绩预告行为的市场反应特征。我们选择 2006～2013 年沪、深两市 A 股上市公司的年度数据作为观测样本。业绩预告样本是以公司—年度为标准进行收集，即每个公司每年仅保留一个观测值，不考虑季度和半年度业绩预告数据，如果年度存在着多次预告，则以最后一次预告数据为准。具体筛选标准有：（1）根据行业特征，剔除金融保险业。（2）根据公司特征，剔除 ST、SST、*ST、S*ST 公司。（3）剔除主要变量缺失的观测值。（4）剔除反映信息过于模糊的定性预告和开区间预告样本。经过层层剔除，共获得 4680 个有效的观测样本。原始数据主要来自 WIND（万得）数据库和 CSMAR（国泰安）数据库，并经过手工整理和计算后形成研究所需数据。运用 STATA12.0 统计软件对数据进行分析。为排除离群值的影响，我们对所有连续变量进行 1% 和 99% 的 winsorize 处理。

### （二）变量设计

1. 被解释变量

本文采用传统的事件研究方法，通过分析业绩预告公告日前后一定事件窗内累计超额收益率的变化来研究上市公司业绩预告行为的市场反应。事件研究法的基本步骤如下：

首先，确定事件日。本文以上市公司业绩预告公告日为事件日，如果发布有修正公告，则以最后一次业绩预告公告日为准；如果公告日是股票非交易日，则按照公告日后的第一个股票交易日来确定事件日。

其次，确定事件窗。考虑市场反应的时效性，本文选择事件日前后的一天、五天、十天、二十天来构造事件窗（-1，+1）、（-5，+5）、（-10，+10）、（-20，+20），按照不同事件窗分别计算累计超额收益率。

再次，确定预期收益率。根据现有文献，预期收益率的计算方法主要有三种：

均值调整法、市场调整法和风险调整法。均值调整法是计算某个时期内实际收益率的平均值作为预期收益率。市场调整法是计算某个时期内的市场组合收益率来衡量预期收益率，在实证研究中通常使用综合日市场收益率来替代。风险调整法是利用资本资产定价模型、考虑股票系统风险、运用回归方法计算的理论收益率表示预期收益率。

在早期文献中，风险调整法的运用比较广泛，然而，近期越来越多的研究采用市场调整法。Brenner（1979）研究认为，市场调整法虽然简单，但与较复杂的风险调整法的应用效果同样好。赵宇龙（1998）在研究中使用市场调整法确定预期收益率来计算累计超额收益率。陈汉文（2002）研究发现，相对于其他两种方法，市场调整法更容易拒绝假设，因而具有更加稳健的特点。在实践中，我国证券市场的发展还不完善，运用风险调整法计算的风险系数 β 极不稳定；股市投机、跟庄盛行也严重影响着风险系数 β 的有效性。基于上述理论和实践分析，本文选择市场调整法确定预期收益率。

实证研究中，综合日市场收益率有三种计算方法：等权平均法、流通市值加权平均法和总市值加权平均法。等权平均法没有考虑公司之间股本的大小；总市值加权平均法忽略了我国上市公司发行大量非流通股份的现实，同时，由于现金红利的发放是影响收益率的重要因素，因此，本文采用考虑现金红利再投资、运用流通市值加权平均法计算的综合日市场收益率作为预期收益率的替代变量。

最后，计算超额收益率和累计超额收益率。超额收益率（AR，Abnormal Returns）等于股票的实际收益率减去预期收益率，用公式表示如下：

$$AR_{i,t} = R_{i,t} - R_{m,t} \tag{1}$$

其中，$AR_{i,t}$ 为股票 i 在第 t 日的超额收益率，$R_{i,t}$ 为股票 i 在第 t 日的实际收益率，$R_{m,t}$ 为第 t 日考虑现金红利再投资、运用流通市值加权平均法计算的综合日市场收益率。

累计超额收益率（CAR，Cumulative Average Returns）是指股票 i 在事件窗（$t_1$，$t_2$）内超额收益率之和，用公式表示如下：

$$CAR_{i,(t_1,t_2)} = \sum_{t=t_1}^{t_2} AR_{i,t} \tag{2}$$

根据本文的数据结构和变量特征，我们采用累计超额收益率 CAR 的绝对值作为被解释变量。

2. 解释变量

公司业绩预告行为指的就是公司业绩预告的披露行为，可细化为披露信息质量和披露行为特征，根据高敬忠等（2011）；王玉涛和王彦超（2012）；马连福等（2013）的研究文献，通常用"四性"来刻画公司业绩预告行为：精确性、准确性、及时性、倾向性。其中，用精确性和准确性来刻画业绩预告披露信息质量，用及时性和倾向性来刻画业绩预告披露行为特征。由于倾向性是准确性的派生变量，其信息含量已经内含在准确性之中，因此，在研究业绩预告行为对股票市场的影响时，我们主要研究"三性"（精确性、准确性、及时性）的市场反应特征。

在我国上市公司的业绩预告中，披露方式主要有四种：定性方式、开区间方式、闭区间方式、点值方式。由于定性方式和开区间方式反映的业绩预告信息过于笼统，我们在此不予考虑，我们仅仅考虑反映信息相对精确的闭区间方式（其中，点值方式可以看作是区间宽度为零的特殊形式）。精确性 Precision 是指公司业绩预告披露的闭区间大小，反映业绩预告信息形式上的精确程度，Precision 取值与业绩预告信息质量之间是反比例关系，Precision 取值越小，精确程度越高，计算公式如下：

$$precision = \frac{（业绩预告净利润上限－业绩预告净临利润下限）}{abs（业绩预告净利润上限＋业绩预告净临利润下限）/2} \tag{3}$$

由公式（3）可知，当业绩预告方式为点值时，Precision=0，表明业绩预告的精确性最高。

准确性 Accuracy 是指业绩预告闭区间中值与财务报告净利润实际值之间的偏差，反映业绩预告实质上的准确程度，Accuracy 取值与业绩预告信息质量之间是反比例关系，Accuracy 取值越小，准确程度越高，计算公式如下：

$$Accuracy = abs\left[\frac{（业绩预告闭区间中值－财务报告净利润实际值）}{财务报告净利润实际值}\right] \qquad （4）$$

由公式（4）可知，当业绩预告闭区间中值等于财务报告净利润实际值时，Accuracy=0，表明业绩预告的准确性最高。

及时性 Timeliness 是指公司发布业绩预告日期至财务报告实际公告日期之间的时间间隔，时间间隔越大，公司发布业绩预告越及时。

3. 控制变量

参考现有文献，我们控制了产权属性（State）、盈余增长性（Eincrease）、市净率（MB）、公司规模（Size）、财务杠杆（Leverage）、上市地（Place），此外，为了控制行业效应和时间效应，本文还引入了行业虚拟变量和年度虚拟变量。

具体的变量定义见表1：

表 1  变量定义及计算方法

| 变量符号 | 变量名称 | 度量定义 |
| --- | --- | --- |
| CAR | 市场反应 | 事件窗内累计超额收益率的绝对值，这里的事件窗包括（-1, +1）、（-5, +5）、（-10, +10）、（-20, +20） |
| Precision | 业绩预告信息形式上的精确性 | 业绩预告信息形式上的精确性，见公式（3） |
| Accuracy | 业绩预告信息实质上的准确性 | 业绩预告信息实质上的准确性，见公式（4） |
| Timeliness | 业绩预告的及时性 | 业绩预告日至财务报告日之间的时间间隔，取对数 |
| State | 产权属性 | 虚拟变量，国有企业为1，非国有企业为0 |
| Eincrease | 盈余增长性 | 虚拟变量，本期盈余高于上期盈余取1，否则为0 |
| MB | 市净率 | 市净率 = 每股市价 / 每股净资产 |
| Size | 公司规模 | 用公司市值的自然对数衡量 |
| Leverage | 财务杠杆 | 用资产负债率来衡量公司的偿债能力 |
| Place | 上市地 | 虚拟变量，上交所为1，深交所为0 |
| Industry | 行业虚拟变量 | 根据证监会分类标准，制造业按两位代码分类，其他行业按一位代码分类，分别设置相应的虚拟变量 |
| Year | 年度虚拟变量 | 本文将 2006 ～ 2013 年份分别设置相应的虚拟变量 |

### （三）模型设计

根据相关研究文献，构建如下回归模型，分析公司业绩预告行为的市场反映：

$CAR= \beta_0+ \beta_1 Precision_{it}+ \beta_2 State_{it}+ \beta_3 Eincrease_{it}+ \beta_4 MB_{it}+ \beta_5 Size_{it}+ \beta_6 leverage_{it}+ \beta_7 Place_{it}$

$+ \sum Industry+ \sum Year+ \varepsilon_{it}$ （Ⅰ）

$CAR= \beta_0+ \beta_1 Accuracy_{it}+ \beta_2 State_{it}+ \beta_3 Eincrease_{it}+ \beta_4 MB_{it}+ \beta_5 Size_{it}+ \beta_6 leverage_{it}+ \beta_7 Place_{it}$

$+ \sum Industry+ \sum Year+ \varepsilon_{it}$ （Ⅱ）

$CAR= \beta_0+ \beta_1 Timeliness_{it}+ \beta_2 State_{it}+ \beta_3 Eincrease_{it}+ \beta_4 MB_{it}+ \beta_5 Size_{it}+ \beta_6 leverage_{it}+ \beta_7 Place_{it}$

$+ \sum Industry+ \sum Year+ \varepsilon_{it}$ （Ⅲ）

根据事件窗口，上述模型中的 CAR 可具体化为 CAR[-1,+1]、CAR[-5,+5]、CAR[-10,+10]、CAR[-20,+20]。

## 四、检验结果

### （一）描述性统计分析

表2 样本描述性统计表

| variable | N | mean | sd | min | median | max |
| --- | --- | --- | --- | --- | --- | --- |
| CAR[-1,+1] | 2964 | 0.0400 | 0.0300 | 0 | 0.0200 | 0.180 |
| CAR[-5,+5] | 2937 | 0.0600 | 0.0500 | 0 | 0.0400 | 0.270 |
| CAR[-10,+10] | 2818 | 0.0800 | 0.0700 | 0 | 0.0600 | 0.360 |
| CAR[-20,+20] | 1095 | 0.120 | 0.100 | 0 | 0.100 | 0.450 |
| Precision | 4680 | 0.250 | 0.330 | 0 | 0.160 | 2 |
| Veracityc | 4680 | 0.240 | 0.560 | 0 | 0.0800 | 4.480 |
| Timeliness | 4680 | 4.420 | 0.640 | 1.950 | 4.440 | 5.210 |
| State | 4680 | 0.300 | 0.460 | 0 | 0 | 1 |
| Eincrease | 4680 | 0.400 | 0.490 | 0 | 0 | 1 |
| MB | 4680 | 3.940 | 3.960 | -3.120 | 2.780 | 25.38 |
| Size | 4680 | 21.82 | 0.810 | 20.13 | 21.71 | 24.26 |
| Leverage | 4680 | 0.430 | 0.260 | 0.0300 | 0.400 | 1.470 |
| Place | 4680 | 0.120 | 0.320 | 0 | 0 | 1 |

根据描述性统计分析，随着时间窗的推移，累积超额收益率 CAR 的均值 mean、标准差 sd、中位数 median、最大值 max 逐渐增大，而样本观测值 N 逐渐减少，主要是因为，公司股票交易会由于种种原因而导致暂停和中断，为保证研究样本的连续性，剔除了暂停和中断的交易数据。在解释变量中，Precision 的平均水平为 25%，中位数为 16%，说明大多数公司在业绩预告时选择的区间宽度都比较小，形式上的信息质量较高。Accuracy 的平均水平为 24%，中位数为 8%，反映大多数公司业绩预告净利润偏离净利润实际值的幅度都在均值以下，实质上的信息质量也较高。Timeliness 的均值为 4.42，中位数为 4.44，大约有一半的公司业绩预告日至财务报告日之间的时间间隔在平均值以上，业绩预告比较及时。

**（二）回归结果分析**

1. 对研究假设一进行检验

基于模型（Ⅰ）、（Ⅱ）、（Ⅲ），我们进行回归分析，见表 3。由回归结果可以看出，在方程（1）和（2）中，Precision 和 Accuracy 对 CAR[-1,+1] 的影响系数均为负数，且都在 10% 的水平上显著，这表明，业绩预告形式上的精确性 Precision 和实质上的准确性 Accuracy 的取值与 CAR[-1,+1] 是负相关关系，而 Precision 和 Accuracy 的取值与业绩预告信息质量之间是反比例关系，因此，业绩预告信息质量与市场反应之间是正相关关系，随着业绩预告形式上的精确性和实质上的准确性提高，信息质量提高，市场反应愈强烈。研究假设 H1a 和 H1b 通过了检验。在方程（3）中，Timeliness 对 CAR[-1,+1] 的影响系数为负数，且在 1% 的水平上显著，这表明，业绩预告及时性 Timeliness 与 CAR[-1,+1] 是负相关关系，业绩预告及时性增强，市场反应减弱。对此合理的解释是，业绩预告的公告日越早，其偏离实际的概率就越大，业绩预告的信息含量越少，信息质量越低，因此，其市场反应就越弱。研究假设 H1c 通过了检验。在方程（4）、（5）和（6）中，Precision、Accuracy 和 Timeliness 对 CAR[-5,+5] 的影响系数均为负数，且分别在 1%、5%、1% 的水平上显著，这表明，业绩预告信息质量越高，市场反应越强烈；业绩预告及时性增强，市场反应减弱。再次验证了第一个研究假设。

此外，在方程（7）、（8）和（9）中，除了 Timeliness 对 CAR[-10,+10] 的影响显著外，Precision 和 Accuracy 的市场反应已不再显著。根据解释变量影响系数的大小和显著性的高低，业绩预告行为的市场反应在事件窗 [-1,+1] 内已经开始显现，至事件窗 [-5,+5] 内达到最强烈，到事件窗 [-10,+10] 时市场反应已经减弱，因此，随着时间窗的推移，业绩预告行为的市场反应呈倒"U"型分布。对此合理的解释是，资本市场中的投资者对公司业绩预告行为的解读和利用需要一个过程，在事件窗 [-5,+5] 内达到最佳的信息利用状态，市场反应最显著。

上述实证结论表明，业绩预告行为（信息质量和行为特征）具有显著的信息含量，对资本市场的股票价格具有显著影响。然而，遗憾的是，我们在实证分析中却未能发现业绩预告行为与股票价格之间正向或负向的单调性关系，也就是说，我们仅仅发现了业绩预告行为存在着市场反应，但却并不知道这种市场反应是促进股价上涨还是导致股价下跌，这可能与我国资本市场的发展程度和业绩预告的制度特征有关。（在实证分析中，事件窗内累计超额收益率 CAR 取的是绝对值，如果去掉绝对值，业绩预告行为的影响就不再显著。）

2. 对研究假设二进行检验

本文以高管持股作为股权激励的替代变量，按照高管是否持有本公司股权将全部样本分为股权激励组和非股权激励组，分组检验在股权激励条件下公司业绩预告行为的市场反应。基于模型（Ⅰ）、（Ⅱ）、（Ⅲ），我们分别进行回归分析，见表4。在股权激励组，由回归结果可以看出，在方程（1）中，Precision 对 CAR[-1,+1] 的影响系数为负数，且在 1% 的水平上显著，这表明，股权激励条件下，业绩预告形式上的精确性提高，信息质量提高，市场反应愈强烈。研究假设 H2a 通过了检验。在方程（2）中，Accuracy 对 CAR[-1,+1] 的影响系数为负数，但并不显著，这说明，股权激励条件下，业绩预告实质上的准确性的市场反应并不明显。可能的解释是，准确性 Accuracy 是用业绩预告数值与滞后的财务报告净利润实际值之间的偏差来衡量，这种滞后比较妨碍了该变量的应用，使得资本市场中的投资者无法在业绩预告发布时判断其准确性大小和信息质量高低，从而导致其市场反应并不显著。研究假设 H2b 没有通过实证检验。

在方程（3）中，Timeliness 对 CAR[-1,+1] 的影响系数为负数，且在 1% 的水平上显著，这表明，股权激励条件下，业绩预告及时性增强，市场反应减弱。此结论有悖常理，一般认为，股权激励能够促进业绩预告及时性提高，从而为资本市场提供及时有效信息，市场反应应当增强而不是减弱，对此可能的解释是：因为事件窗内累计超额收益率 CAR 取的是绝对值，市场反应减弱也可能是股价下跌的速度和幅度降低，这同样验证了股权激励的有效性。另一方面，资本市场可能主要关注的是业绩预告的信息含量和信息质量，及时性增强，信息含量和信息质量下降，市场反应就会减弱。研究假设 H2c 通过了实证检验。在方程（4）、（5）和（6）中，解释变量 Precision、Accuracy 和 Timeliness 的影响系数的绝对值增大，并且，Accuracy 对 CAR[-1,+1] 的影响在 10% 的水平上显著，这表明，随着时间窗的推移，业绩预告的市场反应增强。

在非股权激励组，除了在方程（2）中 Accuracy 对 CAR[-1,+1] 的影响在 10% 的水平上显著外，其他情况下的市场反应都不显著。这表明，在非股权激励条件下，业绩预告行为的市场反应并不明显。

综合上述分析，相对于非股权激励，股权激励能够促进业绩预告信息质量提高，市场反应增强；股权激励能够促进业绩预告及时性提高，市场反应减弱。这与我们的预期有所不同，我们的预期是，实施股权激励对公司业绩预告行为具有激励效应，进而能够提升股票价格。但是，实证结论表明，股权激励条件下，业绩预告行为的市场反应具有双向性特征（增强或减弱），由于我们在实证分析中未能发现业绩预告行为与股票价格之间存在正向或负向的单调性关系，这也为这种双向性市场反应提供了合理解释的空间。

3. 进一步拓展分析

为了进一步检验公司业绩预告行为与股票价格之间的单调性关系，我们引入前置比较变量"未预期盈余"（Unprofit），以克服准确性变量 Accuracy 滞后比较的缺陷，便于资本市场中的投资者在业绩预告发布时对其信息质量作出较为准确的判断。未预期盈余是指资本市场针对公司业绩预告发布时未预期到的盈余变化，即业绩预告盈余值与预期盈余值的差额。Ball and Brown（1968）研究认为，企业盈余一般具有随机游动的特点。借鉴罗玫和宋云玲（2012）；张馨艺等（2012）的研究方法，我们用随机游走模型来界定业绩预告中的未预期盈余信息。

$$Unprofit = \frac{（业绩预告净利润上限＋业绩预告净利润下限）/2 －第三季度净利润}{第三季度季末资产总额} \qquad (5)$$

之所以选择第三季度的盈余数据进行计量，是由于公司的年度业绩预告基本上都是在第三季度之后发布，此时，前三季度的盈余信息已经为资本市场所消化，对于此后没有预期到的盈余变化将反映在业绩预告的市场反应之中。

参考相关文献，我们控制了市盈率（PE）、流通股股本（Cstock）、股权集中度（Conequity）、产权属性（State）、行业效应和时间效应。

在这里，我们去掉事件窗内累计超额收益率 CAR 的绝对值后进行回归分析，见表 5。由回归结果可以看出，在方程（1）、（2）和（3）中，Unprofit 对 CAR[−1,+1]、CAR[−5,+5]、CAR[−10,+10] 的影响系数均为正数，且均在 1% 的水平上显著，这表明，业绩预告的未预期盈余与股票价格之间是正相关关系，未预期盈余越大，股票价格越高；由解释变量影响系数的大小可以看出，随着时间窗的推移，这种正相关性随之增强，至事件窗 [−10,+10] 内达到最强。在方程（4）中，Unprofit 对 CAR[−20,+20] 的影响系数为正数，但不显著，这表明，在事件窗 [−20,+20] 内，未预期盈余对股票价格的影响已不再明显。

**表 3 上市公司业绩预告行为的市场反应**

| | （1）<br>CAR<br>[−1,+1] | （2）<br>CAR<br>[−1,+1] | （3）<br>CAR<br>[−1,+1] | （4）<br>CAR<br>[−5,+5] | （5）<br>CAR<br>[−5,+5] | （6）<br>CAR<br>[−5,+5] | （7）<br>CAR<br>[−10,+10] | （8）<br>CAR<br>[−10,+10] | （9）<br>CAR<br>[−10,+10] |
|---|---|---|---|---|---|---|---|---|---|
| Precision | −0.004* | | | −0.010*** | | | −0.002 | | |
| | （−1.89） | | | （−3.10） | | | （−0.53） | | |
| Accuracy | | −0.002* | | | −0.003** | | | −0.001 | |
| | | （−1.75） | | | （−1.96） | | | （−0.28） | |
| Timeliness | | | −0.007*** | | | −0.008*** | | | −0.006** |
| | | | （−5.20） | | | （−4.02） | | | （−2.28） |
| State | 0.003 | 0.003 | 0.002 | 0.003 | 0.002 | 0.002 | 0.000 | 0.000 | −0.000 |
| | （1.54） | （1.55） | （1.29） | （0.97） | （0.94） | （0.67） | （0.13） | （0.12） | （−0.00） |
| Eincrease | 0.002 | 0.002 | 0.002 | 0.002 | 0.003 | 0.003 | 0.005 | 0.005* | 0.005 |
| | （1.12） | （1.29） | （1.15） | （1.08） | （1.36） | （1.25） | （1.61） | （1.66） | （1.60） |

**（续表）**

| | （1）CAR [−1,+1] | （2）CAR [−1,+1] | （3）CAR [−1,+1] | （4）CAR [−5,+5] | （5）CAR [−5,+5] | （6）CAR [−5,+5] | （7）CAR [−10,+10] | （8）CAR [−10,+10] | （9）CAR [−10,+10] |
|---|---|---|---|---|---|---|---|---|---|
| MB | 0.001*** | 0.001*** | 0.001*** | 0.001*** | 0.001*** | 0.001*** | 0.001*** | 0.001*** | 0.001*** |
| | （3.26） | （3.31） | （3.04） | （3.61） | （3.68） | （3.48） | （2.87） | （2.88） | （2.74） |
| Size | −0.002** | −0.002** | −0.002** | −0.001 | −0.001 | −0.001 | 0.001 | 0.001 | 0.001 |
| | （−2.10） | （−2.09） | （−2.00） | （−0.64） | （−0.61） | （−0.48） | （0.64） | （0.64） | （0.65） |
| Leverage | 0.002 | 0.002 | 0.002 | −0.004 | −0.004 | −0.004 | −0.000 | −0.000 | 0.000 |
| | （0.53） | （0.54） | （0.55） | （−0.84） | （−0.88） | （−0.93） | （−0.03） | (−0.03) | (0.01) |
| Place | 0.002 | 0.002 | 0.000 | −0.002 | −0.001 | −0.004 | −0.005 | −0.005 | -0.007 |
| | （0.86） | （0.98） | （0.06） | （−0.67） | （−0.42） | （−1.19） | （−1.18） | (−1.14) | (−1.54) |
| _cons | 0.068*** | 0.067*** | 0.096*** | 0.073** | 0.069** | 0.103*** | 0.041 | 0.040 | 0.069 |
| | （3.82） | （3.74） | （5.01） | （2.56） | （2.43） | （3.36） | （1.04） | (1.02) | (1.62) |
| N | 2964 | 2964 | 2964 | 2937 | 2937 | 2937 | 2818 | 2818 | 2818 |
| F | 2.79 | 2.73 | 3.78 | 2.68 | 2.42 | 2.99 | 2.86 | 2.85 | 3.07 |

注：括号内为 t 统计量值；*、**、*** 分别表示在10%、5% 和 1% 的水平上显著；因为影响不显著，省略 CAR [−20,+20] 的回归结果。

**表4 股权激励条件下上市公司业绩预告的市场反应**

| | 股权激励组 | | | | | | 非股权激励组 | | | | | |
|---|---|---|---|---|---|---|---|---|---|---|---|---|
| | （1）CAR [−1,+1] | （2）CAR [−1,+1] | （3）CAR [−1,+1] | （4）CAR [−5,+5] | （5）CAR [−5,+5] | （6）CAR [−5,+5] | （1）CAR [−1,+1] | （2）CAR [−1,+1] | （3）CAR [−1,+1] | （4）CAR [−5,+5] | （5）CAR [−5,+5] | （6）CAR [−5,+5] |
| Precision | −0.007*** | | | −0.014*** | | | 0.004 | | | −0.003 | | |
| | （−3.45） | | | （−4.35） | | | （0.86） | | | （−0.37） | | |
| Accuracy | | −0.001 | | | −0.002* | | | −0.002* | | | −0.004 | |
| | | （−0.81） | | | （−1.69） | | | （−1.67） | | | （−1.45） | |
| Timeliness | | | −0.007*** | | | −0.010*** | | | −0.004 | | | −0.002 |
| | | | （−4.82） | | | （−4.27） | | | （−1.55） | | | （−0.54） |
| State | 0.002 | 0.002 | 0.002 | −0.001 | −0.001 | −0.001 | 0.004 | 0.004 | 0.003 | 0.010** | 0.010** | 0.009* |
| | （0.97） | （0.90） | （0.87） | （−0.24） | （−0.31） | （−0.38） | （1.21） | （1.33） | （1.06） | （1.96） | （2.00） | （1.83） |
| Eincrease | −0.000 | 0.000 | 0.000 | 0.000 | 0.001 | 0.001 | 0.005** | 0.005* | 0.005* | 0.006 | 0.007 | 0.007 |
| | （−0.07） | （0.26） | （0.08） | （0.08） | （0.48） | （0.31） | （2.00） | （1.95） | （1.96） | （1.55） | （1.57） | （1.57） |
| MB | 0.001** | 0.001*** | 0.001*** | 0.001*** | 0.001*** | 0.001*** | 0.001*** | 0.001** | 0.001* | 0.001* | 0.001** | 0.001* |

**（续表）**

| | 股权激励组 | | | | | | 非股权激励组 | | | | | |
|---|---|---|---|---|---|---|---|---|---|---|---|---|
| | （1） | （2） | （3） | （4） | （5） | （6） | （1） | （2） | （3） | （4） | （5） | （6） |
| | CAR | CAR | CAR | CAR | CAR | CAR | CAR | CAR | CAR | CAR | CAR | CAR |
| | [−1,+1] | [−1,+1] | [−1,+1] | [−5,+5] | [−5,+5] | [−5,+5] | [−1,+1] | [−1,+1] | [−1,+1] | [−5,+5] | [−5,+5] | [−5,+5] |
| | （2.44） | （2.62） | （2.55） | （2.87） | （3.05） | （3.01） | （1.99） | （2.05） | （1.81） | （2.06） | （2.06） | （1.96） |
| Size | −0.001 | −0.001 | −0.001 | 0.001 | 0.001 | 0.001 | −0.003* | −0.003* | −0.003* | −0.006** | −0.007** | −0.006** |
| | （−1.39） | （−1.32） | （−1.24） | （0.57） | （0.61） | （0.71） | （−1.75） | （−1.93） | （−1.85） | （−2.35） | （−2.38） | （−2.28） |
| Leverage | 0.003 | 0.002 | 0.002 | −0.004 | −0.005 | −0.006 | 0.002 | 0.002 | 0.002 | −0.005 | −0.004 | −0.004 |
| | （0.92） | （0.62） | （0.57） | （−0.60） | （−0.88） | （−1.00） | （0.38） | （0.36） | （0.39） | （−0.58） | （−0.53） | （−0.53） |
| Place | 0.000 | 0.001 | −0.001 | −0.002 | −0.000 | −0.003 | 0.005 | 0.005 | 0.004 | −0.002 | −0.002 | −0.003 |
| | （0.03） | （0.34） | （−0.38） | （−0.50） | （−0.11） | （−0.80） | （1.34） | （1.30） | （0.91） | （−0.46） | （−0.43） | （−0.56） |
| _cons | 0.060*** | 0.056*** | 0.088*** | 0.036 | 0.031 | 0.075** | 0.093** | 0.104*** | 0.117*** | 0.189*** | 0.196*** | 0.197*** |
| | （2.91） | （2.73） | （3.97） | （1.10） | （0.94） | （2.08） | （2.49） | （2.68） | （2.97） | （3.27） | （3.25） | （3.13） |
| N | 2252 | 2252 | 2252 | 2229 | 2229 | 2229 | 712 | 712 | 712 | 708 | 708 | 708 |
| F | 2.29 | 2.97 | 2.94 | 2.66 | 2.24 | 2.96 | 2.14 | 2.16 | 2.19 | 2.37 | 2.44 | 2.37 |

注：括号内为 t 统计量值；*、**、*** 分别表示在 10%、5% 和 1% 的水平上显著；因为影响不显著，省略 CAR[−10,+10] 和 CAR[−20,+20] 的回归结果。

**表 5 上市公司业绩预告未预期盈余的市场反应**

| | （1）CAR [−1,+1] | （2）CAR [−5,+5] | （3）CAR [−10,+10] | （4）CAR [−20,+20] |
|---|---|---|---|---|
| Unprofit | 0.055*** | 0.065*** | 0.084*** | 0.078 |
| | （5.04） | （3.61） | （3.49） | （1.49） |
| PE | −0.001** | −0.000 | 0.001 | −0.000 |
| | （−2.35） | （−0.11） | （0.88） | （−0.13） |
| Cstock | 0.001 | 0.003** | 0.005** | 0.008* |
| | （0.94） | （2.23） | （2.21） | （1.84） |
| Conequity | −0.000 | −0.000* | −0.000*** | −0.000 |
| | （−0.65） | （−1.88） | （−2.99） | （−0.30） |
| State | 0.007*** | 0.009** | 0.006 | 0.022** |
| | （2.94） | （2.47） | （1.24） | （2.12） |
| _cons | −0.020 | −0.062** | −0.069 | −0.042 |
| | （−1.09） | （−2.01） | （−1.59） | （−0.47） |
| N | 2586 | 2565 | 2462 | 913 |
| F | 4.05 | 3.42 | 5.65 | 10.19 |

注：括号内为 t 统计量值；*、**、*** 分别表示在 10%、5% 和 1% 的水平上显著。

表 6 Heckman 模型检验结果

| | （1）CAR[−1,+1] | （2）CAR[−1,+1] | （3）CAR[−1,+1] | （4）CAR[−5,+5] | （5）CAR[−5,+5] | （6）CAR[−5,+5] | （7）CAR[−10,+10] | （8）CAR[−10,+10] | （9）CAR[−10,+10] |
|---|---|---|---|---|---|---|---|---|---|
| Precision | −0.005*** | | | −0.012*** | | | −0.006 | | |
| | （−2.70） | | | （−3.94） | | | （−1.47） | | |
| Accuracy | | −0.002* | | | −0.004** | | | −0.001 | |
| | | （−1.74） | | | （−1.96） | | | （−0.29） | |
| Timeliness | | | −0.007*** | | | −0.009*** | | | −0.007*** |
| | | | （−6.30） | | | （−4.86） | | | （−3.00） |
| _cons | 0.036*** | 0.077*** | 0.066*** | 0.060*** | 0.080*** | 0.096*** | 0.082*** | 0.083*** | 0.114*** |
| | （31.17） | （4.59） | （13.22） | （31.72） | （2.98） | （11.97） | （26.18） | （29.10） | （10.49） |
| millslambda | −0.000 | −0.001 | 0.002 | −0.000 | −0.002 | 0.002 | −0.008* | −0.008* | −0.005 |
| | （−0.12） | （−0.65） | （0.90） | （−0.08） | （−0.54） | （0.54） | （−1.79） | （−1.75） | （−1.11） |
| N | 4680 | 4680 | 4680 | 4680 | 4680 | 4680 | 4680 | 4680 | 4680 |

注：括号内为 t 统计量值；*、**、*** 分别表示在 10%、5% 和 1% 的水平上显著；因为影响不显著，省略 CAR[−20,+20] 的回归结果。

## 五、稳健性检验

为了增强研究结论的可靠性，我们对上述研究结果进行如下的稳健性测试。

1. 我们用离散型变量重新定义业绩预告形式上的精确性 Precision：定性预告取 0，开区间预告取 1，闭区间预告取 2，点值预告取 3；运用下面的公式（6）重新计量业绩预告实质上的准确性 Accuracy；用离散型变量重新界定业绩预告的及时性 Timeliness：会计年度结束前预告为 0，会计年度结束后预告为 1，然后重新进行上述回归分析，回归结果本质上不影响本文结论。

$$Accuracy = \mathrm{abs}\left[\frac{（业绩预告闭区间中值−财务报告净利润实际值）}{平均资产总额}\right] \quad （6）$$

2. 我们用以下公式（7）计算窗口期内的平均超额收益率 AAR，替换累积超额收益率 CAR，然后重新进行上述回归分析，回归结果与本文结论基本一致。

$$AAR_{i,(t_1,t_2)} = \sum_{t=t_1}^{t_2} AR_{i,t} \bigg/ (t_2 - t_1 + 1) \quad （7）$$

3. 由样本描述性统计表 2 可知，被解释变量 CAR 存在着缺漏值，考虑到可能存在的样本选择偏误和内生性问题，我们运用 Heckman 模型重新进行估计，估计结果见表 6。由 Heckman 模型检验结果可以看出，millslambda 的系数基本不显著，表明基本不存在样本选择偏误和内生性问题，本文主要结论成立。

4. 我们运用 Heckman 模型检验了股权激励条件下公司业绩预告行为的市场反应，检验结果与本文结论基本一致（由于篇幅所限，此结果未列示）。

通过以上的稳健性测试，我们认为本文的实证结论是相对稳健的。

## 六、结论

本文研究股权激励条件下我国上市公司业绩预告行为的市场反应特征。通过理论分析和实证检验，我们发现，业绩预告行为（信息质量和行为特征）具有显著的信息含量，对资本市场的股票价格具有显著影响；股权激励条件下，业绩预告行为的市场反应具有双向性特征（增强或减弱）。

具体来说，有以下几个方面的结论：

1. 业绩预告信息质量与市场反应之间是正相关关系，随着业绩预告形式上的精确性和实质上的准确性提高，信息质量提高，市场反应愈强烈；业绩预告及时性增强，市场反应减弱；随着时间窗的推移，业绩预告行为的市场反应呈倒"U"型分布。

2. 相对于非股权激励，股权激励能够促进业绩预告信息质量提高，市场反应增强；股权激励能够促进业绩预告及时性提高，市场反应减弱。实证结论表明，股权激励条件下，业绩预告行为的市场反应具有双向性特征（增强或减弱）。

3. 进一步研究发现，业绩预告的未预期盈余与股票价格之间是正相关关系，未预期盈余越大，股票价格越高；随着时间窗的推移，这种正相关性随之增强。

本文的实证结果未能发现业绩预告行为与股票价格之间正向或负向的单调性关系；股权激励条件下，业绩预告行为的市场反应具有双向性特征，其背后机理尚待验证，对上述问题进行深入探讨可能是未来的一个研究方向。

# 参 考 文 献

［1］陈汉文，陈向民.证券价格的事件性反应——方法、背景和基于中国证券市场的应用[J].经济研究，2002，（1）：40–47.

［2］高敬忠，周晓苏，王英允.机构投资者持股对信息披露的治理作用研究——以管理层盈余预告为例[J].南开管理评论，2011，（5）：129–140.

［3］高敬忠，周晓苏.管理层持股能减轻自愿性披露中的代理冲突吗？——以我国A股上市公司业绩预告数据为例[J].财经研究，2013，（11）：123–133.

［4］洪剑峭，皮建屏.预警制度的实证研究——项来自中国股市的证据[J].证券市场导报，2002，（9）：4–15.

［5］蒋义宏，童驯，杨霞.业绩预警公告的信息含量[J].中国会计与财务研究，2003，（5）：145–183.

［6］罗玫，宋云玲.中国股市的业绩预告可信吗？[J].金融研究，2012，（9）：168–180.

［7］马连福，沈小秀，王元芳.产品市场竞争、高管持股与管理层盈余预告[J].经济与管理研究，2013，（5）：18–26.

［8］宋云玲，罗玫.业绩预告对中国股市有效性的影响——基于应计异象的实证检验[J].清华大学学报：自然科学版，2010，（12）：1963–1967.

［9］王玉涛，王彦超.业绩预告信息对分析师预测行为有影响吗？[J].金融研究，2012：（6）：193–206.

［10］薛爽.预亏公告的信息含量[J].中国财务与会计研究，2001，（3）：117–176.

［11］杨德明，林斌.业绩预告的市场反应研究[J].经济管理，2006，（16）：26–32.

［12］赵宇龙.会计盈余披露的信息含量——来自上海股市的经验证据[J].经济研究，1998，（7）：42–50.

［13］张馨艺，张海燕，夏冬林.公司高管持股、择时披露与市场反应[J].会计研究，2012，（6）：54–60.

［14］Ball R and Brown P.An Empirical Evaluation of Accounting Income Numbers[J].Joural of Accounting Researeh,1968,（6）:159-178.

［15］Beaver W.The Information Content of Annual Earnings Announcements[J].Journal of Accounting Researeh,1968,6（3）:67-92.

［16］Brenner M.The Sensitivity of the Efficient Market Hypothesis to Altemative Specifications of the Market Model[J].Journal of Finance,1979,（34）:912-929.

［17］Baginski S P and Hassell J M.The market interpretation of management earnings forecasts as a predictor of subsequent financial analyst forecast revision[J].The Accounting Review, 1990, 65（1）: 175-190.

［18］Baginski S P,Conrad E J and Hassell J M.The Effects of Management Forecast Precision on Equity Pricing and on the Assessment of Earnings Uncertainty[J]. The Accounting Review,1993,68（4）: 913-927.

［19］Collar M and Yohn T L.Management Forecasts and Information Asymmetry : An Examination of Bid-AskSpreads[J].Journal of Accounting Research, 1997, 35（2）: 181-191.

［20］Jensen M and Meckling W H.Theory of the Firm : Managerial Behavior, Agency Costs and Ownership Structure[J].Journal of Financial Economics,1976, （3）:305-360.

［21］Jaggi and Bikki.Anote on the Information Content of Corporation Annual Earnings Forecasts[J].The Accounting Review,1978,53（4）:961-967.

［22］Healy P and Palepu K.Information Asymmetry, Corporate Disclosure, and the Capital Markets:A Review of the Empirical Disclosure Literature[J].Journal of Accounting and Economics,2001,（31）:405-440.

［23］Lazear E and Rosen S.Rank-order Tournaments as Optimum Labor Contracts[J].Journal of Political Eeonomy, 1981, 89（5）: 841-864.

［24］Milgrom P and Roberts J.Economics,Organization and Management[J]. Englewood Cliffs,NJ:Prentice-Hall,1992.

［25］Milkovich G and Newman J M.Compensation（5thed.）[M].Homewood,

IL：Irwin，1996.

［26］Pownall G C.Wasley and Waymire G.The Stock Price Effect of Alternative Types Of Management Earning Forecast[J].The Accounting Review.1993.68（4）:896– 912.

［27］Skinner D.Why Firms Voluntarily Disclose Bad News[J].Journal of Accounting Research.1994.32（1）:38–60.

# 基于京津冀区域协同发展的主导产业选择

杨婧◇天津财经大学

**摘要**：京津冀协同发展自 2014 年初提出以来，受到广泛的关注与重视，并已列为国家重大发展战略，三地的产业发展必然对协同发展起到至关重要的作用。其中，主导产业作为区域经济发展的核心，其选择与培育是各地发展规划的重要组成部分。文章利用京津冀三地 2012 年投入产出表中的数据资料，建立三类指标体系，以从产业关联度、主导产业的综合发展能力以及竞争优势等方面进行全面分析，从而确定京津冀的主导产业，并运用偏离份额法分析天津的优势所在，从而提出相应的政策建议。

**关键词**：京津冀；主导产业；投入产出法

## 一、前言及文献综述

环京津渤海地区是继长三角、珠三角之后，我国经济发展最具潜力的区域之一。近年来，京津冀协同发展更是成为极具影响力的热门话题。自 2014 年京津冀协同发展规划提出以来，各地即开始了紧锣密鼓的规划编制工作，"京津冀协同发展"已被写入了三地的政府工作报告，《京津冀协同发展规划纲要》经过了长期的审议研究，也将在近期出台。在京津冀发展规划提出的一周年之际，习主席表示要将京津冀协同发展规划加入到国家重大发展战略中，并要打破以往"一亩三分地"的定式，这一要求既提高了规划的重要性，对于各地加快协调合作也具有显著作用。因此京津冀区域在经济、政治等各方面的互利合作顺应了当前的政策趋势，更能缩小三地间的经济差距，构建一个更稳固的合作框架，为成为中国第三增长极打下坚实的基础。

京津冀协同发展的重点主要在于三个方面：交通、生态环保与产业升级转移。从交通方面来看，津秦高铁在2013年12月正式通车运营，形成了连通东北、华北和华东地区的快速客运通道，目前京津城际延长线也正处于加紧建设的状态，建成后将大幅缩短滨海新区的中心商务区通往京津的距离，许多连接三地的公路、铁路以及机场等基础设施建设也都在进一步发展与规划中；在环境治理方面，2014年11月APEC会议期间，三地通过车辆限行及关停污染工厂等措施的共同治理，使空气质量达到了优质水平，北京和天津先后出台了《大气污染防治条例》，河北省同清华大学以及中国环境科学院共同制定的三年期治理大气污染方案也即将出台，这意味着京津冀以后将在治理雾霾方面更多的加强共同协作。在产业转移方面，三地存在一定的产业协同和产业同构现象，制约了各地的经济发展，需要进行相互间的产业对接与梯度转移，合理有效地调整产业布局，疏缓北京的非首都功能和城市空间饱和压力，缓解其大城市病，并将其不具有比较优势的传统产业，如农业、工业、制造业等以及富余的资源向周边的津冀地区转移和扩散，而河北不仅能凭借第一产业的发展优势向京津提供大量的农副产品，在协同发展过程中也通过专场招商、走访企业等方式成功地承接了一大批驻京央企的外迁项目，使京津冀在互利协作中共同发展，并更好发挥市场的作用。

在这三个合作方向中，产业协同发展将成为极为重要的一个环节。某区域的主导产业是指在该区域的经济发展过程中处于主导地位，并对其他产业具有较强的带动性和影响力的产业。它可以发挥经济技术优势来引导和支撑其他产业的发展，具有很强的关联效应与波及效果。因此，为了更好地保障京津冀在产业合作上协调一致，更有导向性和目的性地共同推进相互的产业发展，首先就需要确定三地的主导产业，由此才能确定产业转移的具体方向和共同的产业集群，从而促进京津冀地区经济平稳快速发展。

现有文献从不同角度对相关领域进行了考察。在应用投入产出法进行产业研究的部分文献中，田珊珊（2008）利用2002年各产业影响力系数和感应度系数确定了我国的主导产业，尚欣等（2006）利用1997年中国价值型投入产出表从产业关联效应和生产要素依赖度两个方面对农产品加工业进行了分析，王直节等（2014）运用北京市2002～2010年投入产出表从投入产出结构和产业关联效应两方面对该市研发业的规模和结构进行了分析，邵颖红等（2009）利用天津2002年投入产出表对天津主导产业选择进行了研究，赵锐等（2008）利用天津市1997年投入产出表分析其海洋经济投入产出模型，推算出各指标系数值及其赋权后的综合指数值从而选择天津海洋经济的主导产业，李云丽等（2010）基于2002和2007年天津市投入产出表选择22个主导部门，分析产业结构的变化并指出存在的问题，赵敏等（2011）基于2007年河北省投入产出表分析了河北省的金融服务业和其他产业相互间的产业关联、波及效果，并提出相应的政策建议，李治等（2014）根据河北省2007年投入产出表利用投入产出法与比较分析法分析了河北制造业各部门的关联状况。以上文献都是利用投入产出法对京津冀其中一省市或某一产业进行研究分析，并未从整体上研究确定三地的主导产业。在研究主导产业的文献中，李俊林等（2011）利用非参数的DEA模型确定与评价京津冀区域的主导产业并给出其产业优化的路径与方法，王海涛等（2013）利用区位配置系数和区位商得出三地主导产业并分析其趋同原因，张子麟等（2007）根据京津冀三地主要行业的区位商确定了三地的工业主导产业从而分析三大产业的协作方向，马国霞等（2011）通过主成分分析法对京津两地的工业和第三产业的主导产业分别进行选择并做出综合评价，孙久文等（2014）依据产值比重、增加值比重等分析了京津冀产业发展现状及主导产业差异等，孙士强等（2008）采用因子分析方法定量推算了京津冀各产业综合值，选择主导产业，并与"十一五"规划重点发展的产业进行分析比较，杨安怀等（2012）基于产业扩散效应及产业链分工等确定了廊坊的主导产业，并提出主导产业选择和培育应重点关注的领域。在对京津冀产业研究的部分文献中，张素蓉等（2010）利用2007年中国投入产出表分析了京津冀之间的产业关联程度，陈璋等（2011）分析了区域间前向、后向关联指数确定三地的区域经济关系并指出其薄弱环节，龙龙等（2014）运用社会网络分析法构建产业关联网络并运用网络块模型法分析了京津冀和东北地区的产业结构的转变及产业子群间的联系，王苏舰等（2012）通过对区域产业投入产出系数分级赋值的方法分析三地间的产业联系、关联效应及其结构的平衡性，黄胜潮等（2013）结合产业关联和投入产出方法分析了京津冀物流业的波及效应与关联效应，何赛等（分析了京津冀房地产业和其他产业后向、前向及环向关联度并构建 logistic 模型来实证分析。综上所述，现有文献在京津冀协同发展的大背景下对于京津冀区域主导产业的研究文献较少，使用最新的 2012 年投入产出表数据进行综合研究其产业的则更少了，因此，本文将从这一角度进行深入探究。首先，根据有关投入产出方法的中外文献与书籍确定研究范畴，了解研究内容，确定相关指标，并对所需的数据进行相应的收集；其次，利用投入产出表中的数据建立指标体系，确定京津冀三地主导产业，并进行比较分析；最后，运用偏离份额方法分析天津优势所在，得出研究结论，并由此结合京津冀协同发展的背景提出相关的政策建议。

## 二、京津冀三地主导产业的确定

### （一）研究方法

投入产出法，又称部门平衡联系法，是由美国著名经济学家列昂惕夫在 20 世纪 30 年代提出的用于研究各部门经济联系的数量关系的方法。但多数文献在运用投入产出法研究区域主导产业时，通常仅通过计算影响力系数和感应度系数两项指标来反映各产业部门之间在社会再生产过程中的前后向关联关系，并没有反映出投入产出表中体现的深层信息。本文依据相关标准设计了三类指标，第一类是进行产业关联分析的重要指标，即影响力系数和感应度系数；第二类指标用于反映主导产业综合发展能力，该指标体系中包含的系数由技术系数、经济效益系数、劳动投入结构系数以及产业扩张系数组成；第三类指标所选择的系数为产业产值比重和区位商，结合了区域经济学与产业经济学较为常用的反映相对优势的指标。将这三类指标结合为一个指标体系，用于对京津冀的主导产业选择进行系统深入的探讨。

第一类指标用于表征产业间的前后向关联程度。

1.影响力系数。影响力系数是反映国民经济某一产业部门每增加一个单位的最终使用时，对国民经济各部门产生的需求波及程度。它在数值上可以表示为该产业对其产生的影响水平相对平均水平的程度，影响力系数值越大，对其他产业部门的拉动作用就越大。影响力系数的计算式为：

$$F_j = \frac{n \sum_{i=1}^{n} C_{ij}}{\sum_{i=1}^{n} \sum_{j=1}^{n} C_{ij}}$$

其中，$F_j$ 表示第 j 产业对其他产业部门的影响程度，$C_{ij}$ 为完全消耗系数矩阵的元素，n 为产业部门数。

当影响力系数 $T_j > 1$ 时，表示第 j 产业部门的生产对其他部门产生的影响程度高于社会平均水平；当影响力系数 $T_j = 1$ 时，表示第 j 产业部门的生产对其他部门产生的影响程度等于社会平均水平；当影响力系数 $T_j < 1$ 时，表示第 j 产业部门的生产对其他部门产生的影响程度低于社会平均水平。因此，影响力系数的高低在某种程度上可以反映某部门的发展对整个国民经济产生的带动能力的大小。若增加影响力系数较高的部门的投资，则能推动国民经济的发展。

2. 感应度系数。感应度系数反映的是国民经济各部门均增加一单位最终使用时，某一产业部门因此所受到的需求感应程度。它在数值上可表示为其他产业对该产业产生的影响水平相对平均水平的程度，感应度系数值越大，其他产业部门对该部门的推动作用就越大。感应度系数的计算式为：

$$E_i = \frac{n \sum_{j=1}^{n} C_{ij}}{\sum_{i=1}^{n} \sum_{j=1}^{n} C_{ij}}$$

其中，$E_i$ 表示第 i 产业受到其他产业部门的影响程度。

当感应度系数 $E_i > 1$ 时，表示第 i 个部门所受到的感应程度高于社会平均感应度水平；当影响力系数 $E_i = 1$ 时，表示第 i 个部门所受的感应程度等于社会平均感应度水平；当影响力系数 $E_i < 1$ 时，表示第 i 个部门所受到的感应程度低于社会平均感应度水平。感应度系数反映了某个部门在国民经济产业链中所处的地位，感应度系数高的部门能制约其他部门的发展。因此，感应度系数在某种程度上反映了某部门对国民经济稳定发展的作用大小。

第二类指标根据主导产业的定义与选择基准，根据高产业创新能力、高经济效益以及高竞争力和比较优势的原则，选取指标构建主导产业综合能力评价体系。

3. 技术系数。创新能力较强的产业在区域经济增长中担负着组织和带动相关产业发展的作用，也给区域产业发展提供动力。技术系数，即新创造价值率，反映各产业的科技含量和技术进步能力，计算公式为：

$$T_j = \frac{W_j - U_j}{X_j}$$

其中，$T_j$ 为技术系数，$X_j$ 为 j 产业的总投入，$W_j$ 为中间投入总量，$U_j$ 为固定资产折旧。

4. 经济效益系数。经济效益直接体现产业对国民经济的贡献，用经济效益系数来测度。基于投入产出表，定义经济效益系数 $a$ 为产业增加值占总投入比重，衡量产业创造新价值的能力。计算公式为：

$$\alpha = \frac{G_j}{X_j}$$

其中，$G_j$ 为 j 部门的增加值。

5. 劳动投入结构系数。该系数反映产业劳动密集程度，用劳动者报酬反映劳动投入情况，计算公式为：

$$L_j = \frac{V_j}{X_j}$$

其中，$L_j$ 为劳动投入结构系数，$V_j$ 为劳动者报酬。

6. 产业扩张系数。产业的扩张能力是产业未来发展能力的体现，依据投入产出表，定义产业扩张系数 $\beta$ 为该产业增加值占所有产业增加值的比重，计算公式为：

$$\beta = \frac{G_j}{\sum_{j=1}^{n} G_j}$$

其中，$G_j$ 为 j 部门的增加值，$\sum_{j=1}^{n} G_j$ 为全部部门的增加值之和。

第三类指标选择两个系数，产值比重和区位商。对于一个地区而言，某部门总产值占本地区总产值的份额越大，则对该地区的经济发展越有影响。判断一个产业能否成为地区生产的专业化部门，通常采用区位商指标，区位商是指一个地区区特定部门的产值在地区工业总产值中所占的比重与全国该部门产值在全国工业总产值中所占比重之比。地区生产的专业化部门能否成为该地区主导产业，判别条件为：首先，具有较高的区位商或专业化水平。其次，在地区生产中有较大比重，能在一定程度上带动地区经济的发展。第三，与该区内的其他主要产业的关联度较高。第四，该产业可代表区域产业的发展方向，是富有生命力的产业。区位商 ≥ 2，产值比重 ≥ 15% 的部门为一级主导专业化部门；区位商 ≥ 1.5，产值比重 ≥ 10% 的部门为二级主导专业化部门。因此，主导产业要选择产值比重较大的部门。这两个系数的计算公式为：

7. 产值比重。

$$某产业产值比重 = \frac{某产业的总产值}{全部产业的总产值}$$

8. 区位商。

$$区位商 = \frac{某地区特定定部门产值在该地区总产值中所占比重}{全国该部门的产值在全国总产值中所占比重}$$

某产业的总产值可以直接由投入产出表得到，全部产业的总产值需由表中数据加总得到，全国该部门的产值在全国总产值中所占比重参考了中国投入产出表的有关数据。当某产业比重较大时，证明该产业对该地区经济发展影响较大，反映的是该产业的绝对竞争能力。区位商是一个相对的指标，当某部门区位商大于 1 时，说明该地区该产业处于全国平均水平以上，具有相对竞争优势，竞争力较强；反之，当区位商小于 1 时，说明该产业处于劣势，竞争力较弱。区位商越大表明该产业的比较优势越明显，竞争力越强。

## （二）实证分析

### 1. 对产业关联程度的分析

根据 2012 年北京、天津和河北 42 个部门的投入产出表，计算得出三省市各个产业的影响力系数与感应度系数，按照系数由大到小的顺序对各产业进行排序，由此分析各地对国民经济具有拉动和推动作用的产业，并确定各自的主导产业。

表 1  2012 年北京影响力系数与感应度系数排名前 10 的部门

| 部门名称 | 影响力系数 | 部门名称 | 感应度系数 |
|---|---|---|---|
| 煤炭采选产品 | 2.327291 | 金属冶炼和压延加工品 | 5.0152518 |
| 金属冶炼和压延加工品 | 1.5702151 | 电力、热力的生产和供应 | 3.1523552 |
| 电力、热力的生产和供应 | 1.4474406 | 煤炭采选产品 | 2.7716409 |
| 金属制品 | 1.4036612 | 化学产品 | 2.6277929 |
| 通信设备、计算机和其他电子设备 | 1.3273986 | 交通运输、仓储和邮政 | 1.9552032 |
| 电气机械和器材 | 1.2696732 | 批发和零售 | 1.9475385 |
| 金属矿采选产品 | 1.2395261 | 通信设备、计算机和其他电子设备 | 1.8022437 |
| 建筑 | 1.2323156 | 租赁和商务服务 | 1.4035435 |
| 纺织品 | 1.2303211 | 金融 | 1.3912104 |
| 通用设备 | 1.2247815 | 石油和天然气开采产品 | 1.2479507 |

表 2  2012 年天津影响力系数与感应度系数排名前 10 的部门

| 部门名称 | 影响力系数 | 部门名称 | 感应度系数 |
|---|---|---|---|
| 水的生产和供应 | 1.301204298 | 金属冶炼和压延加工品 | 4.264596951 |
| 金属制品 | 1.2949786 | 化学产品 | 2.522666178 |
| 金属冶炼和压延加工品 | 1.274621273 | 电力、热力的生产和供应 | 2.189077771 |
| 通信设备、计算机和其他电子设备 | 1.268289629 | 交通运输、仓储和邮政 | 2.100922626 |
| 电力、热力的生产和供应 | 1.258128856 | 煤炭采选产品 | 1.733230901 |
| 金属制品、机械和设备修理服务 | 1.252880535 | 批发和零售 | 1.683954965 |

（续表）

| 部门名称 | 影响力系数 | 部门名称 | 感应度系数 |
|---|---|---|---|
| 建筑 | 1.23616693 | 石油、炼焦产品和核燃料加工品 | 1.551269907 |
| 煤炭采选产品 | 1.213446169 | 石油和天然气开采产品 | 1.542258572 |
| 通用设备 | 1.205268215 | 通信设备、计算机和其他电子设备 | 1.519274676 |
| 纺织品 | 1.203440013 | 通用设备 | 1.381078713 |

表 3 2012 年河北影响力系数与感应度系数排名前 10 的部门

| 部门名称 | 影响力系数 | 部门名称 | 感应度系数 |
|---|---|---|---|
| 电气机械和器材 | 1.3468866 | 金属冶炼和压延加工品 | 3.7696655 |
| 金属制品 | 1.3160157 | 电力、热力的生产和供应 | 2.8248367 |
| 金属冶炼和压延加工品 | 1.2803216 | 化学产品 | 2.6873555 |
| 通用设备 | 1.2790897 | 煤炭采选产品 | 2.4596732 |
| 交通运输设备 | 1.250652 | 金属矿采选产品 | 2.0323676 |
| 其他制造产品 | 1.2482864 | 交通运输、仓储和邮政 | 1.8124166 |
| 通信设备、计算机和其他电子设备 | 1.2401246 | 石油、炼焦产品和核燃料加工品 | 1.5613972 |
| 建筑 | 1.2191384 | 金融 | 1.5267615 |
| 专用设备 | 1.2172204 | 农林牧渔产品和服务 | 1.35103 |
| 仪器仪表 | 1.2094331 | 金属制品 | 1.2656974 |

如果一个产业的影响力系数与感应度系数均较大，那就表明该产业在国民经济中占据了举足轻重的地位。影响力系数和感应度系数都大于 1 且位居前 10 位的产业部门具有强辐射和强制约的双重性质，应该成为我国国民经济体系中的重点产业，它们的发展将直接决定我国国民经济的整体发展，应该引起政府的高度重视。由计算结果得知，北京 42 部门中影响力系数大于 1 的有 19 个，感应度系数大于 1 的有 12 个，两者都大于 1 的有 5 个；天津 42 部门中影响力系数大于 1 的有 24 个，感应度系数大于 1 的有 15 个，两者都大于 1 的有 10 个；河北 42 部门中影响力系数大于 1 的有 24 个，感应度系数大于 1 的有 14 个，两者都大于 1 的有 8 个。

为了更直观地说明各个产业部门的影响力和感应度，我们可以将影响力系数设为 X 轴,感应度系数设为 Y 轴,并以系数平均值 1 为界限,将"影响力系数—感应度系数"分割为四个象限。结果如图 1、2、3 所示。

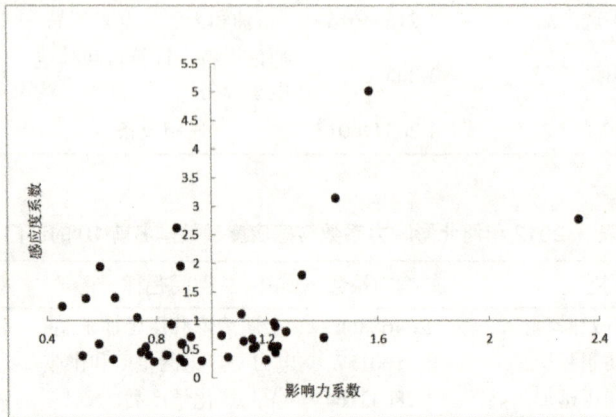

**图 1 北京市产业关联情况**

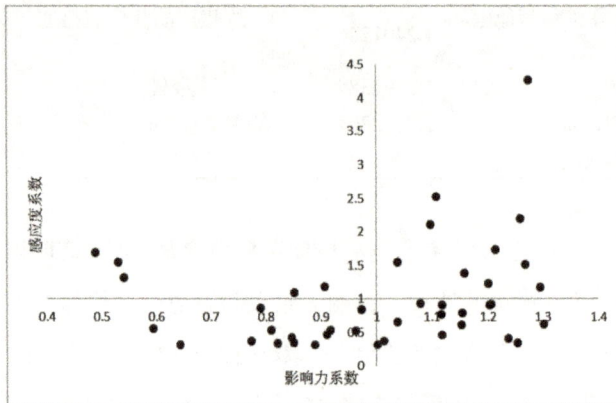

**图 2 天津市产业关联情况**

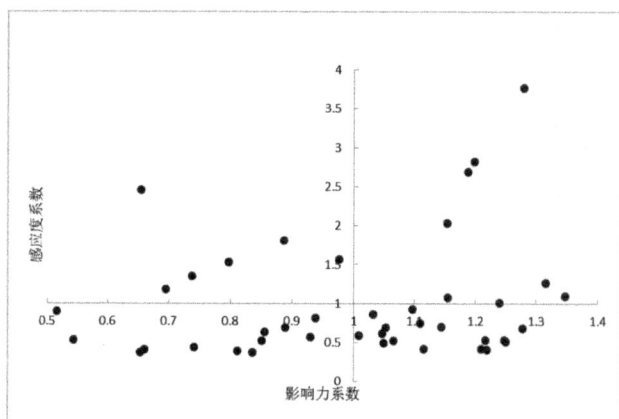

**图 3 河北省产业关联情况**

位于第二象限部门的影响力系数和感应度系数均大于平均值 1，属于强辐射、强制约型产业。这些产业一般来说，在国民经济发展中处于战略地位，是对经济增长最敏感的产业，在国民经济中占据了举足轻重的地位。这些部门应该成为该地区国民经济体系中的重点产业，它们的发展将直接决定该地区的整个国民经济的发展，应该引起政府的高度重视。北京市第一象限部门主要有煤炭采选产品制造业、造纸印刷和文教体育用品制造业、金属冶炼和压延加工业、通信设备制造业、计算机和其他电子设备制造业、电力、热力的生产和供应业，天津市第一象限部门主要有煤炭采选产品制造业、金属矿采选产品制造业、石油、炼焦产品和核燃料加工品制造业、化学产品制造业、金属冶炼和压延加工品制造业、金属制品业、通用设备制造业、通信设备、计算机和其他电子设备制造业、电力、热力的生产和供应业、交通运输业、仓储和邮政业，河北省第一象限部门主要有金属矿采选产品制造业、造纸印刷和文教体育用品制造业、化学产品制造业、金属冶炼和压延加工品制造业、金属制品业、电气机械和器材制造业、通信设备、计算机和其他电子设备制造业、电力、热力的生产和供应业。

可以发现影响力系数和感应度系数较大的产业大部分集中在第二产业，其中有 3 个部门在京津冀的两项系数均大于 1，分别为金属冶炼和压延加工品制造业、通信设备、计算机和其他电子设备制造业和电力、热力的生产和供应业，它们全部集中在第二产业。说明京津冀产业关联程度最强的产业是第二产业，第二产业对其他产业的带动能力较强，并带动了整个经济的增长。总之，第二产业是京津冀经济发展的支柱，科学合理地发展第二产业将带动经济更好地发展。但我们也应注意到，天津的交通运输、仓储和邮政业的影响力和感应度也都大于1，这个产业属于第三产业，服务业对经济的带动作用开始显现。但它还仅仅体现在传统服务业中。

2. 对产业综合能力的分析

通过综合运用第一类和第二类的六个系数，并采取主观赋权的方法，计算指标综合得分，指标赋权方案参照李崇阳注的方案，具体赋值方法如下，影响力系数权重为 0.19，感应度系数为 0.18，技术系数为 0.15，经济效益系数为 0.22，劳动投入结构系数为 0.10，产业扩展系数为 0.16。计算得京津冀各部门的综合指标得分排前 15 位的如表 4 所示。

表 4　京津冀各产业综合指标得分前 15 位部门

| 北京 | | 天津 | | 河北 | |
|---|---|---|---|---|---|
| 产业 | 综合得分 | 产业 | 综合得分 | 产业 | 综合得分 |
| 金属冶炼和压延加工品 | 1.230529 | 金属冶炼和压延加工品 | 1.087697 | 金属冶炼和压延加工品 | 1.012312 |
| 煤炭采选产品 | 0.963917 | 化学产品 | 0.762564 | 煤炭采选产品 | 0.853451 |
| 电力、热力的生产和供应 | 0.891268 | 批发和零售 | 0.714897 | 化学产品 | 0.804004 |
| 化学产品 | 0.770801 | 电力、热力的生产和供应 | 0.701351 | 电力、热力的生产和供应 | 0.798499 |
| 批发和零售 | 0.709592 | 交通运输、仓储和邮政 | 0.691256 | 交通运输、仓储和邮政 | 0.702091 |
| 金融 | 0.626105 | 金融 | 0.641388 | 金属矿采选产品 | 0.695671 |
| 租赁和商务服务 | 0.62406 | 石油和天然气开采产品 | 0.636893 | 农林牧渔产品和服务 | 0.678346 |
| 交通运输、仓储和邮政 | 0.623906 | 煤炭采选产品 | 0.62317 | 金融 | 0.643087 |
| 通信设备、计算机和其他电子设备 | 0.620504 | 通信设备、计算机和其他电子设备 | 0.596371 | 石油和天然气开采产品 | 0.604783 |

（续表）

| 北京 | | 天津 | | 河北 | |
| --- | --- | --- | --- | --- | --- |
| 产业 | 综合得分 | 产业 | 综合得分 | 产业 | 综合得分 |
| 石油和天然气开采产品 | 0.568508 | 通用设备 | 0.57323 | 批发和零售 | 0.600972 |
| 造纸印刷和文教体育用品 | 0.506622 | 农林牧渔产品和服务 | 0.570236 | 金属制品 | 0.570232 |
| 农林牧渔产品和服务 | 0.491253 | 租赁和商务服务 | 0.535055 | 石油、炼焦产品和核燃料加工品 | 0.527898 |
| 通用设备 | 0.485213 | 金属矿采选产品 | 0.527856 | 通信设备、计算机和其他电子设备 | 0.523207 |
| 金属制品、机械和设备修理服务 | 0.464174 | 石油、炼焦产品和核燃料加工品 | 0.521171 | 造纸印刷和文教体育用品 | 0.523186 |
| 信息传输、软件和信息技术服务 | 0.463797 | 金属制品 | 0.520434 | 电气机械和器材 | 0.522561 |

由上表可以看出，京津冀排名靠前的产业较为趋同，在三省市排名均在前15位的产业有10个，分别为：金属冶炼和压延加工品制造业、煤炭采选产品制造业、电力、热力的生产和供应业、化学产品制造业、金融业、石油和天然气开采产品制造业、通信设备、计算机和其他电子设备制造业、农林牧渔产品和服务业、交通运输、仓储和邮政业以及批发和零售业。其中包括第一产业农林牧渔产品和服务业，6个第二产业和3个第三产业。值得注意的是，京津冀三地综合指标得分最高的产业均为金属冶炼和压延加工品制造业，综合得分均为唯一超过1分的产业。北京作为国家政治文化中心，且逐步向以第三产业为主导的经济方向发展，发展制造业不利于北京的产业结构转变，因此，北京可以将该产业逐步转移到天津与河北，从而有利于各地的产业布局。此外，金融业在京津冀的综合得分都较为靠前，这位京津冀在金融方面的协同发展打下了有力的基础。

3. 对产业的竞争优势分析

对京津冀三省市的产业比重及相对优势用第三类指标进行分析，由投入产出表所给出的数据进行计算，得出的结果如下表所示。

表5 京津冀各产业产值比重与区位商计算结果

| 北京 | | 天津 | | 河北 | |
|---|---|---|---|---|---|
| 产业 | 综合得分 | 产业 | 综合得分 | 产业 | 综合得分 |
| 金属冶炼和压延加工品 | 1.230529 | 金属冶炼和压延加工品 | 1.087697 | 金属冶炼和压延加工品 | 1.012312 |
| 煤炭采选产品 | 0.963917 | 化学产品 | 0.762564 | 煤炭采选产品 | 0.853451 |
| 电力、热力的生产和供应 | 0.891268 | 批发和零售 | 0.714897 | 化学产品 | 0.804004 |
| 化学产品 | 0.770801 | 电力、热力的生产和供应 | 0.701351 | 电力、热力的生产和供应 | 0.798499 |
| 批发和零售 | 0.709592 | 交通运输、仓储和邮政 | 0.691256 | 交通运输、仓储和邮政 | 0.702091 |
| 金融 | 0.626105 | 金融 | 0.641388 | 金属矿采选产品 | 0.695671 |
| 租赁和商务服务 | 0.62406 | 石油和天然气开采产品 | 0.636893 | 农林牧渔产品和服务 | 0.678346 |
| 交通运输、仓储和邮政 | 0.623906 | 煤炭采选产品 | 0.62317 | 金融 | 0.643087 |
| 通信设备、计算机和其他电子设备 | 0.620504 | 通信设备、计算机和其他电子设备 | 0.596371 | 石油和天然气开采产品 | 0.604783 |
| 石油和天然气开采产品 | 0.568508 | 通用设备 | 0.57323 | 批发和零售 | 0.600972 |
| 造纸印刷和文教体育用品 | 0.506622 | 农林牧渔产品和服务 | 0.570236 | 金属制品 | 0.570232 |
| 农林牧渔产品和服务 | 0.491253 | 租赁和商务服务 | 0.535055 | 石油、炼焦产品和核燃料加工品 | 0.527898 |
| 通用设备 | 0.485213 | 金属矿采选产品 | 0.527856 | 通信设备、计算机和其他电子设备 | 0.523207 |
| 金属制品、机械和设备修理服务 | 0.464174 | 石油、炼焦产品和核燃料加工品 | 0.521171 | 造纸印刷和文教体育用品 | 0.523186 |
| 信息传输、软件和信息技术服务 | 0.463797 | 金属制品 | 0.520434 | 电气机械和器材 | 0.522561 |

注：由于无法获得2012年中国投入产出表，因此本表数据由2007年全国、北京、天津及河北投入产出表数据计算而得。

根据上表数据可知，由于京津各产业产值比重均低于 15%，因此仅考虑区位商，北京市区位商大于 2 的产业共有 9 个，分别为研究与试验发展业（11.9285）、综合技术服务业（11.6764）、信息传输、计算机服务和软件业（7.0387）、文化、体育和娱乐业（4.7371）、租赁和商务服务业（3.3567）、邮政业（3.2080）、金融业（2.9186）、房地产业（2.4519）、水利、环境和公共设施管理业（2.1102），这些产业均为第三产业；天津市区位商大于 2 的产业共有 3 个，分别为石油和天然气开采业（4.1927）、通信设备、计算机及其他电子设备制造业（2.4554）、综合技术服务业（2.3896），其中有 2 个产业为第二产业，1 个产业为第三产业；河北省区位商大于 1 的产业共有 2 个，分别为金属矿采选业（3.1201）和金属冶炼及压延加工业（2.2681），这两个产业均为第二产业，其中产值比重大于 15% 的产业为金属冶炼及压延加工业（16.92%）。说明这些产业在全国具有较大的竞争优势和专业化水平，可以列入主导产业的甄选范畴。

**（三）京津冀主导产业分析结论**

综合考察上述三类主导产业评价指标，北京市主导产业为第三产业，2014年三次产业结构由上年的 0.8：21.7：77.5 调整为 0.7：21.4：77.9，其中，可作为主导产业的部门有通信设备、计算机和其他电子设备制造业、电力、热力的生产和供应业、批发和零售业、交通运输、仓储和邮政业、金融业、租赁和商务服务业 6 个产业。

天津市主导产业为第二产业，2014年三次产业结构由上年的 1.3：50.6：48.1 调整为 1.3：49.4：49.3，其中，可作为主导产业的部门有通信设备、计算机和其他电子设备制造业、金属冶炼和压延加工业、石油和天然气开采业、石油、炼焦产品和核燃料加工业、化学工业、金属制品业、通用设备制造业、交通运输、仓储和邮政业 8 个产业。天津市的第三产业 2014 年增长 10.2%，为三次产业中增长最快的产业，正处于高速发展的阶段，且产业结构占比即将与第二产业持平，产业结构已开始向多元化方向发展，第三产业中表现较为突出的产业有交通运输、仓储和邮政业、批发和零售业、金融业、租赁和商务服务业、科学研究和技术服务业。在第二、三产业形势相当的情况下，应在保持第二产业稳步发展的同时，大力推动第三产业的发展进程。

河北省主导产业为第二产业，2014 年三次产业结构由上年的 12.4 ： 52.1 ： 35.5 调整为 11.7 ： 51.1 ： 37.2，其中，可作为主导产业的部门有金属冶炼和压延加工业、金属矿采选业、金属制品业、化学工业、电力、热力的生产和供应业 5 个产业。

京津冀的这些可作为主导产业发展的部门不仅关联度较大，对经济的带动能力较强，综合得分也排名靠前，并且通过对产业区位商的计算，它们在全国都具有相对竞争优势。煤炭采选业的综合得分在京津冀三地均排在前 10 位，且在京津的影响力系数和感应度系数均大于 1，但由于其区位商排名靠后，且该产业的发展从不符合现今所提倡的可持续发展理念，从长期来看，不利于环境保护与地区经济的稳定发展，因此不应列为重点发展的主导产业。

### 三、运用偏离份额法分析天津的优势所在

#### （一）偏离份额分析法

偏离 – 份额分析方法（Shift-share Method，缩写 SSM）是由美国学者 Dunn，Perloff，Lampard，Muth 等人于 20 世纪 60 年代相继提出，并于 20 世纪 80 年代初由 Dunn 集各家所长总结而成。它以区域所在大区域的经济发展为参照，将区域自身经济总量在某一时期的变动分解为份额偏离分量、结构偏离分量和竞争力偏离分量三个分量。本文所用方法主要参考《京津冀经济圈产业竞争力研究》一书的方法，数据来源于 2009 年与 2014 年《天津统计年鉴》中的相关数据。

其数学模型如下：

假设区域 i 和全国在经历了时间 ［0，t］ 之后，经济总量和结构均已发生变化。设基期区域 i 经济总规模为 $b_{i_0}$，末期经济总规模为 $b_{i_t}$。同时，依照一定的规则，把区域经济划分为 n 个产业部门，分别为 $b_{ij_0}$，$b_{ij_t}$（j=1,2，…，n）表示区域 i 第 j 个产业部门在基期与末期的规模。并以 $B_0$，$B_t$ 分别表示全国在相应时期基期与末期经济总规模，以 $B_{j_0}$，$B_{j_t}$ 表示全国基期与末期第 j 个产业部门的规模。

区域 i 第 j 个产业部门在 [0,t] 时间段的变化率为：

$$r_{ij} = \frac{b_{ij_t} - b_{ij_0}}{b_{ij_0}} \quad (j = 1,2, \ \ldots, \ n)$$

全国第 j 个产业部门在 [0,t] 内的变化率为：

$$R_j = \frac{B_{j_t} - B_{j_0}}{B_{j_0}} \quad (j = 1,2, \ \ldots, \ n)$$

以全国各产业部门所占的份额将区域 i 各产业部门规模标准化得到：

$$b_{ij}{}' = \frac{b_{i_0} \times B_{j_0}}{B_0} \quad (j = 1,2, \ \ldots, \ n)$$

这样，在 [0,t] 时段内，区域 i 第 j 个产业部门的增长量 $G_{ij}$ 可以分解为 $N_{ij}$，$P_{ij}$，$D_{ij}$ 三个分量，即：

$$G_{ij} = N_{ij} + P_{ij} + D_{ij}$$

$$N_{ij} = b_{ij}{}' \times R_j$$

$$P_{ij} = (b_{ij_0} - b_{ij}{}') \times R_j$$

$$D_{ij} = b_{ij_0} \times (r_{ij} - R_j)$$

$$G_{ij} = b_{ij_t} + b_{ij_0}$$

$$PD_{ij} = P_{ij} + D_{ij}$$

$N_{ij}$——区域增长份额（或全国平均增长效应），j 部门的全国总量按比例分配，区域 i 的 j 部门规模发生变化，也就是区域标准化的产业部门按全国的平均增长率发展所产生的变化量。

$P_{ij}$——产业结构偏离份额（或产业结构效应），指区域产业结构与全国相应产业结构比重的差异带来的区域 i 第 j 个部门增长的变化量，它消除了区域增长速度与全国的平均速度差异所带来的对产业增长变化的影响。如果 $P_{ij} > 0$，可以理解为 j 行业增长速度快于该地区制造业增长速度，制造业增长依靠 j 行业拉动，反之同理。

$D_{ij}$——区位偏离份额（或竞争力偏离分量），区位偏离份额（$D_{ij}$）包括产业构成以外的一切因素，主要有自然资源条件、基础设施、企业素质、技术创新、政府作用等。指全国 j 行业增长率不同所带来的区域 j 行业增长的变化量，反应区域 j 部门相对竞争能力。如果 $D_{ij} > 0$ 可以理解为该行业增长速度快于全国平均该行业增长速度，反之同理。

$PD_{ij}$——总偏离分量，反应区域 i 第 j 各部门总的增长优势。如果 $PD_{ij} > 0$ 可以理解为 i 地区 j 行业具有竞争优势。

### （二）天津产业的偏离份额基准分析

本文根据偏离份额分析法，选取 2008 年和 2012 年年鉴中的工业规模以上企业工业总产值为衡量天津经济规模的研究值，采用《中国工业经济统计年鉴》《天津统计年鉴》相关年份的原始数据。以天津市 2008 年和 2012 年两个时间点的 35 个行业作为研究对象，以这些行业 2007 ~ 2011 年的工业总产值作为指标对 35 个行业现状进行偏离份额分析。

建立天津偏离份额分析表，如表 6 所示。其中第二行是天津市工业的总体数据。天津市工业的增速快于全国工业。天津市近年来借助滨海新区的发展，大力引进外资，优势产业均为资本密集型产业，产品附加值较高，增速较快。根据表 6 可对天津市工业状况作如下描述：总体效果来看，从 2007 年到 2011 年，天津市总的经济增量（$G_{ij}$）为 10787.67 亿元，比按全国规模得出的理论经济增量（$N_{ij}$=10410.27）增加了 377.4 亿元左右，说明全市工业主要依赖于全国工业经济增长的拉动。产业结构偏离份额（$P_{ij}$）为 508.11 亿元，产业结构因素推动了天津工业的增长，说明天津第二产业结构较为合理，也说明了天津地区总体经济增长滞后于第二产业增长速度，其经济发展依赖于工业拉动；而区位偏离份额（$D_{ij}$）值为 –130.71 亿元，说明天津工业的竞争力因素并没有为天津市工业增长提供太大的贡献，天津工业增长速度低于全国工业增长速度。天津市工业增长优势（$PD_{ij}$）为 377.4 亿元左右，说明了天津市第二产业有一定的优势，天津的经济发展离不开工业的贡献，可以预计在未来的几年内，天津工业的活力将继续保持下去。

表 6 天津市工业偏离份额分析表（2007 ~ 2011 年）

| 行业 | $r_{ij}$ | $R_j$ | $N_{ij}$ | $P_{ij}$ | $D_{ij}$ | $G_{ij}$ | $PD_{ij}$ |
|---|---|---|---|---|---|---|---|
| 工业合计 | 1.07 | 1.08 | 10410.27 | 508.11 | −130.71 | 10787.67 | 377.40 |
| 煤炭开采和洗选业 | 17.05 | 2.14 | 467.49 | −357.37 | 766.27 | 876.39 | 408.90 |
| 石油和天然气开采业 | 1.55 | 0.55 | 108.79 | 285.20 | 707.53 | 1101.52 | 992.73 |
| 非金属矿采选业 | 0.24 | 1.82 | 58.85 | −41.40 | −15.12 | 2.33 | −56.52 |
| 农副食品加工业 | 1.68 | 1.52 | 631.36 | −338.79 | 31.14 | 323.71 | −307.65 |
| 食品制造业 | 5.70 | 1.31 | 189.10 | −56.01 | 443.99 | 577.08 | 387.98 |
| 酒、饮料和精制茶制造业 | 0.60 | 1.33 | 160.09 | −33.69 | −69.50 | 56.9 | −103.19 |
| 烟草制品业 | 1.41 | 0.80 | 71.82 | −61.07 | 8.20 | 18.95 | −52.87 |
| 纺织业 | 0.10 | 0.74 | 330.02 | −272.08 | −50.15 | 7.79 | −322.23 |
| 纺织服装、服饰业 | 2.21 | 0.78 | 140.78 | −84.56 | 102.88 | 159.1 | 18.32 |
| 皮革、毛皮、羽毛及其制品和制鞋业 | −0.11 | 0.73 | 89.48 | −69.05 | −23.55 | −3.12 | −92.60 |
| 木材加工及木、竹、藤、棕、草制品业 | 0.09 | 1.56 | 129.97 | −105.46 | −23.07 | 1.44 | −128.53 |
| 家具制造业 | 0.58 | 1.10 | 63.18 | −25.33 | −17.78 | 20.07 | −43.11 |
| 造纸及纸制品业 | 1.85 | 0.91 | 136.42 | −89.58 | 48.43 | 95.27 | −41.15 |
| 印刷业和记录媒介的复制 | 0.43 | 0.82 | 41.33 | −18.29 | −11.01 | 12.03 | −29.30 |
| 文教、工美、体育和娱乐用品制造业 | 0.44 | 0.53 | 26.40 | −7.66 | −3.03 | 15.72 | −10.68 |
| 石油加工炼焦及核燃料加工业 | 1.42 | 1.07 | 451.37 | 102.43 | 184.71 | 738.51 | 287.14 |

（续表）

| 行业 | $r_{ij}$ | $R_j$ | $N_{ij}$ | $P_{ij}$ | $D_{ij}$ | $G_{ij}$ | $PD_{ij}$ |
|---|---|---|---|---|---|---|---|
| 化学原料及化学制品制造业 | 1.36 | 1.27 | 806.72 | −185.04 | 43.60 | 665.28 | −141.44 |
| 医药制造业 | 0.80 | 1.35 | 203.42 | 44.34 | −101.28 | 146.48 | −56.94 |
| 化学纤维制造业 | 1.67 | 0.62 | 60.53 | −58.36 | 3.68 | 5.84 | −54.69 |
| 橡胶和塑料制品业 | 0.55 | 0.98 | 268.56 | −18.18 | −109.66 | 140.71 | −127.85 |
| 非金属矿物制品业 | 1.09 | 1.58 | 583.73 | −365.83 | −67.91 | 149.98 | −433.75 |
| 黑色金属冶炼及压延加工业 | 1.09 | 0.90 | 719.89 | 806.14 | 322.68 | 1848.71 | 1128.82 |
| 有色金属冶炼及压延加工业 | 2.58 | 0.99 | 423.79 | −252.78 | 274.54 | 445.55 | 21.76 |
| 金属制品业 | 1.42 | 1.04 | 282.22 | 75.26 | 129.33 | 486.81 | 204.59 |
| 通用设备制造业 | 1.02 | 1.23 | 535.27 | −15.43 | −86.81 | 433.03 | −102.24 |
| 专用设备制造业 | 1.96 | 1.47 | 368.84 | −68.01 | 100.00 | 400.83 | 31.99 |
| 交通运输设备制造业 | 1.04 | 1.33 | 855.97 | 531.32 | −299.01 | 1088.28 | 232.31 |
| 电气机械及器材制造业 | 0.50 | 1.14 | 649.79 | −31.06 | −347.01 | 271.72 | −378.07 |
| 计算机、通信和其他电子设备制造业 | 0.03 | 0.63 | 582.57 | 658.43 | −1176.93 | 64.07 | −518.50 |
| 仪器仪表制造业 | 0.33 | 0.77 | 78.83 | −2.71 | −43.68 | 32.44 | −46.39 |
| 其他制造业 | 1.37 | 1.12 | 90.14 | −45.63 | 9.98 | 54.49 | −35.65 |
| 废弃资源和废旧材料回收加工业 | 4.74 | 2.86 | 46.08 | 18.33 | 42.63 | 107.04 | 60.96 |
| 电力热力的生产和供应业 | 0.78 | 0.79 | 495.27 | −200.03 | −3.57 | 291.67 | −203.60 |
| 燃气生产和供应业 | 5.65 | 2.18 | 51.05 | −28.01 | 36.73 | 59.77 | 8.72 |
| 水的生产和供应业 | 0.99 | 0.48 | 9.03 | −1.40 | 8.21 | 15.84 | 6.81 |

## 四、政策建议

### 1.提高自主创新能力，进一步优化工业结构

天津市现有工业发展模式对天津经济发展具有一定的推动作用，但若要长期保持并提高工业发展优势，最根本的是要加强自主创新能力。通过引进技术含量高以及创新性较强的项目、引进高端人才等方式培育工业增长的内生动力机制，加快形成创新驱动、内生增长的新型工业发展方式。

### 2.强化现有优势产业，稳步推进新兴产业

天津现有产业结构正逐步从第二产业为主导的"二三一"结构向"三二一"结构发展，第三产业中，尤其以交通运输、仓储和邮政业、金融业、租赁和商务服务业以及科学研究和技术服务业等产业的影响力和竞争优势更为明显。因此，应在持续发展通信设备、计算机和其他电子设备制造业、金属冶炼和压延加工业、石油和天然气开采业、石油、炼焦产品和核燃料加工业、化学工业、金属制品业、通用设备制造业等为主导的第二产业的基础上，加快产业结构转型升级，加大对第三产业的扶持力度。

### 3.依托自贸区建设，加快对外贸易开放

2014年12月决定设立的天津自由贸易试验区已经在2015年4月正式挂牌成立，作为北方第一个自贸试验区，天津自贸区承载着扩大投资领域的开放、推动贸易的转型升级以及服务于京津冀协同发展等多项重任，天津正可以依托自贸区建立的机遇，以制度创新为中心，提升贸易自由度与投资便利程度，吸引外商投资，从而为天津的经济发展奠定坚实的基础，为产业转型带来更强的动力。

### 4.紧抓协同发展机遇，增强协同发展力度

随着京津冀在交通、环保与产业转移等各领域的一体化进程不断深入，各项重点合作项目也开始陆续投资启动，天津应打破地域壁垒和制度障碍，推动资源跨区域流动，科学谋划自身在协同发展中的角色定位，并发挥天津作为一个海港城市的独特优势。通过加强滨海新区的区域规划建设以及与北京中关村科技园的合作，促进新一轮的产业聚集从而打造北方新增长极，真正实现京津冀协同发展的合作共赢理念。

# 参 考 文 献

［1］范金，郑庆武，梅娟.应用产业经济学 [M].北京：经济管理出版社，2004.

［2］石敏俊，张卓颖.中国省区间投入产出模型与区际经济联系 [M].北京：科学出版社，2012.

［3］伍光中，雷光宇，李瑞，张明艳.京津冀经济圈产业竞争力研究 [M].北京：经济科学出版社，2013.

［4］芮明杰.产业经济学 [M].上海：上海财经大学出版社，2005.

［5］中华人民共和国国家统计局.2008 中国统计年鉴 [M].北京：中国统计出版社，2008.

［6］中华人民共和国国家统计局.中国工业经济统计年鉴 2012[M].北京：中国统计出版社，2012.

［7］天津市统计局.天津市统计年鉴 2008[M].北京：中国统计出版社，2008.

［8］天津市统计局.天津市统计年鉴 2012[M].北京：中国统计出版社，2012.

［9］北京市统计局.北京市投入产出表.2012.

［10］天津市统计局.天津市投入产出表.2012.

［11］河北省统计局.河北省投入产出表.2012.

［12］吉荣康.北京市主导产业选择研究 [D].北京：北京工业大学，2006.

［13］宋辉.基于投入产出技术的产业结构与部门发展模型研究 [D].天津：天津大学，2004.

［14］刘彩霞.河北与京津产业发展对接研究 [D].保定：河北大学，2014.

［15］王直节，许正中.北京研发业投入产出结构与产业关联分析 [J].科技与经济，2014，（02）：60-65.

［16］赵锐，王倩.海洋经济投入产出分析实证研究——以天津市为例 [J].技术经济与管理研究，2008，（05）：79-82.

［17］赵敏，王重润. 河北省金融服务业研究——基于投入产出表的视角 [J].
经济与管理，2011，（03）：73-77.

［18］邵颖红，肖小飞. 基于投入产出法的天津市主导产业选择研究 [J]. 大
众商务，2009，（22）：272-273.

［19］李治，马玲玲，张振强. 基于投入产出分析法的制造业产业关联实
证研究——以河北省为例 [J]. 统计与管理，2014，（06）：40-43.

［20］龙龙，马荣康，刘凤朝. 基于投入产出关联的区域产业部门角色演
化研究——京津冀与东北地区的比较分析 [J]. 大连理工大学学报：社会科学版，
2014，（01）：29-34.

［21］田珊珊. 基于投入产出关联分析的中国主导产业分析 [J]. 经济研究导
刊，2008，（10）：18-19+42.

［22］王秋红，陈幼明. 基于投入产出模型的地区主导产业选择 [J]. 商业时
代，2006，（30）：90-91+78.

［23］杨安怀，王姝. 京津冀一体化下廊坊主导产业的选择和政府的角色 [J].
当代经济管理，2012，（09）：72-76.

［24］杨芳. 秦皇岛主导产业群的选择及优化——基于投入产出表 [J]. 经济
研究导刊，2008，（16）：114-116.

［25］尚欣，康晶. 投入产出方法在分析产业主导地位中的应用——以农
产品加工业为例进行分析 [A].

［26］中国科学技术协会. 提高全民科学素质、建设创新型国家——2006
中国科协年会论文集 [C]. 中国科学技术协会，2006：4.

［27］何赛，陈连磊，赵娇娇. 房地产业对京津冀地区经济增长的拉动作
用分析 [J]. 对外经贸，2014，（12）：67-73.

［28］王苏舰，王玢，赵霜，徐丽萍. 京津冀区域产业结构平衡性分析——
基于京津冀区域间投入产出模型的分析 [A].2012 城市发展与规划大会论文集，
2012.

［29］中国城市科学研究会、广西壮族自治区住房和城乡建设厅、广西壮
族自治区桂林市人民政府、中国城市规划学会 .2012 城市发展与规划大会论文

集 [C]. 中国城市科学研究会、广西壮族自治区住房和城乡建设厅、广西壮族自治区桂林市人民政府、中国城市规划学会，2012：7.

［30］黄胜潮，张斐斐 . 京津冀物流业的投入产出分析 [J]. 中国集体经济，2013，（01）：108-110.

［31］张素蓉，孙海军 . 京津冀主要产业间的投入产出分析 [A]. 廊坊市社会科学界联合会 .2010·中国·廊坊基于都市区辐射功能的京津廊一体化研究——同城全面对接暨京津廊经济一体化学术会议论文 [C]. 廊坊市社会科学界联合会，2010：8.

［32］李云丽，龚洁 . 天津市产业结构变化趋势与调整方向研究 [J]. 中国商界（下半月），2010，（10）：183-184.

［33］李俊林，蒋立杰，付朝霞 . 基于 DEA 模型的区域主导产业选择方法研究 [J]. 河北工业大学学报，2011，（03）：52-55.

［34］张子麟，武建奇 . 京津冀地区产业协作存在的问题与发展方向 [J]. 经济与管理，2007，（02）：8-12.

［35］孙士强，张贵 . 京津冀区域主导产业选择研究 [J]. 天津行政学院学报，2008，（02）：61-65.

［36］孙久文，张红梅 . 京津冀一体化中的产业协同发展研究 [J]. 河北工业大学学报：社会科学版，2014，（03）：1-7.

［37］马国霞，赵学涛，石勇 . 京津主导产业选择与优化研究 [J]. 地域研究与发，2011，（04）：66-70.

［38］王海涛，徐刚，恽晓方 . 区域经济一体化视阈下京津冀产业结构分析 [J]. 东北大学学报：社会科学版，2013，（04）：367-374.

# 出口贸易与工业产业碳排放的关系研究

江月亭 ◇中南财经政法大学

**摘要**：中国多个省市的碳交易市场已经开始正式启动，足以彰显国家对于减少二氧化碳排放的重视。工业作为重要的二氧化碳排放产业，与出口贸易紧密相连的复杂关系，使研究工业分行业的碳排放强度以及分行业出口比重规模对于工业行业节能减排的有效控制显得有所意义。本文通过建立因素分解方法，以 2005～2011 年的工业分行业出口贸易碳排放数据，量化工业分行业碳排放相互关系，推动我国贸易出口结构的加速转型，明确我国在工业行业的低碳经济发展的潜力和方向。

**关键词**：碳排放强度；出口贸易；工业分行业

## 一、引言

在全球气候变暖，生态环境恶化的大背景下，随着我国贸易规模的不断扩大，占据进出口贸易规模较大比重的各轻工业和重工业行业部门对能源的消耗量越来越大，从而导致了出口贸易中的二氧化碳大量排放，减排压力加大。我国虽然是发展中国家，但作为一个负责任的大国，尽可能地在保持经济增长，出口贸易规模稳步上升的同时，减缓二氧化碳的排放量是刻不容缓的目标与任务。我国第一出口大国，对外贸易依存度很高。对于在进出口贸易过程中，一方面出口商品的生产导致中国大量的二氧化碳排放，另一方面进口商品又起到了节约碳排放的作用。这两种相反方向的碳排放效应，使出口贸易对碳排放的影响关系变得复杂。以因素分解模型，通过对我国出口贸易中的二氧化碳排放以及对工业各行业出口碳排放量的因素分解分析，得到我国贸易各行业对于碳排放的影响分析，有助于解决我国经济和社会发展将长期面临的严峻的环境与资源制约，在全球共同应对气候变化的大潮流中实现经济发展方式转变，减少对能源等重点资源的消耗，为全球减排行动做出贡献。

## 二、文献综述

经济发展对于碳排放的效用已经被大量的学者研究，而作为推动经济发展的三驾马车之一的贸易对于碳排放效用也同样被大量学者作为研究重点。谷祖莎（2013）认为贸易开放程度对碳排放有着区域性的影响效应。一些学者结合中国实际情况对我国出口贸易中的碳排放进行了测算，并分析了我国对外贸易中碳排放的现状及问题。朱启荣（2009）认为我国出口产品国际竞争力较强的部门主要集中在碳排放强度较高的加工制造业，而碳排放强度较低的农业、金融、服务业的竞争力水平较低。魏本勇等（2009）、孟祺（2010）各自采用投入产出法进行分析，得出相似的结论，即对总出口碳排放贡献最大的部门为通信及电子设备制造业、化学原料及化学制品制造业、纺织业；进口再出口排放对部门总出口碳排放"贡献"最显著的为黑色金属矿采选业、水的生产供应业和电力、热力的生产供应业。徐盈之和邹芳（2010）通过投入产出模型从27个产业层面分析，分析认为交通运输、仓储及邮电通讯业的生产者碳减排责任和建筑业的消费者碳减排责任最大。闫云凤、赵忠秀（2013）等基于OECD投入产出表构建MRIO模型测算了中国对外贸易隐含碳及其排放责任。以上这些学者分别采取不同的实证模型和经验方法测算研究了贸易与碳排放之间的具体关系。而本文通过对工业分行业数据碳排放强度的分解计算和与占出口贸易比重关系的比较分析，通过图表的变化分析，得到相应的政策结论。

## 三、我国对外贸易与碳排放关系研究

### （一）计算方法和数据来源

本文选用《中国工业经济统计年鉴》《中国统计年鉴》与《中国能源统计年鉴》分行业工业产值数据为基础数据，计算工业经济出口碳排放相关数据，并以各类能源对标准煤的折算系数进行处理换算成标准煤。同时，工业主要消费能源的碳排放系数来源于 IPCC 碳排放计算指南缺省值原始数据以 J 为单位，为与统计数据单位一致，将能量单位转化成标准煤。这里电力与热力行业因其碳排放是按火力发电和供热投入的能源计算，为避免重复，没有单独计算其碳排放。根据统计年鉴对行业的划分，将行业划分为 36 个行业部门。计算过程如下：

1. 碳排放估算采用如下模型：

$$C = \sum_i C_i = \sum_i E_i \cdot F_i$$

式中 $C$ 为碳排放量（万 t），$F_i$ 为第 i 种能源碳排放系数，$E_i$ 为每个行业中第 i 种能源能消费量。

表 1  所有能源消费量的单位换算成标准煤公式

| 能源种类 | 折标准煤系数（吨标煤） | 能源种类 | 折标准煤系数（吨标煤） |
|---|---|---|---|
| 原煤（吨） | 0.7143 | 燃料油（吨） | 1.4286 |
| 原油（吨） | 1.4286 | 天然气（万立方米） | 1.3300 |
| 汽油（吨） | 1.4714 | 柴油（吨） | 1.4571 |
| 煤油（吨） | 1.4714 | | |

表 2  能源碳排放系数表

| 能源种类 | 碳排放系数 | 能源种类 | 碳排放系数 |
|---|---|---|---|
| 原煤 | 0.7559 | 燃料油 | 0.6185 |
| 原油 | 0.5857 | 天然气 | 0.4483 |
| 汽油 | 0.5538 | 水电、核电 | 0.0 |
| 煤油 | 0.5714 | 柴油 | 0.5921 |

说明：1. 能源的碳排放系数采用 IPCC 碳排放计算指南缺省值。2. 原始数据以 J 为单位，为与统计数据单位一致，将能量单位转化成标准煤，转化系数为 $1 \times 10^4 t$ 标准煤等于 $2193 \times 10^5 GJ$。

2. 计算各产业部门的碳排放强度

采用公式计算各产业部门的碳排放强度。其中，为产业部门的碳排放量，为产业部门的总产出。

3. 出口贸易排放量

用碳排放强度乘以工业出口产值所占比重算出工业出口碳排放比重。

（二）计算结果及分析

根据上述年鉴基础数据，经过上列公式之后，得出我国工业行业的碳排放强度。如表 3 所示：

表 3 各产业部门碳排放强度

| 部门 | 2005 | 2006 | 2007 | 2008 | 2009 | 2010 | 2011 | |
|---|---|---|---|---|---|---|---|---|
| 煤炭开采和洗选业 | 2.70 | 2.24 | 1.94 | 1.32 | 2.13 | 2.32 | 0.87 | |
| 石油和天然气开采业 | 0.84 | 0.65 | 0.61 | 0.54 | 0.72 | 0.55 | 0.41 | |
| 黑色金属矿采选业 | 1.09 | 0.90 | 0.68 | 0.41 | 0.37 | 0.29 | 0.27 | |
| 有色金属矿采选业 | 0.66 | 0.49 | 0.40 | 0.34 | 0.32 | 0.27 | 0.25 | |
| 非金属矿采选业 | 1.78 | 1.34 | 1.08 | 0.77 | 0.67 | 0.46 | 0.41 | |
| 其他采矿业 | 1.21 | 2.60 | 1.16 | 1.81 | 1.84 | 0.69 | 1.69 | |
| 农副食品加工业 | 0.29 | 0.25 | 0.20 | 0.16 | 0.14 | 0.10 | 0.08 | |
| 食品制造业 | 0.49 | 0.42 | 0.34 | 0.28 | 0.24 | 0.22 | 0.16 | |
| 酒、饮料和精制茶制造业 | 0.48 | 0.40 | 0.31 | 0.27 | 0.22 | 0.17 | 0.14 | |
| 烟草制品业 | 0.12 | 0.11 | 0.09 | 0.06 | 0.06 | 0.05 | 0.05 | |
| 纺织业 | 0.53 | 0.50 | 0.41 | 0.37 | 0.33 | 0.27 | 0.23 | |
| 纺织服装、服饰业 | 0.15 | 0.14 | 0.12 | 0.10 | 0.09 | 0.07 | 0.07 | |
| 皮革、毛皮、羽毛及其制品和制鞋业 | 0.12 | 0.11 | 0.09 | 0.08 | 0.07 | 0.06 | 0.05 | |
| 木材加工和木、竹、藤、棕、草制品业 | 0.55 | 0.46 | 0.33 | 0.26 | 0.23 | 0.17 | 0.15 | |
| 家具制造业 | 0.11 | 0.09 | 0.07 | 0.07 | 0.06 | 0.06 | 0.05 | |
| 造纸和纸制品业 | 1.32 | 1.17 | 0.91 | 0.78 | 0.76 | 0.68 | 0.53 | |
| 印刷和记录媒介复制业 | 0.22 | 0.20 | 0.17 | 0.15 | 0.13 | 0.12 | 0.11 | |
| 文教、工美、体育和娱乐用品制造业 | 0.16 | 0.13 | 0.11 | 0.10 | 0.09 | 0.08 | 0.08 | |
| 石油加工、炼焦和核燃料加工业 | 3.73 | 3.26 | 5.27 | 2.41 | 2.74 | 2.24 | 1.88 | |
| 化学原料和化学制品制造业 | 2.04 | 1.74 | 1.44 | 1.17 | 1.08 | 0.89 | 0.77 | |
| 医药制造业 | 0.37 | 0.33 | 0.26 | 0.23 | 0.19 | 0.16 | 0.18 | |
| 化学纤维制造业 | 0.72 | 0.61 | 0.51 | 0.48 | 0.49 | 0.36 | 0.28 | |
| 象胶和塑料制造业 | 0.49 | 0.42 | 0.34 | 0.29 | 0.87 | 0.22 | 0.19 | |
| 非金属矿物制造业 | 3.57 | 2.95 | 3.49 | 1.85 | 1.63 | 1.27 | 1.10 | |
| 黑色金属冶炼和压延加工业 | 2.89 | 2.25 | 1.86 | 1.46 | 1.66 | 1.41 | 1.17 | |
| 有色金属冶炼和压延加工业 | 1.12 | 0.81 | 0.70 | 0.63 | 1.32 | 0.57 | 0.49 | |
| 金属制品业 | 0.39 | 0.34 | 0.31 | 0.22 | 0.21 | 0.19 | 0.16 | |
| 通用设备制造业 | 0.28 | 0.20 | 0.16 | 0.18 | 0.12 | 0.10 | 0.10 | |
| 专用设备制造业 | 0.27 | 0.23 | 0.18 | 0.14 | 0.2 | 0.10 | 0.09 | |
| 交通运输设备制造业 | 0.17 | 0.14 | 0.31 | 0.10 | 0.09 | 0.08 | 0.07 | |
| 电气机械和器材制造业 | 0.10 | 0.08 | 0.07 | 0.07 | 0.06 | 0.05 | 0.05 | |
| 计算机、通信和其他电子设备制造业 | 0.06 | 0.06 | 0.06 | 0.05 | 0.05 | 0.05 | 0.04 | |
| 仪器仪表制造业 | 0.08 | 0.07 | 0.07 | 0.06 | 0.06 | 0.06 | 0.04 | |
| 其他制造业 | 0.81 | 0.66 | 0.48 | 0.41 | 0.38 | 0.81 | 0.26 | |
| 废弃资源综合利用业 | 0.14 | 0.14 | 0.08 | 0.06 | 0.05 | 0.04 | 0.04 | |
| 电力、热力生产和供应业 | 4.22 | 3.29 | 3.47 | 3.11 | 2.94 | 2.58 | 2.46 | |
| 燃气生产和供应业 | 2.66 | 2.00 | 1.51 | 0.84 | 0.69 | 0.58 | 0.37 | |
| 水的生产和供应业 | 1.25 | 1.10 | 1.03 | 0.94 | 0.89 | 0.89 | 0.90 | |

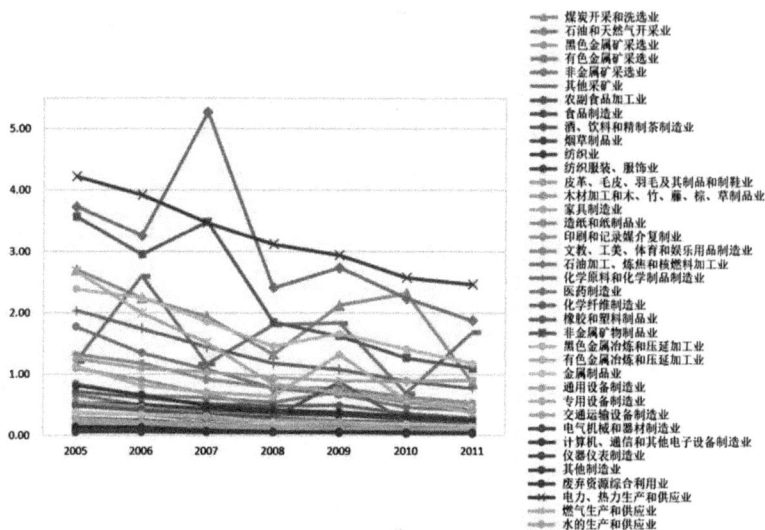

图例：
煤炭开采和洗选业
石油和天然气开采业
黑色金属矿采选业
有色金属矿采选业
非金属矿采选业
其他采矿业
农副食品加工业
食品制造业
酒、饮料和精制茶制造业
烟草制品业
纺织业
纺织服装、服饰业
皮革、毛皮、羽毛及其制品和制鞋业
木材加工和木、竹、藤、棕、草制品业
家具制造业
造纸和纸制品业
印刷和记录媒介复制业
文教、工美、体育和娱乐用品制造业
石油加工、炼焦和核燃料加工业
化学原料和化学制品制造业
医药制造业
化学纤维制造业
橡胶和塑料制品业
非金属矿物制品业
黑色金属冶炼和压延加工业
有色金属冶炼和压延加工业
金属制品业
通用设备制造业
专用设备制造业
交通运输设备制造业
电气机械和器材制造业
计算机、通信和其他电子设备制造业
仪器仪表制造业
其他制造业
废弃资源综合利用业
电力、热力生产和供应业
燃气生产和供应业
水的生产和供应业

**图 1 各产业部门碳排放强度变化图**

从表 3 可以看出，随着年份增长，我国整体工业部门的碳排放强度基本属于下降过程，但中间略有波动。从右边的迷你柱状图可以看出，除了煤炭开采和洗选业、石油和天然气开采业、其他采矿业、石油加工、炼焦和核燃料加工业、橡料和塑料制品业、有色金属冶炼这 7 个行业 2005 ~ 2011 年的碳排放强度中间有波动之外，其余行业的碳排放强度均在减少。图 1 为碳排放强度折线图，本文由于部门众多，所以主要分析碳排放强度最大的部门，它们分别是石油加工、炼焦和核燃料加工、电力、热力生产供应业、非金属矿物制品业、其他采矿业、煤炭开采和洗选业、燃气生产和供应业和化学原料和化学制品制造业。其中除了其他采矿业的碳排放强度处于升高趋势之外，其余都处于下降趋势，尤其是煤炭开采的碳排放强度降低幅度最大，这也和煤炭开采的规范化和技术效率的提高有重要联系。其他采矿业的碳排放强度增大可能是由于非主流采矿业处于兴起阶段，各方面的不规范和技术水平较低所导致。

下面分析对外贸易对碳排放的影响，本文先将工业行业出口所占比例求出，然后乘以各行业碳排放强度，得出各部门出口碳排放所占比例，单位 %。

表 4　各部门出口碳排放占比

| 单位：亿元 | 2005 | 2006 | 2007 | 2008 | 2009 | 2010 | 2011 | |
|---|---|---|---|---|---|---|---|---|
| 煤炭开采和洗选业 | 10.3535 | 6.6138 | 3.4063 | 1.4565 | 0.9207 | 1.3514 | 0.1724 | |
| 石油和天然气开采业 | 2.7419 | 1.8635 | 1.2100 | 1.2285 | 1.1567 | 0.4982 | 0.2304 | |
| 黑色金属矿采选业 | 0.5751 | 0.4700 | 0.2497 | 0.0481 | 0.0367 | 0.0012 | 0.0252 | |
| 有色金属矿采选业 | 3.9949 | 2.0651 | 0.3568 | 0.1617 | 0.0807 | 0.0852 | 0.0350 | |
| 非金属矿采选业 | 8.6375 | 5.3713 | 2.7723 | 1.5161 | 0.7833 | 0.4761 | 0.3440 | |
| 其他采矿业 | 3.0916 | 5.5016 | 0.6358 | 1.2234 | 0.0000 | 0.0000 | 17.1625 | |
| 农副食品加工业 | 2.9047 | 2.5797 | 1.6605 | 1.0935 | 0.8251 | 0.5934 | 0.4237 | |
| 食品制造业 | 5.2305 | 4.2723 | 3.1176 | 2.3847 | 1.6206 | 1.4521 | 0.9628 | |
| 饮料制品业 | 1.9791 | 1.7110 | 1.0843 | 0.7825 | 0.5048 | 0.3434 | 0.2397 | |
| 烟草制品业 | 0.1061 | 0.0874 | 0.0555 | 0.0307 | 0.0281 | 0.0225 | 0.0225 | |
| 纺织业 | 14.0253 | 12.1431 | 9.2698 | 6.9636 | 5.4079 | 4.3771 | 3.5123 | |
| 纺织服装、鞋、帽制造业 | 6.9940 | 5.9815 | 4.9068 | 3.3263 | 2.7107 | 2.0318 | 1.9552 | |
| 皮革、毛皮、羽毛（绒）及其制品 | 5.8173 | 5.0951 | 3.8759 | 2.8902 | 2.1794 | 1.6932 | 1.2756 | |
| 木材加工和木、竹、藤、棕、草制品业 | 11.5644 | 9.0038 | 5.3099 | 3.2128 | 2.3318 | 1.5332 | 1.1807 | |
| 家具制造业 | 5.7675 | 4.3648 | 3.1854 | 2.5333 | 1.8343 | 1.5293 | 1.1236 | |
| 造纸和纸制品业 | 9.8358 | 10.4216 | 7.5112 | 5.3162 | 4.1711 | 4.0213 | 2.7029 | |
| 印刷和记录媒介复制 | 2.4019 | 2.0362 | 1.8125 | 1.4361 | 1.1683 | 1.0061 | 0.8459 | |
| 文教体育用品制造业 | 9.6596 | 8.0583 | 6.7650 | 5.5540 | 4.4608 | 3.3096 | 3.4227 | |
| 石油加工、炼焦和核燃料加工业 | 10.2373 | 6.0975 | 10.4506 | 3.9583 | 4.4814 | 2.9227 | 1.8337 | |
| 化学原料和化学制品制造业 | 19.4124 | 16.1529 | 13.1554 | 9.8402 | 6.6208 | 5.7428 | 4.5823 | |
| 医药制造业 | 3.8733 | 3.5713 | 2.6250 | 2.1384 | 1.4751 | 1.2698 | 0.9080 | |
| 化学纤维制造业 | 4.4178 | 4.1361 | 4.2760 | 4.0015 | 3.1896 | 2.4018 | 1.8658 | |
| 橡胶和塑料制造业 | 12.3368 | 10.1663 | 7.6680 | 6.1178 | 47.3941 | 3.6279 | 2.8392 | |
| 非金属矿物制造业 | 36.0826 | 28.4099 | 30.0459 | 12.7266 | 8.1872 | 60.948 | 4.4682 | |
| 黑色金属冶炼和压延加工业 | 12.8878 | 15.8400 | 13.7359 | 9.7773 | 3.8200 | 4.6299 | 3.9349 | |
| 有色金属冶炼和压延加工业 | 9.8506 | 7.0953 | 4.4858 | 3.4823 | 4.7585 | 2.1673 | 1.8743 | |
| 金属制品业 | 10.2783 | 8.6124 | 7.5693 | 4.5358 | 2.7396 | 2.6501 | 2.0773 | |
| 通用设备制造业 | 3.7460 | 3.1310 | 2.4780 | 1.7559 | 1.2165 | 0.9648 | 0.9443 | |
| 专用设备制造业 | 3.3606 | 3.1469 | 2.4456 | 1.7818 | 1.8280 | 0.9694 | 0.7622 | |
| 交通运输设备制造业 | 1.9773 | 1.8496 | 4.2568 | 1.5260 | 0.9952 | 0.8431 | 0.7796 | |
| 电气机械和器材制造业 | 2.6598 | 2.1330 | 1.7644 | 1.4673 | 1.1498 | 1.0018 | 0.9387 | |
| 通信设备、计算机及其他电子设备制造业 | 3.6416 | 3.7866 | 3.6826 | 3.6399 | 3.3127 | 3.0781 | 2.5348 | |
| 仪器仪表及文化、办公用机械制造业 | 4.2454 | 3.6540 | 3.0933 | 2.6526 | 2.1226 | 1.8967 | 1.2810 | |
| 工艺品及其他制造业 | 38.8396 | 29.5422 | 19.3032 | 15.6354 | 11.6353 | 8.9961 | 6.9392 | |
| 废弃资源和废旧材料回收加工业 | 0.1908 | 0.1357 | 0.0600 | 0.0255 | 0.0101 | 0.0092 | 0.0291 | |
| 电力、热力生产和供应业 | 2.7705 | 1.7622 | 0.8932 | 0.5814 | 0.8425 | 0.4284 | 0.3600 | |
| 燃气生产和供应业 | 2.7561 | 2.0992 | 3.3155 | 0.9810 | 0.9561 | 0.3699 | 0.6968 | |
| 水的生产和供应业 | 0.4233 | 4.2277 | 3.3014 | 2.8239 | 2.5451 | 2.3803 | 2.3699 | |

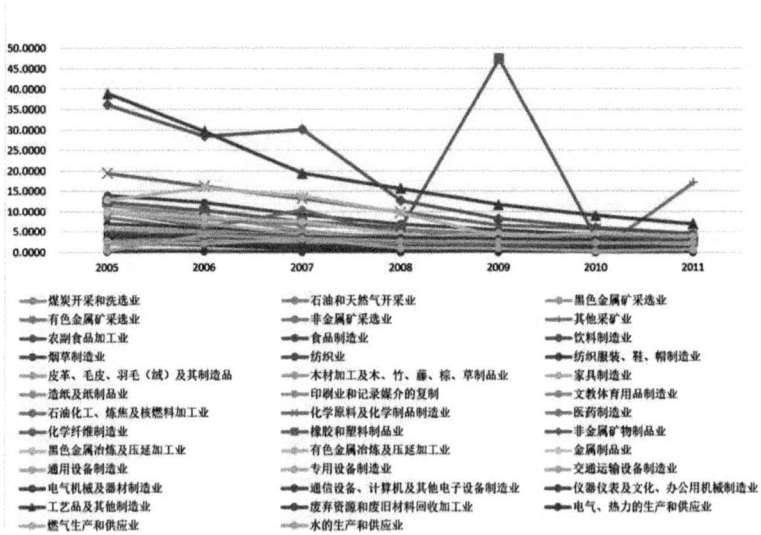

图2 各部门出口碳排放比例变化图

首先，从表4可以看出，除了采矿业、石油化工、炼焦及核燃料加工业、橡胶和塑料制品业以及交通运输设备制造业这几个行业的出口碳排放有个别较大波动，黑色金属冶炼及有色金属冶炼有较小波动之外，其他行业的出口碳排放额趋势都是越来越小的。通过图4折线图我们可以更清晰地看出各行业出口碳排放的多少。首先，出口碳排放最多的行业分别是工艺品及其他制造业、非金属矿物制品业、化学原料及化学制品制造业，黑色金属冶炼以及橡胶和塑料制品业，其中峰值是在2009年的橡胶和塑料制品业，2010年又迅速回落。这些行业与之前图1分析的结果不一样的原因，还要从这些行业的出口占总出口的比重说起。

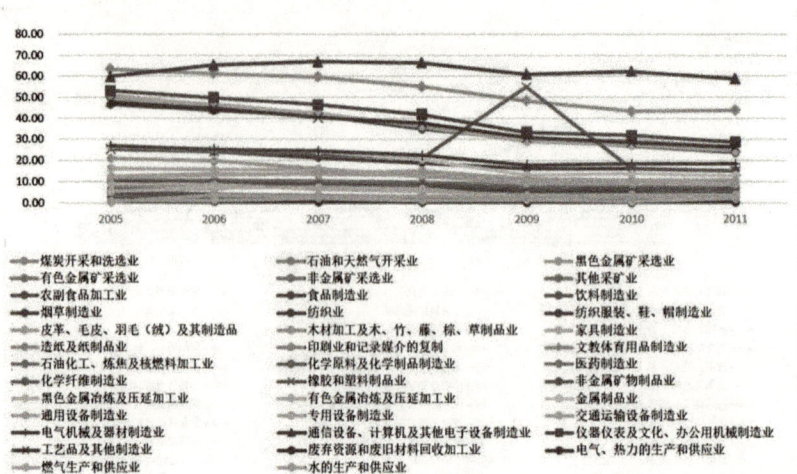

图3 各行业出口占比图（%）

如图 3 所示，出口占比最多的几个行业分别是通信设备、计算机及其他电子设备制造业、文教体育用品制造业、仪器仪表及文化办公用机械制造业、电器机械及器材制造业以及工艺品及其他制造业。这些行业稳居出口前几位，在2008 年前，他们对外出口占比在 40% 以上，在 2008 年之后稍有降低但还是占领导优势。至于 2009 年橡胶和塑料制品业突然占比升高，是由于在国家政策的鼓励下，以橡胶鞋、塑料鞋为最大的出口品种的中小民营企业蓬勃发展，达到了顶峰，可是随之而来的是巴西、加拿大、阿根廷 3 个国家对我国出口鞋进行反倾销或反补贴立案，因此 2010 年又快速下降。

结合上面三组折线图来说，对于出口占比平均高达 60% 以上的通信设备、计算机及其他电子设备制造业、文教体育用品制造业来说，通信设备、计算机等电子设备的碳排放强度仅仅 1% 左右，所以对外出口碳排放量可以忽略不计，但是虽然碳排放强度变化不大，也由于出口规模大，碳排放的规模和所占比例也并不是最低；碳排放强度最大的部门分别是石油加工、炼焦和核燃料加工、电力、热力生产供应业、非金属矿物制品业、其他采矿业、煤炭开采和洗选业、燃气生产和供应业和化学原料和化学制品制造业；出口碳排放最多的行业分别是工艺品及其他制造业、非金属矿物制品业、化学原料及化学制品制造业，黑色金属冶炼以及橡胶和塑料制品业。但是这些产业随着年份的推移，出口碳排放的强度逐年减弱，这说明了我国在2005年后逐步限制高能耗和高排放的行业并且走新型的工业化道路，提高能源利用效率，尤其是在煤炭等重点重工业，加强规制，这对这些产业出口碳排放的降低都有至关重要的影响。同时受技术效应影响最大的行业如化学工业、通信设备、计算机及其他电子设备制造业、金属冶炼及压延加工业、电气机械及器材制造业、纺织业均属于高碳产业，随着国家扶持和生产水平的提高，这些高碳产业的碳排放也逐渐降低，所以要实现低碳排放，实现清洁、经济的发展道路，必须通过技术的发展与进步来减少能源消耗，提高其能源利用效率。

## 四、结论与建议

本文根据工业行业的碳排放强度、各产业部门工业产值和出口情况，分析对外贸易对我国二氧化碳排放的影响。

从规模上分析，随着工业化进程的加速，出口规模的不断扩张，虽然碳排放强度有一定程度的下降，但出口中的二氧化碳排放规模还是较大；从结构上分析，黑色金属压延制造业等资源密集型产业，由于其碳排放强度较高，导致资源性产品出口的二氧化碳排放所占比例较高。其他行业排放的二氧化碳所占比例处于下降趋势。

根据以上分析得出下列政策建议：

1. 发展本国低碳经济

向低碳经济转型已经是各国应对气候变化、保证能源安全、提升本国在新一轮国际经济竞争中地位的重要手段，制定发展低碳经济总战略是我国成功发展低碳经济的前提。本文研究对外贸易中产业的碳排放，对于我国产品应对征收碳关税的贸易保护主义、提高产品国际竞争力和的低碳之路发展具有重要的意义。对外贸易应该不断降低资源类产品的出口比例。

2. 调整产业结构

对外贸易应该不断降低资源类产品的出口比例，降低传统出口部门对化石能源的过度依赖，抑制化石能源的超额需求，限制和淘汰高耗能产业和产品。由此推动低碳产业的发展，逐步降低高碳排产业的产品在出口贸易中的比重；

同时，培育发展新兴产业和高技术、高技术产业等节能环保产业来替代能源依赖型产业，利用技术创新来降低低碳产业的生产成本，制定发展低碳产业的支持政策和优惠政策，逐步扩大和提高新兴低碳产业在出口贸易中的地位。

3. 提升能源利用效率，促进节能减排技术的开发应用

我国在《中国应对气候变化国家方案》中提出，"要发挥科技进步在减缓和适应气候变化中的先导性和基础性作用"，"加快科技创新和技术引进步伐"，"为应对气候变化、增强可持续发展能力提供强有力的科技支撑"。大力开发洁净煤、智能电网等清洁能源技术来加快构建低碳环保的经济发展道路，以低碳或无碳技术的发展和创新作为发展低碳经济的着力点，制定长远的规划，抢占高端、先进低碳技术的制高点。

4. 完善建设机制，建立合理碳排放交易体系

碳排放交易在我国目前是蓬勃发展的产业，完善机制建设，鼓励企业使用和投资可再生能源、清洁能源，促成可再生能源领域新技术的开发和运用同时降低节能成本，为减排提供一条可持续发展的道路。创造了完善的供求、竞争、价格等市场机制，才能利用市场机制促进低碳产业发展，促进国家低碳技术的创新和利用。

## 参 考 文 献

［1］陈红蕾，翟婷婷. 中澳贸易隐含碳排放的测算及失衡度分析 [J]. 国际经贸探索，2013，（07）.

［2］丛晓男，王铮，郭晓飞. 全球贸易隐含碳的核算及其地缘结构分析 [J]. 财经研究，2013，（1）.

［3］李健，周慧. 中国碳排放强度与产业结构的关联分析 [J]. 中国人口·资源与环境，2012，（1）.

［4］李艳梅，付加锋. 中国出口贸易中隐含碳排放增长的结构分解分析 [J]. 中国人口·资源与环境. 2010，（8）.

［5］鲁海帆. 我国出口产品能耗 $CO_2$ 排放及其对出口结构的影响 [J]. 国际经贸探索，2011，（12）.

［6］王丽丽，王媛，毛国柱，赵鹏. 中国国际贸易隐含碳 SDA 分析 [J]. 资源科学，2012，（12）.

［7］王絮絮,徐鹤.欧盟第二波碳关税压力与中欧贸易中隐含碳的估算——基于 EDR 的隐含碳系数 [J]. 2010 中国环境科学学会学术年会论文集( 第二卷 )，2010.

［8］王媛，魏本勇，方修琦，夏冰，杨会民. 基于 LMDI 方法的中国国际贸易隐含碳分解 [J]. 中国人口·资源与环境，2011，（2）.

［9］王有鑫. 征收碳关税对中国出口贸易和国民福利的影响——基于中美贸易和关税数据的实证研究 [J]. 国际贸易问题，2013，（7）.

［10］闫云凤. 中欧贸易碳排放转移研究 [J]. 中央财经大学学报，2012，（4）.

［11］周新. 国际贸易中的隐含碳排放核算及贸易调整后的国家温室气体排放 [J]. 管理评论，2010，（22）.

［12］齐晔，李惠民，徐明 . 中国进出口贸易中的隐含碳估算 . 中国人口·资源与环境 [J]，2008.

［13］Li Y ,Hewitt C N.The Effect of Trade between China and the UK on National and Global Carbon Dioxide Emissions. Energy Policy,2008,（36）:1907–1914.

［14］Liu X B,Ishikawa M.Analyses of CO2 Emissions Embodied in Japan–China Trade.Energy Policy 2010,38（3）:1510–1518.

［15］Shui B,Harriss R C.The Role of CO2 Embodiment in US–China Trade. Energy Policy,2006,（34）:4063–4068.

# 贸易开放程度影响二氧化碳排放程度的实证研究

## ——以湖北省为例

黄耶◇中南财经政法大学

**摘要**：在全球日益一体化的大背景下，通过外贸依存度和外资依存度两个为代表性的贸易解释变量，以 1990 ~ 2013 年的统计数据，基于 VAR 模型运用协整检验、脉冲响应函数和方差分解等方法，实证研究了贸易开放程度对碳排放量变化的影响。脉冲响应函数和方差分解方法分别分析了外贸依存度和外资依存度对碳排放的动态冲击效应和影响程度。为湖北省在碳排放配额机制下，有效实现节能减排提供相关建议。

**关键词**：外贸依存度；外资依存度碳排放；VAR 模型

## 一、引言

在经济全球化的大背景下，贸易对于国家经济的发展起到日益重要的作用。而为应对全球性的气候变化，低碳排放日益成为全球关注的重点和讨论的焦点问题。传统的文献从环境库兹涅佐曲线的角度论证了收入变化与环境污染的倒 U 型曲线关系，而贸易作为收入增长的重要因素，碳排放作为环境污染的重要表现形式，两者的关系研究对于库兹涅佐曲线和积极减排作用的认识显得至关重要。以湖北省为例，探索湖北省贸易对碳排放的影响作用，是以一个新的视角来考虑碳排放的影响因素。湖北省位居中部，但伴随着中部崛起战略，以及湖北高新电子产业的兴起，贸易日益在经济发展起到日益关键的作用。而同时湖北省为节能减排做出巨大的努力，实施一系列的相关经济政策：碳排放权交易市场已经如火如荼地展开，武汉两型城市圈的不断推进与建立以及一些生态项目的实施等等。我国以 1983 年开始改革开放和对外贸易，湖北省作为中部大省，1990 年开始对外贸易有了显著的规模，所以本文采取截取 1990 ~ 2013 年的较新的湖北省对外贸易相关数据，运用 VAR 模型具体分解分析对外贸易开放对于湖北省碳排放的相关影响因素，为实现全省有效控制碳排放提出有针对性的建议。

## 二、文献综述

关于环境库兹涅兹曲线，有很多研究者对此进行了实证研究。至少表明环境质量与收入水平之间的关系。从环境库兹涅佐曲线角度研究贸易与二氧化碳之间的具体联系，具有大量学者研究的文献基础。李秀香和张停（2004）以二氧化碳排放量为例分析了出口贸易增长对我国环境质量的影响，研究结果表明出口贸易的增长在一定程度上降低了人均二氧化碳的排放。兰天（2004）利用 1995 ~ 2001 年中国 30 个省市的面板数据，研究结果表明虽然中国各省市贸易活动对污染的影响表现出相当大的差异性，但从总体来讲贸易开放还是减少了我国二氧化碳的排放。李小平和卢现祥（2010）运用部分发达国家和中国各工业行业的二氧化碳排放量和贸易数据，通过实证研究发现国际贸易能够减少工业行业的二氧化碳排放总量和单位产出的二氧化碳排放量，所以中国并没有因为对外贸易而成为发达国家的"污染天堂"。这些大量的文献论证了贸易与碳排放之间的实证联系。而对于这种关系研究的计量方法也有很多，王源（2011）运用 LMDI 因素分解法研究中国国际贸易中的隐含碳的问题，庞军基于 MARIO 模型研究中欧贸易隐含的碳排放问题。大多数的文献主要集中于研究国家贸易出口却很少有将视角集中于省份的贸易对于碳排放的影响中。事实上贸易的政策倾向对于省市的经济发展以及节能减排的实施都有一定的影响。本文以湖北省为例，通过 VAR 模型，研究贸易开放程度对于碳排放的影响，提出相应的政策建议。

### 三、VAR 模型及变量选择

向量自回归模型（VAR）是由 Sims 在 1980 年提出，它通常用来预测相互联系的时间序列系统及分析随机扰动对变量系统的动态冲击，从而解释各种经济冲击对经济变量形成的影响。它采用多方程联立的形式，在模型的每一个方程中内生变量对模型的全部内生变量的滞后值进行回归，从而估计全部内生变量的动态关系。VAR 模型被广泛应用于预测和分析随机扰动对系统的动态冲击，其模型表示为：

$$y_t = \phi_1 y_{t-1} + \phi_2 y_{t-2} + \cdots + \phi_p y_{t-p} + Hx_t + \varepsilon_t$$

t=1,2,$\cdots$,T

式中：$y_t$ 是 m 维内生变量列向量，$x_t$ 是 n 维外生变量列向量，$p$ 为滞后阶数，T 为样本个数；m×m 维矩阵 $\phi1$，$\phi2$，$\cdots$，$\phip$ 和 m×n 维矩阵 H 都待估的系数矩阵，$\varepsilon_t$ 是 m 维扰动列向量，它们相互之间可以同期相关，但不与自己的滞后值相关且不与等式右边的变量相关。

### （一）变量选择

本文根据《中国统计年鉴》《湖北省统计年鉴》中 1990～2013 年的较新的统计数据作为研究对象。

以往研究贸易开放与二氧化碳排放关系的国内外文献中，多数是采用对贸易依存度指标来反映贸易开放程度，而忽视了对其他贸易开放度指标的考察。仅仅考察对外贸易依存度是不够的，其只能反映进出口规模的变化情况，考虑到研究期内多数年份外资企业的进出口在湖北对外贸易总额中所占的比重较大。因此本文将贸易开放程度表示为外贸依存度和外资依存度两部分。外贸依存度即进出口贸易总额与湖北地区生产总值之比，记为 TR。外资依存度，是用当年外商直接投资与湖北地区生产总值的比值来表示的，记为 FD。

由于化石等能源消费是碳排放的主要来源，所以在计算时主要以煤炭、石油和天然气三种碳排放量大的能源为基础对碳排放总量进行测算；依据 IPCC 提供的测算方法，碳排放量 =∑ 能源 i 的消费量 × 能源 i 的碳排放系数（i 为能源种类），能源消费量必须换算成统一热量单位的标准煤。另外，根据国家发展和改革委员会能源研究所的研究结果，煤炭、石油、天然气的碳排放系数分别为 0.7476 吨碳 / 吨标准煤、0.5825 吨碳 / 吨标准煤、0.4435 吨碳 / 吨标准煤。碳排放量记为 C。

为了避免在计量研究中出现异方差现象，以上序列均采取对数化处理，以 ln（C）、ln（TR）、ln（FD）作为研究序列。

**（二）变量 ADF 检验结果**

为了防止虚假回归，在建立 VAR 模型之前，必须进行单位根检验，以检验该时间序列的平稳性并确定单整阶数。本文采用 ADF 单位根检验方法。首先，使用 Eviews 对序列进行显著性检验，其检验形式应设为既不含截距项也无时间趋势，并采用 SC 信息准则自动设定最优滞后阶数。得出检验结果如表 1 所示，变量 ln（C）、ln（TR）的 ADF 统计量均大于其临界值，是不平稳的。当一阶差分后，所有序列在 10% 的显著性水平上通过平稳性检验。当二阶差分后，所有序列在 1%、5%、10% 的显著性水平上均通过平稳性检验。而 ln（FD）经检验直接平稳，所以 ln（C）、ln（TR）、ln（FD）均为平稳序列。

**表 1 变量 ADF 检验结果**

| 变量 | ADF 值 | 置信度为 10% 的临界值 | 结论 |
| --- | --- | --- | --- |
| lnC | 4.832 | −1.608 | 不平稳 |
| lnTR | −0.131 | −1.608 | 不平稳 |
| lnFD | −2.713 | −1.608 | 平稳 |
| dlnC | −2.713 | −1.608 | 平稳 |
| dlnTR | −5.029 | −1.608 | 平稳 |

**（三）Johansen 协整检验结果**

约翰森（Johansen）在 1988 年及在 1990 年与杰森留斯（Juselius）一起提出的一种以 VAR 模型为基础的检验回归系数的方法，是一种进行多变量协整检验的较好方法。假设模型中无常数项和时间趋势项情况下，对 ln（C）、ln（TR）、ln（FD）进行 Johansen 协整检验。检验结果如表 2 所示：

表 2 Johansen 协整检验结果

| 原假设 | 迹统计量 | 5% 临界值 | P 值 | $\lambda-max$ 统计量 | 5% 临界值 | P 值 | 检验结果 |
|---|---|---|---|---|---|---|---|
| R=0 | 118.14 | 24.27 | 0.0000 | 97.048 | 17.79 | 0.0000 | 拒绝 |
| R ≤ 1 | 21.099 | 12.32 | 0.0013 | 20.155 | 11.33 | 0.0011 | 拒绝 |
| R ≤ 2 | 0.984 | 4.12 | 0.3725 | 0.984 | 4.2275 | 0.3725 | 接受 |

从表 2 可以看出，迹统计量和 $\lambda-max$ 统计量在 5% 的显著性水平下均拒绝 R=0、R ≤ 1 的原假设，接受 R ≤ 2 的原假设，说明 lnC、lnTR、lnFD 之间存在协整关系，即湖北省的碳排放与外贸依存度和外资依存度之间存在长期均衡的关系。

### （四）格兰杰因果关系检验结果

上文的协整检验证实了这三个变量间存在着长期的协整关系，但具体方向的因果关系仍然不能确定。为了研究 LnTC、LnTR、这三个变量之间具体的因果关系，利用 Granger 因果检验分析他们的因果关系，检验结果见表 3：

表 3 格兰杰因果关系检验结果

| 零假设 | 样本数 | 滞后期 | F 统计量 | P 统计量 | 结论 |
|---|---|---|---|---|---|
| lnC 不是 lnFD 的格兰杰原因 | 22 | 2 | 0.145 | 0.8659 | 接受 |
| lnFD 不是 lnC 的格兰杰原因 | 22 | 2 | 35.85 | 0.0087 | 拒绝 |
| lnC 不是 lnFD 的格兰杰原因 | 22 | 2 | 1.089 | 0.3587 | 接受 |
| lnFD 不是 lnC 的格兰杰原因 | 22 | 2 | 3.87 | 0.0410 | 拒绝 |

外贸依存度与二氧化碳排放存在着单向的因果关系，湖北省对外贸易的增长是导致二氧化碳排放增加的 Granger 原因，而二氧化碳排放不是对外贸易增加的 Granger 原因。

外资依存度和二氧化碳排放存在着单向的因果关系，即外资依存度是导致湖北省的二氧化碳排放量变化的 Granger 原因，而二氧化碳排放量的变化却是外资依存度的 Granger 原因。

### （五）脉冲相应函数

脉冲响应函数刻画了内生变量对误差变化大小的反应，它是测量其随机扰动项的一个标准差冲击对内生变量当前值和未来取值带来的变化，它不仅能全面映射变量间的动态关系还可以量化各变量间扰动影响的数量关系。故运用Eviews7.0软件对构建的 VAR 模型进行脉冲响应函数分析，在此主要分析 ln( C )、ln（TR）、ln（FD）间动态关系的路径变化，本文设定滞后阶数为 10 期，脉冲响应结果如下：

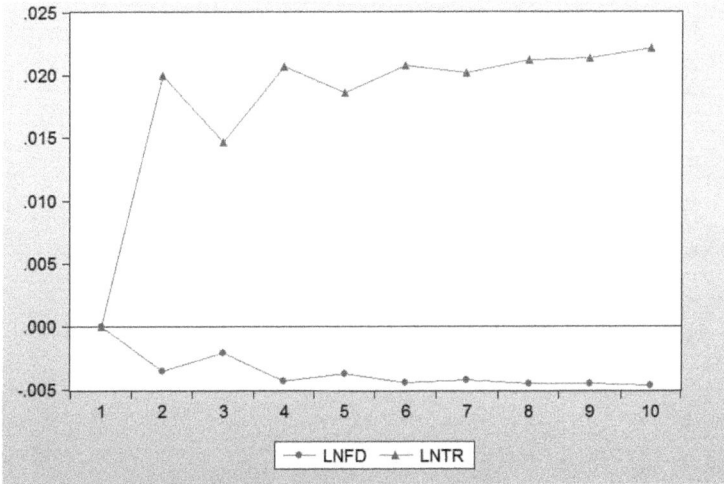

图 1 VAR 模型脉冲响应结果

碳排放对对外贸依存度的脉冲响应曲线接近于倒"U"字形曲线，外贸依存度对碳排放的冲击为长期的正效应随着滞后期的推进，而后冲击力度小幅减缓并趋近平稳水平，说明外贸依存度对碳排放的冲击为持久效应，即湖北省对外贸易水平的高低会对碳排放的变动产生持续影响，对外贸易规模的扩大，会导致碳排放水平的稳步增加。而外资依存度对碳排放的冲击为长期的负效应，除去在第三期的小幅度增加外，其负效应持续推进，到第十期达到最低水平 −0.004682，就滞后十期结果来看，其对于碳排放的负效应较小。所以由此得到的是对外贸易依存度对碳排放的冲击作用较大，而外资依存度对碳排放的冲击作用较小。

（六）方差分解分析

方差分解是通过将每一个内生变量分解为结构冲击各期方差的线性组合，

计算结构冲击在不同期限内方差总和占各内生变量总方差的比例来度量结构冲击对内生变量的影响，可以更具体地表示内生变量相互影响的重要程度。它能够提炼对内生变量产生影响的每个随机扰动的相对重要性信息，能够量化每一个冲击对内生变量变化的贡献度，这里主要分析 $\ln(C)$、$\ln(TR)$、$\ln(FD)$ 所受冲击对碳排放的贡献率，方差分解结果如下：

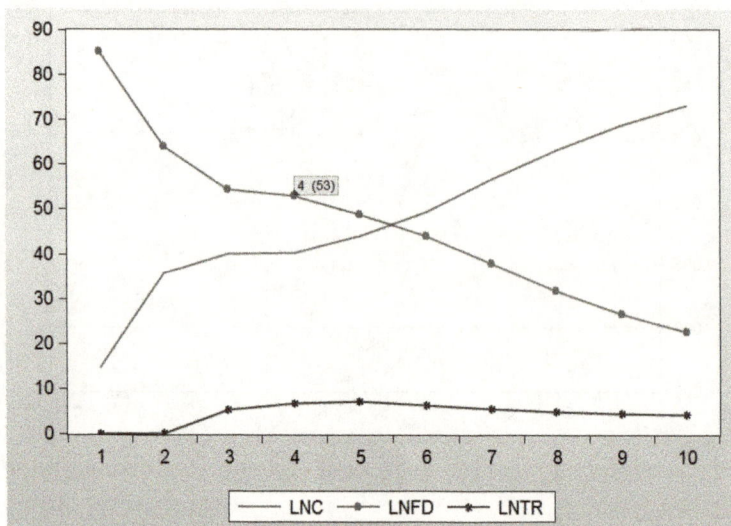

**图 2 对碳排放贡献率方差分解结果**

对外贸易依存度对碳排放变动的贡献率最大，但第 1 期开始贡献率达到 85% 逐渐下降，说明外贸依存度对碳排放不仅会产生即时效应还会在长期产生较强的影响，但这种影响逐步减弱，直至第 10 期的 22.64%。外资依存度对碳排放的贡献率在在滞后第 5 期达到最大值 7.06% 后，小幅度逐步下降直至 4.19%。说明外资依存度对碳排放的贡献具有短期时滞性和长期显赫的影响。而外资依存度的平均贡献度则只有 2.08%。这个结果与上面脉冲响应函数分析所得的结论是一致的，即外商直接投资对二氧化碳排放的影响比进出口贸易的影响要小。

## 四、结论与建议

第一，协整分析。单位根检验发现二氧化碳排放量、外贸依存度和外资依存度三个变量均属于 I（1）序列。Johansen 协整检验发现二氧化碳排放量与外贸依存度之间存在正的协整关系，而与外资依存度之间存在负的协整关系。因此，从实证角度来看，湖北省的进出口贸易产生了负的环境效应而外商直接投资产生了正的环境效应。

第二，Granger 因果关系。Granger 因果关系检验的结果显示了外贸依存度和外资依存度对于碳排放的影响关系。说明了外贸依存度和外资依存度是影响二氧化碳排放的重要影响原因。

第三，脉冲响应。基于 VAR 模型的脉冲响应函数分析的模拟结果表明，外贸依存度冲击响应累计值为正值，外资依存度位负值，两者都有一定的滞后效应。二氧化碳排放对外贸依存度的冲击响应曲线大致呈现出倒 U 型的轨迹的趋势，整条冲击响应曲线位于水平线的上方，长期来看外贸依存度对二氧化碳排放产生了正面影响。即外贸规模的扩大会促使湖北省二氧化碳排放量的上升。二氧化碳排放对外资依存度的冲击响应曲线大致呈现持续负下降的轨迹的趋势，长期来看外资依存度对二氧化碳排放产生了负面影响。由外贸依存度和外资依存度的冲击所导致的二氧化碳排放在全部响应期内的峰值（分别为 0.22176 和 0.04682）来看，外贸依存度对二氧化碳排放的影响力度很大，外资依存度的影响力度则较小。这一结果显示由于进出口规模的扩大所带来的二氧化碳排放的增加相当严重。这从侧面反映当前湖北省政府所制定的各种贸易政策对优化进出口结构的作用仍有限或其效应仍未显现出来，如何促使对外贸易结构尽早向可持续性、环保的方向改进仍然是政府在制定和执行贸易政策时需要考虑的主要因素之一。

第四，方差分解基于 VAR 模型的方差分解分析结果表明，在整个预测期内外贸依存度和外资依存度对二氧化碳排放方差分解的贡献度分别为 46.84% 和 4.463%，虽然外贸依存度和外资依存度对二氧化碳排放的方差分解贡献度差别较大，但都呈下降趋势。这又说明了湖北省当前的贸易产业政策向低碳化转型的趋势。

针对以上分析结果，可以看出外贸依存度和外资依存度这两个衡量区域贸易开放程度对于湖北的碳排放具有长期持续的影响效应。如果将我国的贸易区域分为东部、中部和西部地区，东部沿海地区作为我国主要的对外贸易基地的现状短时间不会改变，中部地区对外贸易开放程度并不高。但是不高并不代表没有，湖北作为中部崛起的重要省份，湖北的经济发展水平在全国处于中上游水平，尽管贸易的比重并不算高，但是逐年增长也保持在一个稳定的范围水平。更重要的是，近年来，湖北大力的建设经济，转变经济发展方式，发展高新技术产业，特别是光钎等高新电子行业企图走出中国，走向世界，这都进一步说明湖北省企图扩大贸易程度的倾向。鉴于外贸依存度和外资依存度对于碳排放的长期作用相反，盲目的扩大贸易规模可能会增加碳排放的产生，而由于外资依存度对于碳排放的负效应作用，湖北省可以依据自身状况，积极引进外资，扩大外资规模。外资依存度在湖北省对于碳排放的负效应的重要原因可能在于湖北的外资引进主要集中于高新或金融产业，引进先进的技术取代落后的技术是有利于减排的，引进资金投资在新兴产业也有利于减排。所在外资依存度的扩大会有利于减少二氧化碳的排放。当前国际贸易体系要求中国工业从粗放型向技术集约型转变，这种转型对于湖北省要求也是一样的。这要求湖北省需要建立稳定、安全、经济的清洁能源产业体系，通过能源结构的转型实现能源强度的降低和能源消费总量的下降。通过大力加强自主创新，切实抓好节能减排，积极推进工业化与信息化融合，先进制造业与生产性服务业融合，加快市场主体培育，坚持集约、集聚、集群发展，努力构建富有竞争力的现代工业体系，加快推进新型工业化，不断提升工业整体实力和竞争力，促进工业经济又好又快发展，推动工业大省向工业强省跨越，为构建促进中部地区崛起的重要战略支点提供首要支撑。

## 参 考 文 献

［1］兰天.贸易与跨国界环境污染 [M].北京：经济管理出版社.2004.

［2］刘强，庄幸，姜克隽，韩文科.中闻出口贸易中的载能量及碳排放量分析 [J].中国工业经济，2008，（8）：46-55.

［3］何洁.国际贸易对环境的影响：中国各省的二氧化硫（$SO_2$）工业排放 [J].经济学（季刊），2010，（1）：415-443.

［4］李秀香，张婷．出口增长对我国环境影响的实证分析——以 $CO_2$ 排放量为例 [J]. 国际贸易问题，2004，（7）：9-12.

［5］李小平，卢现祥．国际贸易、污染产业转移和中国工业 $CO_2$ 排放 [J]. 经济研究，2010，（1）：16-23.

［6］李锴,齐绍洲．贸易开放、经济增长与中国二氧化碳排放 [J]. 经济研究，2011.（11）：60-69.

［7］卢授永．国际贸易中的绿色瓶颈制约及其对策 [J]. 国际贸易问题，2003，（1）：42-45.

［8］彭水军，包群．中国经济增长与环境污染——基于广义脉冲响应函数法的实证研究 [J]. 中国工业经济，2006，（5）：15-23.

［9］彭水军,赖明勇,包群．环境、贸易与经济增长——理论、模型与实证 [J]. 上海：三联书店．

［10］齐晔,李惠民,徐明．中国进出口贸易中的隐含碳估算 [J]. 中国人口·资源与环境，2008，（3）：70-72.

［11］Kaya Y.Impact of Carbon Dioxide Emission Controlon GNP Growth:Inter-predation of Proposed Scenarios[M].Paris:Paper presented at the IPCC Energy and Industry Sub group,Response Strategies Working Group,1989:18-26.

［12］Sims C A.Macroeconomics and Reality[J].Econometrica,1980,（48）:1-48.

# 广州市生态文明评价指标体系研究

## ——基于主成分分析法

茅丽琴◇中共广东省委党校

**摘要**：本文构建了涵盖生态经济、生态环境、生态社会、生态制度和生态文化五个维度的生态文明评价指标体系，本文主要运用主成分分析法对广东省广州市 2000 ~ 2014 年的生态文明发展水平进行了大致的测度，运用 STATA 软件，得出各个维度不同年份的得分情况和总得分，并做出相应的分析。研究结果表明，在考察期内，广州市的生态文明整体呈现稳步上升的趋势，生态经济、生态环境、生态社会和生态文化总体是进步的，但在生态制度维度方面有所下降。最后提出加快经济发展方式转型，加强生态环境保护和完善生态制度是未来建设的生态文明重点工作。

**关键词**：生态文明；广州市；主成分分析；发展水平

## 一、引言

当前我国的生态环境问题已经影响到人类发展与社会进步的更加宽广范畴。广州作为中国的南大门，在改革开放劈波斩浪 37 年后，经济发展快速，但传统经济发展模式遗留下的弊端已不容小觑。众所周知，经济发展是社会进步的根本动力，但多少人真正理解生态环境的重要性。一旦离开了稳定的生态环境，那么经济发展也就是无源之水和无本之木。因此研究经济发展中的生态文明建设势在必行。

生态文明是处理好人与自然关系的最优模式，它是经历了农业文明与工业文明以后才得到的新突破，带领人类进入新时代。生态文明涉及人与自然关系的众多方面，对其内涵，见仁见智。但不管有多少种看法，其核心就是正确处理人与环境的关系，保障人与自然可持续发展问题。而生态文明评价指标体系是生态文明建设评价的重点工程。它是一个多层次、多指标的综合体系，在研究过程中需要结合定量与定性的方法，在定量化过程需要构建数学模型，准确明晰地表达出生态文明重要的信息。

## 二、对已有的生态文明评价指标的研究

### （一）生态文明评价指标体系

目前，我国关于生态文明建设的理论研究不计其数，但对其评价指标体系的研究说法不一，仍然缺少统一的与公认的评价指标和评价方法。由于评价指标体系具有适用性与地方性的特点，笔者根据国内生态文明评价指标建立的研究对象不同，大致将其分为三种：我国的生态文明评价指标体系的研究、省级层面的生态文明评价指标体系的研究和市级层面的生态文明评价指标体系的研究。本文主要介绍与本文相关的省市级层面的研究，如表1所示。

表1 省、市级层面的生态文明评价指标的主要研究

| 作者 | 构建方法或目标层 | 评价指标体系的主要内容 | 方法与创新思路 | 主要评价 | 文献来源 |
|---|---|---|---|---|---|
| 杨开忠 | 用 EEI 指数做综合评价 | 利用地区生态足迹 EEI=GDP/ 地区生态足迹比较各省的生态文明程度，指出能源消耗是冲击生态的主力量 | EEI 由 GDP 和生态足迹 2 个指标直接合成，原理简明、计算方便 | 一个简便的综合生态文明程度的测度指标，不够全面 | 2 |
| 严耕 | 用 ECI\ECCI\GECI 指数，构建了 20 项指标 | 涵盖了生态活力、环境质量、社会发展和协调程度 4 类。用 AHP 法赋权，分析指标间的相关性 | 创新量化了生态、资源、环境与经济的协调程度，各省份区分类型为 6 类 | 指标设置与归集合理，但忽略了生态文化方面的指标 | 3 |

（续表）

| 作者 | 构建方法或目标层 | 评价指标体系的主要内容 | 方法与创新思路 | 主要评价 | 文献来源 |
|---|---|---|---|---|---|
| 何天祥等 | 基于压力－状态－响应（PSR）模型，构建30项指标 | 包括生态文明压力、状态、整治、支撑4个方面。以长沙作为案例进行了实证研究 | 运用熵值法进行赋权。突出伦理文化与经济实力对生态文明的支撑作用 | 指标体系可行性好。但产业结构压力指标不够具有代表性 | 4 |
| 刘某承 | 构建区域社会－经济－自然复合生态系统，构建综合性相对指数 | 基于生态系统服务、生态足迹、和人均GDP3个指标，构建综合性相对指数 | 通过综合性相对指数对各省生态文明建设进程提供一个综合性的直接判断 | 这三个指标具有代表性，但指标有所侧重不够全面 | 5 |
| 杜宇 | 评价指标目标层包含了34项指标 | 涵盖了生态文化，绿色政治制度，经济发展模式，生态社会，生态环境5个方面 | 评价了各个指标对于生态文明建设的关系，停留在理论层面 | 指标体系全面，但是有些指标无法测量，缺少统计和方法的研究 | 6 |
| 秦伟山 张义丰 袁境 | 构建了市、区生态文明评价指标35项指标，层次分析法与德尔菲法结合 | 涵盖了制度保障、生态人居、环境支撑、经济运行和意识文化5个方面 | 德尔菲法确定权重。对沈阳市和平区、苏州市相城区等5个典型城市进行实证分析 | 从地理学的角度提出了生态文明城市建设的六维路线图，颇具启发性 | 7 |
| 李平星等 | 对江苏省评价指标体系构建包含22项具体指标 | 涵盖了生态经济、生态环境、生态生活、生态文化、生态制度5大领域 | 通过频次、关联性、适用性与可获性等筛选出关键指标 | 指标包含全面，通过频次筛选指标有重要启示作用 | 8 |
| 刘耀彬 柯鹏 | 对江西省评价指标体系构建包含22项指标，灰色关联度分析法 | 涵盖了生态经济、生态环境、生态人居、生态制度、生态文化5个方面 | 利用熵权法、客观确定权重得出生态指数，并对各个市进行比较 | 指标包含全面，对江西省各区域进行了差异性分析 | 9 |

（续表）

| 作者 | 构建方法或目标层 | 评价指标体系的主要内容 | 方法与创新思路 | 主要评价 | 文献来源 |
|---|---|---|---|---|---|
| 张欢等 | 对武汉进行实证分析，目标层共设置了20项指标，层次分析法 | 涵盖了生态环境的健康度、资源环境消耗强度、面源污染的治理效率、居民生活宜居度4个方面 | 运用层次分析法和熵值分析法相结合的方法确定各指标层权重 | 侧重于生态环境的评价，缺乏全面的评价指标 | 10 |
| 朱玉林 | 长株潭城市生态文明评价指标的研究，目标层共设置了28项指标 | 涵盖了生态经济、改善民生、生态环境、生态治理、生态文化4个方面 | 基于灰色关联度和专家调查法对长株潭城市群做了实证分析 | 指标归集比较合理，操作性较强 | 11 |
| 谭思佳 | 建立广东省生态文明评价体系，目标层包含55项指标，采用模糊综合评价方法 | 涵盖了生态经济、生态环境、生态生活、生态文化和生态制度5大类 | 采用SPSS的对重要性指标进行相关性检验，采用模糊综合评价方法。并对东莞进行实证分析 | 实证研究结果可靠，包含指标较为全面，但带有主观性 | 12 |
| 高珊，黄贤金 | 对江苏省生态文明指标体系构建，目标层12个指标，综合指数评价法 | 涵盖了增长方式子系统、产业结构子系统、消费模式子系统和生态治理子系统 | 兼顾省域和省内比较。地区序列采用功效函数标准化方法 | 除消费模式子系统外，指标解释力强。未考虑生态文化与政府作用 | 13 |
| 侯膺 | 对北京市生态文明指标体系构建，目标层共设置了23个指标 | 涵盖了生态环境、生态经济、生态行为、生态安全、生态文化和生态社会6大类 | 采取专家打分法确定各指标的权重 | 指标体系较为全面，但是权重赋值带有主观性 | 14 |

通过国内已有的生态文明评价系统的研究，我们发现：对评价指标的赋权方法主要有主观、客观两种，客观指标赋权主要方法为：熵权法、灰色关联度

法、主要成分分析法；主观指标赋权主要方法有：层次分析法、德尔菲法、加权平均法、专家询问法、模糊综合评价方法。主要通过统计学原理加上建立数理模型方法的循序渐进的应用到综合评价体系，联合数学方法常用的有灰色关联度、模糊数学、人工神经网络分析与物元分析等，发展了生态文明评价的方法。而本文主要是运用主成分分析法。

## 三、生态文明评价模型刻画与理论推导

生态文明时代的到来，它是继工业文明的一种新的文明：

生态文明的考察维度包括生态经济、生态环境、生态社会、生态制度和生态文化五个方面，则生态文明可用函数表示为：

$$E = E（\text{Econ、Envi、Esoc、Eins 和 Ecul}） \tag{1}$$

其中，E 是生态文明发展水平，Econ 表示生态经济增长结构，Envi 表示生态环境的保护情况，Esoc 代表生态社会的发展情况，Eins 表示生态制度的实施情况，Ecul 表示生态文化的发展程度。

这里假设上式函数（1）满足以下性质：Econ、Envi、Esoc、Eins 和 Ecul $> 0$，且这五个维度发展水平的改善都会引起上式 E（·）正向的提高，但是，这正向的作用表现在边际上是递减的[15]，如下所示：

$$\frac{\partial E}{\partial \text{Econ}} > 0 , \qquad \frac{\partial^2 E}{\partial \text{Econ}^2} < 0$$

$$\frac{\partial E}{\partial \text{Envi}} > 0 , \qquad \frac{\partial^2 E}{\partial \text{Envi}^2} < 0$$

$$\frac{\partial E}{\partial \text{Esoc}} > 0 , \qquad \frac{\partial^2 E}{\partial \text{Esoc}^2} < 0$$

$$\frac{\partial E}{\partial \text{Ecul}} > 0 , \qquad \frac{\partial^2 E}{\partial \text{Ecul}^2} < 0$$

$$\frac{\partial E}{\partial Ecul} > 0, \qquad \frac{\partial^2 E}{\partial Ecul^2} < 0$$

此外，我们假设上式（1）的形式为柯布 – 道格拉斯型（Cobb–Douglasproductionfunction），则下列对函数式（1）进行全微分得：

$$dE = \frac{\partial E}{\partial Econ} \cdot dEcon + \frac{\partial E}{\partial Envi} \cdot dEnvi + \frac{\partial E}{\partial Esoc} \cdot dEsoc + \frac{\partial E}{\partial Eins} \cdot dEins + \frac{\partial E}{\partial Ecul} \cdot dEcul$$

（2）

对函数（2）两边同时乘上 $\frac{1}{E}$，同时对等号的右边各项乘以 1，也就是分别乘上 $\frac{Econ}{Econ}$、$\frac{Envi}{Envi}$、$\frac{Esoc}{Esoc}$、$\frac{Eins}{Eins}$、$\frac{Ecul}{Ecul}$，则有：

$$g = \lambda_1 \cdot g_1 + \lambda_2 \cdot g_2 + \lambda_3 \cdot g_3 + \lambda_4 \cdot g_4 + \lambda_5 \cdot g_5$$

（3）

其中：

$g = \frac{dE}{E}$, $\lambda_1 = \frac{\partial E}{\partial Econ} \cdot \frac{Econ}{E}$, $\lambda_2 = \frac{\partial E}{\partial Envi} \cdot \frac{Envi}{E}$, $\lambda_3 = \frac{\partial E}{\partial Esoc} \cdot \frac{Esoc}{E}$, $\lambda_4 = \frac{\partial E}{\partial Eins} \cdot \frac{Eins}{E}$, $\lambda_1 = \frac{\partial E}{\partial Ecul} \cdot \frac{Ecul}{E}$,

分别用来表示各个维度变化的弹性，$g_1 = \frac{dEcon}{Econ}$, $g_2 = \frac{dEnvi}{Envi}$, $g_3 = \frac{Esoc}{Esoc}$, $g_4 = \frac{dEins}{Eins}$, $g_5 = \frac{dEcul}{Ecul}$，分别用来表示各个维度增长率。

通过（3）式我们可知，生态文明的发展与五个维度是正向促进的关系。当生态经济结构稳定发展，生态环境的有效保护，生态社会的发展得到重视，生态制度可以贯彻落实，生态文化不断繁荣这五个维度不断改善，生态文明发展的综合水平是可以不断提高的。

## 四、广州市生态文明建设评价指标体系构建

### （一）评价体系建立的基本原则

综合指标体系的研究，得出建立评价体系主要原则如下：第一，关联性

原则。在指标体系所选取的每个指标能够在一定范围内、一定程度上，可以反映出生态文明建设中存在的某一方面的特征。第二，可度量性原则。选取的指标当然要是可度量的，并在实际中可以取得数据。第三，可比性原则。本文从广州发展的具体情况出发，尽量使指标的设置不仅具有地域代表性和通用性，并使指标具有不同地域间的相对可比性，这样才可以拓宽评价体系的使用范围。第四，动态性原则。指标体系作为一个代表性的整体，既要从各个不同的角度反映出被评价范围的主要评价状况，而且要能反映体系的时间变化，并能体现出该系统的整体发展趋势。第五，导向性原则。选取指标要从地区的实际出发，考虑指标的适用性，尽量使得每个指标能够反映城市实际发展的本质特征。第六，层次性原则。正是因为指标体系是一个层层递进的指标复合体。因此，指标的设置要有层次性。

### （二）评价指标的筛选

结合已经收集的现有生态文明指标体系的相关研究，根据指标出现的频率高低为依据，由于筛选出的指标有可能具有重复相关性，本文采用 STATA 对重要性指标进行相关性检验，按照显著性水平在 0.05 水平（双侧检验）的原则，最后筛选得到了生态经济、生态环境、生态生活、生态制度和生态文化 5 大类一级指标，包含 39 个指标二级指标的指标集。这 39 个指标组成的生态文明发展评估指标体系如表 2 所示：

表 2　广州市生态文明评价指标体系的构成

| 一级指标 | 二级指标 | 序号 | 单位 | 指标性质 |
|---|---|---|---|---|
| 生态经济 | 人均 GDP | x1 | 元 | |
| | GDP 增长率 | x2 | % | |
| | 万元 GDP 能耗 | x3 | 吨标准煤 / 万元 | 逆指标 |
| | 万元 GDP 电耗 | x4 | 万千瓦时 / 万元 | 逆指标 |
| | 工业用水重复使用率 | x5 | % | |
| | 第三产业占 GDP 比重 | x6 | % | |
| | R&D 占 GDP 比重 | x7 | % | |
| | 工业废气排放总量 | x8 | 亿标立方米 | 逆指标 |
| | 工业烟粉尘排放量 | x9 | 万吨 | 逆指标 |
| 生态环境 | 工业固体废物综合利用率 | x10 | % | |
| | 建成区绿化覆盖率 | x11 | % | |
| | 集中式饮用水源地水质达标率 | x12 | % | |

（续表）

| 一级指标 | 二级指标 | 序号 | 单位 | 指标性质 |
|---|---|---|---|---|
| | 人均公园绿地面积 | x13 | m² | |
| | 酸雨频率 | x14 | % | 逆指标 |
| | 交通干线噪声平均值 | x15 | 分贝 | 逆指标 |
| 生态社会 | 城镇居民人均可支配收入 | x16 | 元 | |
| | 恩格尔系数 | x17 | % | 逆指标 |
| | 城镇登记失业率 | x18 | % | 逆指标 |
| | 万人拥有医院病床数 | x19 | 人 | |
| | 人口自然增长率 | x20 | % | |
| | 户籍人口密度 | x21 | 人/平方公里 | 逆指标 |
| | 万人拥有公交车车辆数 | x22 | 辆 | |
| | 万人拥有医生数 | x23 | 人 | |
| | 人均日生活用水量 | x24 | 升 | 逆指标 |
| 生态制度 | 基层司法调解纠纷总数 | x25 | 件 | |
| | 城市交通事故死亡人数 | x26 | 个 | 逆指标 |
| | 城镇社区服务设施数 | x27 | 个 | |
| | 亿元生产总值生产安全事故死亡率 | x28 | % | 逆指标 |
| | 城镇生活垃圾无害化处理率 | x29 | % | |
| | 市容环卫专用车辆设备总数 | x30 | 座 | |
| 生态文化 | 文化娱乐消费占消费总支出比重 | x31 | % | |
| | 城市居民家庭人均消费性支出—教育文化娱乐服务 | x32 | 元 | |
| | 普通高等学校在校学生数 | x33 | 万人 | |
| | 百人拥有图书（每年）册书 | x34 | 册 | |
| | 生态宣教机构数量 | x35 | 个 | |
| | 年末失业保险参保人数 | x36 | 万人 | |
| | 教育支出 | x37 | 万元 | |
| | 每万人口发明专利授权量 | x38 | 件/万人 | |
| | 文化站数 | x39 | 个 | |

### （三）数据来源及数据处理

本文数据资料来源于2000～2014年《广东省统计年鉴》《广州市统计年鉴》《广州市环境质量公报》以及《广州市宏观年报》。

在指标选取与理论分析的过程中发现，评价生态文明发展的各个部分指标属性不尽相同，具有不同的量纲和量级，若对不同属性的指标直接统计分析是达不到正确反映不同指标作用方向理想的综合结果。所以，在指标进行统计之前，首先需要对原始数据进行变换与处理。本文对逆向型指标处理方法是均采用倒数形式。此外，为了避免原始数据造成主成分过于偏重在具有较大方差或较大数量级的指标,本文选择标准化方法对指标数据进行无量纲化处理。此外，在进行主成分分析时会用到相关系数矩阵与协方差矩阵，本文则采用无量纲化处理后的协方差矩阵去除量纲和数量级上的差异，又保留了不同指标在离散程度上的特性，[1] 避免错误估计指标的相对离散程度。

## 五、广州生态文明建设水平评价

### （一）指标权重的确定

本文运用客观指标赋权方法之一的主成分分析法对指标体系中各指标赋予适当的权重。其中主成分的选取个数往往决定了相应各指标的权重分配。本文选取前两个主成分来确定权重，各个维度的两个主成分的方差贡献率都超过了85%。如表 3 所示，生态经济、生态环境、生态社会、生态制度和生态文化这五个维度的方差贡献率分别是 94.08%、94.48%、92.64%、87.92% 和 85.75%。因此，将第一主成分和第二主成分来确定权重是符合条件的，另外五个维度中，第一主成分方差贡献率明显高于第二主成分，高达 70% 以上，具有较好的综合解释能力。在进一步确定权重时，将第一、二主成分系数除以其相应的特征根开根后所得到的单位特征向量得到的数就是基础指标的权重，生态环境、生态社会和生态文化权重较高，分别是 0.462、0.571、0.423；生态经济和生态制度权重分别为 0.192 和 0.178。因此本文对广州市生态文明的发展变化较为集中的反映在生态环境、生态社会和生态文化这三方面。根据各维度权重可求得各方面指数，再以同样的方法计算各方面指数的权重，最终获得生态文明发展水平的具体值。

表 3 各级指标的统计特征

| 维度 | 主成分 | 特征根 | 方差贡献率 | 权重 |
|------|--------|--------|-----------|------|
| 生态经济 | 1 | 7.52501 | 0.8361 | 0.191762148 |
| | 2 | 0.94206 | 0.1047 | |
| 生态环境 | 1 | 3.07594 | 0.8308 | 0.462045811 |
| | 2 | 1.84877 | 0.114 | |

（续表）

| 维度 | 主成分 | 特征根 | 方差贡献率 | 权重 |
|------|--------|--------|-----------|------|
| 生态社会 | 1 | 6.42517 | 0.7139 | 0.571482572 |
| | 2 | 1.91258 | 0.2125 | |
| 生态制度 | 1 | 4.26614 | 0.711 | 0.177560926 |
| | 2 | 0.829054 | 0.1682 | |
| 生态文化 | 1 | 6.41971 | 0.7133 | 0.423301282 |
| | 2 | 1.29825 | 0.1442 | |

使用计量软件 STATA 算的五个维度的特征值、方差贡献率，经过计算确定了各个维度的权重，这意味着在 2000 ~ 2014 年，广州生态文明发展的变化较多地体现在生态社会、生态环境和生态文化这三个维度上，其他两个方面对生态文明发展的贡献大小基本相当。

**（二）2000 ~ 2014 年广州生态文明发展水平**

在获得基础指标权重并求得各方面指标值的基础上，本文再次采用主成分分析法获得各方面指数的权重并以此合成综合生态文明发展水平值，得出表 4 所示的测度结果。从该表可见，以 2000 年为基期，其生态文明发展水平为 –2.410666。

2000 年以后，生态文明水平逐年提高。到 2014 年，生态文明发展水平由负转正，达到 4.4539921。这说明广州总体层面的生态文明发展水平呈现上升态势，说明广州市生态文明处于逐步提高的建设过程之中。通过对各方面指标值的观察可以发现，在 2000 ~ 2014 年考察期内，广州生态经济发展水平和生态文明发展水平一样，是逐步提高；而生态环境、生态社会与生态文化的发展趋势大致相同，都是有升有降的，一直到 2005 年之后，这三个维度才逐步提升。总体来说，生态文明与生态经济、生态环境、生态社会、生态文化具有较为稳定的一致性，整体呈上升趋势。这说明 2000 年以来，广州的经济在快速发展、生态环境保护、社会协调发展及生态文化开始慢慢重视，并且取得进步，它们为推动生态文明发展做出的重要贡献，广东省甚至我们国家生态文明建设的进展正是源于各个地方多年来有效的、积极的贡献。

表 4 2000 ~ 2014 年广州市生态文明发展水平

| 年份 | 生态经济 | 生态环境 | 生态社会 | 生态制度 | 生态文化 | 总得分 |
|---|---|---|---|---|---|---|
| 2000 | −1.180976 | −0.913269 | −0.492957 | 1.19352 | −1.016984 | −2.410666 |
| 2001 | −0.9858289 | −0.9926855 | −0.4171948 | 1.114411 | −0.8008538 | −2.082152 |
| 2002 | −0.8304614 | −1.045996 | −0.7484812 | 1.265954 | −0.8333946 | −2.1923792 |
| 2003 | −0.7222236 | −0.7011306 | −0.9723457 | 0.9648851 | −0.5224156 | −1.9532304 |
| 2004 | −0.3902513 | −0.1933527 | −0.7667047 | 0.5548402 | −1.055499 | −1.8509675 |
| 2005 | −0.5731316 | −0.1414866 | −0.7780803 | 0.603024 | −0.9442567 | −1.8339312 |
| 2006 | −0.5700689 | 0.309937 | −0.5779487 | −0.2295806 | −0.5056625 | −1.5733237 |
| 2007 | −0.3604254 | 0.356998 | −0.3166433 | −0.6543766 | 0.0971974 | −0.8772499 |
| 2008 | −0.0262259 | 0.1051101 | −0.009713 | −0.3915016 | 0.2581622 | −0.0641682 |
| 2009 | 0.116179 | 0.4077877 | 0.0330159 | −0.6024302 | 0.5156559 | 0.4702083 |
| 2010 | 0.5286118 | 0.5033259 | 0.6228817 | −0.6136996 | 0.6672227 | 1.7083425 |
| 2011 | 0.990896 | 0.476665 | 0.7574167 | −0.8154199 | 0.7946169 | 2.2041747 |
| 2012 | 1.174596 | 0.5531201 | 1.030503 | −1.070532 | 0.9830064 | 2.6706935 |
| 2013 | 1.241147 | 0.6504662 | 1.316969 | −1.018511 | 1.140584 | 3.3306552 |
| 2014 | 1.588163 | 0.6245106 | 1.319282 | −0.3005835 | 1.22262 | 4.4539921 |

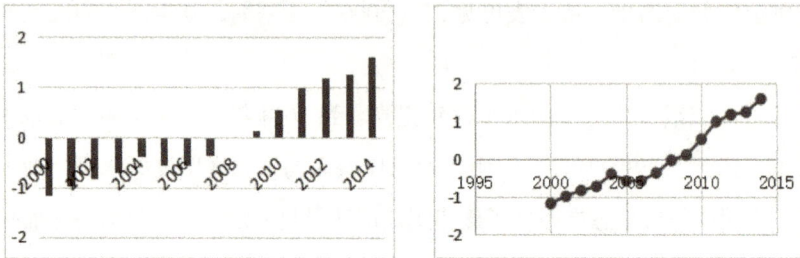

图 1 2000 ~ 2014 年生态经济发展水平变化趋势图

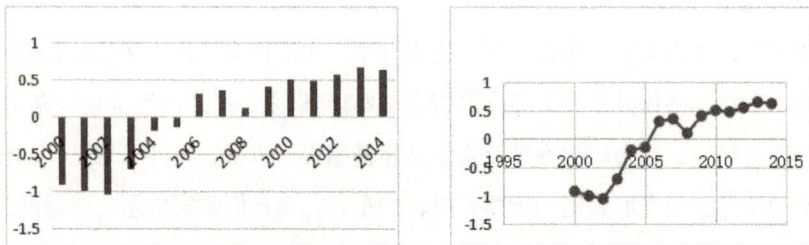

图 2 2000 ~ 2014 年生态环境发展水平变化趋势图

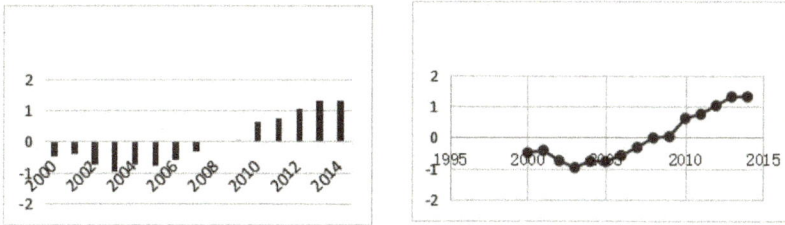

图 3  2000 ～ 2014 年生态社会发展水平变化趋势图

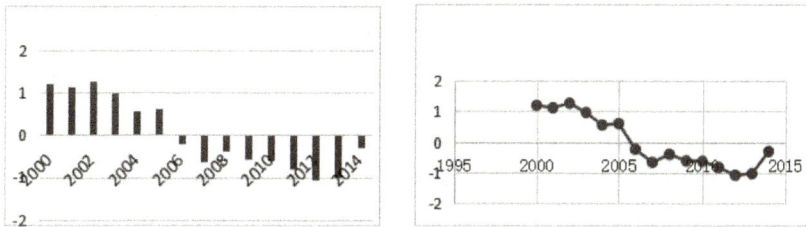

图 4  2000 ～ 2014 年生态制度发展水平变化趋势图

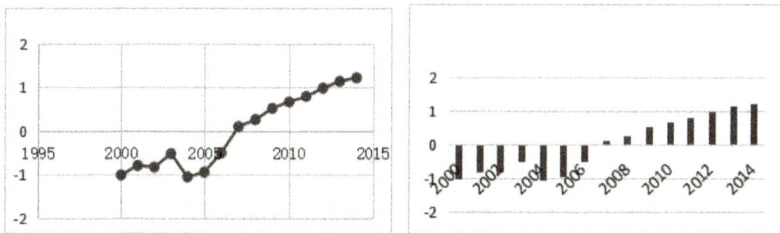

图 5  2000 ～ 2014 年生态文化发展水平变化趋势图

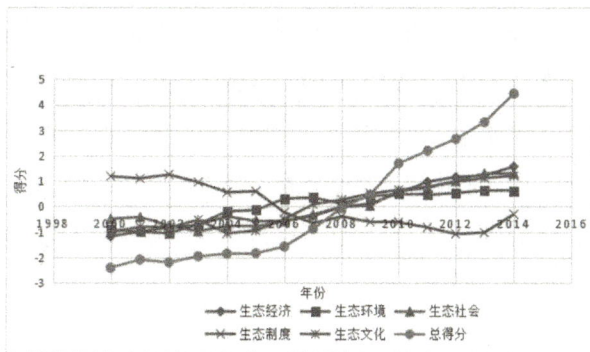

图 6  2000 ～ 2014 年广州市生态文化发展水平变化趋势图

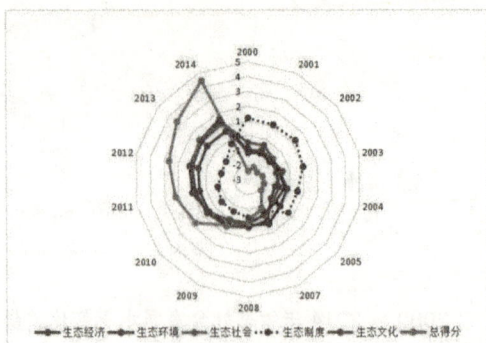

图 7　2000 ～ 2014 年广州市生态文明评价综合雷达图

当然，通过图 1 ～图 7 对五个维度的分析，我们在看到广州生态文明发展水平不断上升的同时，还需要注意到生态经济、生态环境、生态社会、生态制度与生态文化指标的变化。虽然总的来说生态经济、生态环境、生态社会与生态文化这四个方面指标大致呈现稳定上升的态势，但是各方面指标的数值却存在一定的差异。图 6 的数据显示，生态经济发展方面的指标值相对较高，生态社会发展的指标值次之，文化发展的指标值位居第三，生态环境发展指标值位居第四，而生态制度的发展水平仍为负值，在考察期范围内，整体发展呈现逐步下降的趋势。2000 年生态制度得分为 1.19352，而到了 2014 年得分为 –0.3005835，在 2002 年达到 15 年最高水平为 1.265954。显而易见，广州市生态文明建设过程中，生态制度明显拖了后腿，生态制度的建设有待加强。在新常态的时代环境下，生态文明的建设离不开这五个方面的相互作用，相辅相成。在稳定的经济发展的同时，要进一步加强生态文明的建设，保护环境是经济发展的目的与根源，当然还需要紧密围绕生态文化的营造与生态制度实施和效果监督，为生态文明发展创造更好的制度文化环境。要进一步提高广州市的生态文明发展，还需要进一步从经济、社会、环境的协调发展的角度出发，出台相关有效措施，使人们更好地享受教育、就业、医疗、住房、养老等方面改革的成果，促进社会成员的全面发展，这是生态文明发展不可或缺的方面。

## 六、结论

生态文明建设是关乎中国人民福祉、中华民族未来的长远大计。理解生态文明的发展，尤其是通过定量的统计分析把握生态文明发展的时间变化趋势，对有效加强生态文明建设的措施具有很好的指引意义。本文通过生态文明建设的内涵，构建指标体系，对广州市生态文明发展水平的变化趋势做了定量考察，为广东省生态文明发展状态提供了依据。本文得出以下具体结论：

第一，就广州而言，生态经济是广州的优势，经济基础较雄厚，应继续优化经济产业结构，大力发展绿色经济。重点发展科技含量高、竞争力强、污染少的新兴产业；对于能耗高、污染大、经济效率低的落后产业，应予以及时淘汰；积极发展第三产业，加大金融、物流、文化旅游产业的发展与扶持。第二，生态环境的保护需不断加强，减少工业与生活污染物的排放，这与生态文化紧密相连，公众和企业对生态文化缺乏认识，生态文明意识理念有进一步提高的空间。多数在市场竞争中的企业仅关注短期的经济利润最大化，因此政府应该加大力度宣传与教育，如新闻、公益广告、学生的教材都可以涵盖生态文明的理念，形成倡导绿色的生活、清洁生产方式的氛围。在生活中，人们尽可能地选择环保出行方式，养成绿色消费的好习惯。企业发展绿色产业，推广循环经济，鼓励企业发展环保技术。形成政府积极引导、民众广泛参与的良好势头。可见提高人民群众的生态文明意识，是使生态文明发展得到保证的有效前提。第三，完善生态制度，可以将绿色考核制度纳入政府绩效考核，推动行政管理机制向生态文明方面改革；成立专家小组，专门协调解决重大的环境问题；建立环境污染的预警机制，健全相关的法律法规，加强监管与执行力度；提高政府采购节能与环保产品，加大生态文明建设的投资力度等。第四，坚持科学发展观，以民生为本，加强基础设施的建设。使教育、医疗资源均等化，走向公平化、平民化。努力改善城乡差距、贫富不均的实际，改善民生。不断完善就业保障机制，保障最低收入人群的基本生活，促进社会的发展与进步。构建适应广州市生态文明区域协同发展的体系和渠道。

## 参 考 文 献

［1］成金华，陈军，李悦.中国生态文明发展水平测度与分析[J].数量经济技术经济研究，2013，（7）：36-50.

［2］杨开忠.谁的生态最文明——中国各省区市生态文明大排名 [J]. 中国经济周刊，2009，（32）：8-12.

［3］严耕,林震,杨志华.中国省域生态文明建设评价报告（ECI,2010）[M].北京：社会科学文献出版社，2010.

［4］何天祥，廖杰，魏晓.城市生态文明综合评价指标体系的构建 [J]. 经济地理，2011，（11）：1897-1900.

［5］刘某承，苏宁等.区域生态文明建设水平综合评估指标 [J]. 生态学报，2014，34（1）：97-104.

［6］杜宇，刘俊昌.生态文明建设评价指标体系研究 [J]. 科学管理研究，2009，27（3）：60-63.

［7］秦伟山等.生态文明城市评价指标体系与水平测度 [J]. 资源科学，2013，35（8）：1677-1684.

［8］李平星等.江苏省生态文明建设水平指标体系构建与评估 [J]. 生态学杂志，2015，34（1）：295-302.

［9］刘耀彬，柯鹏.江西省生态文明建设水平评价及优化路径分析 [J]. 生态经济 2015，31（4）：174-180.

［10］张欢等.特大型城市生态文明建设评价指标体系及应用研究——以武汉市为例 [J]. 生态学报，2015，35（2）：547-556.

［11］朱玉林等.基于灰色关联度的城市生态文明程度综合评价——以长株潭城市群为例 [J]. 中南林业科技大学学报：社会科学版，2010，5（4）：77-80.

［12］谭思佳.生态文明发展现状综合评价方法研究——以广东省为例 [D].广州：广东工业大学，2013.

［13］高珊，黄贤金.基于绩效评价的区域生态文明指标体系构建——以江苏省为例 [J]. 经济地理，2010，（5）：823-828.

［14］侯鹰等.北京市生态文明建设评价研究 [J]. 生态社会，2010，（5）：436-440

［15］钞小静，任保平.中国经济增长质量的时序列变与地区差异分析 [J]. 经济研究，2011（02）：26-40.

# 新常态下广东省房地产市场的供求关系研究

敖芬芬◇广东财经大学

**摘要**：近几年来，随着广东省国民经济的快速发展，广东省服务业中的房地产业经济效益较高，具有较强的盈利能力，所拥有的资产也较多。但由于供求关系的不平衡性，并未给全省经济发展带来更大的经济效益。本文以商品房实际销售面积和竣工面积为内生变量，选取5个需求影响因素和5个供给影响因素为外生变量，构建联立方程模型。通过收集四省2000～2013年的样本资料，采用两阶段回归法（2SLS）对模型进行估计。实证结果表明，城镇居民人均可支配收入、贷款利率和人口自然增长率对供给和需要都具有显著的影响，因此，政府部门可以从这3个方面能够有所作为。

**关键词**：房地产市场；供给和需求；联立方程

## 一、引言

房地产业是我国国民经济的重要支柱产业之一，对带动国民经济的发展具有重要的作用。同时，房地产业也为整个社会经济活动的开展提供了重要资源和基本要素，是生产经营活动的必要条件和依托。房地产业本身具有融资量大、产业链长、波及面广等特征，这些特性对国民经济的发展会产生较大影响，与其密切相关的制造业和服务业对房地产业的发展也有重要支撑。2013年，广东省的房地产业的增加值为4207.46亿元，占比为6.77%，而房地产开发投资6519.47亿元，比2012年增长21.8%，政府正在加大房地产业的发展。广东省服务业中的房地产业经济效益较高，具有较强的盈利能力，所拥有的资产也较多。但由于供求关系的不平衡性，并未给全省经济发展带来更大的经济效益。

针对广东省供求关系的不平衡性，本文以广东省为主要研究对象，辅之以全国三个与广东省房地产市场规模、结构较为接近的省份进行分析，这三个省份分别是浙江省、江苏省和山东省，选取 2000～2013 年四省房地产市场方面相关的数据，建立相应的数学模型，从需求和供给两个角度剖析广东省房地产市场的买方和卖方之间的内在联系，以求找到有效促进房地产市场高效发展的对策。

## 二、房地产市场供求关系模型的构建

### （一）变量选取

KENNY（1999）讨论了房地产市场的供给和需求关系，认为影响房地产市场需求的主要因素是：利率、收入、房地产市场价格、国家产业结构和国家有关政策，而影响房地产市场供给的主要因素是：房地产场价格、建设成本、利率和政策因素；温海珍等（2010）在讨论房价与地价的内生性及其互动影响，进行构建联立方程，选择了除内生变量房价和地价外，影响房价的 7 个外生变量为：房地产开发投资额、竣工面积、土地购置面积、人均地区生产总值、人均可支配收入、人口自然增长率、就业率；影响地价的 5 个外生变量为：人均耕地面积、土地开发面积、基建支出、人均可支配收入、人口自然增长率。在前人研究的基础上以及遵循指标选择的原则下，本文主要研究了城镇居民可支配收入、人口增长率、城市化水平、商品房均价以及贷款基准利率对需求的影响；人口增长率、城市化水平、商品房均价、地区生产总值以及贷款基准利率对供给的影响。

### （二）数据来源

本文以广东省为主要研究对象，辅之以全国三个与广东省房地产市场规模、结构较为接近的省份进行分析，这三个省份分别是浙江省、江苏省和山东省，选取 2000～2013 年作为研究的数据区间。除内生变量商品房实际销售面积（AHA）和竣工面积（HCA）外，影响商品房实际销售面积（需求方程）的 5 个外生变量包括：城镇居民可支配收入（Income）、人口增长率（Population）、城市化水平（Urban）、商品房均价（AHP）以及贷款基准利率（PLR）；影响竣工面积（供给方程）的 5 个外生变量包括：人口增长率（Population）、城市化水平（Urban）、商品房均价（AHP）、地区生产总值（GDP）以及贷款基准利率（PLR）。各变量数据来源于《广东省统计年鉴》（2001 ~ 2014）、《浙江省统计年鉴》（2001 ~ 2014）、《江苏省统计年鉴》（2001 ~ 2014）、《江苏省统计年鉴》（2001 ~ 2014）以及《中国金融统计年鉴》（2013）。

### （三）模型构建

**1.联立方程模型简介**

由两个或两个以上经济计量方程构成的系统称为联立方程模型。它根据经济理论的结构分析，确定经济变量之间相互解释关系。由于联立方程模型的内生变量可做自变量，一般受定义方程的制约，各个变量之间的协调性能够体现出来。此外，联立方程模型还具有输入少、输出信息多、效率高、参数估计方法多、功能多的特点。

**2.模型设定**

针对广东省房地产市场供求关系的研究，需要同时考虑两个方面的要求：一是房地产市场供给和需求的影响因素之间存在相互影响的效应，二是各变量的弹性分析对于政府的政策制定和实施有显著的导向作用。基于以上两个方面的考虑，本文针对广东省房地产市场的供求关系研究采用双对数的联立方程模型。其中，联立方程模型能较好反映内生变量之间的相互影响；双对数模型下所估计出来的参数具有弹性的性质，同时对数变换能够在较大程度上缓解异方差给模型带来的不良影响。

从研究层次上来说，本文选取的四个省份之间存在相似之处也存在差别之处，为了析出广东省与浙江省、江苏省和山东省房地产市场的共性，采用面板数据的联立方程模型；另一方面，为分离广东省与另外三个省份房地产的个性，分别对四个省份进行回归分析，从参数的差异性检验找到广东省房地产市场中的优势与劣势方面。

对于面板联立方程模型，本文设定的具体形式为：

$$\ln AHA = \alpha_0 + \alpha_1 \ln HCA + \alpha_2 \ln AHP + \alpha_3 urban$$
$$+ \alpha_4 population + \alpha_5 \ln Income + \alpha_6 \ln PLR + \mu_1 \qquad (1)$$

$$\ln HCA = \beta_0 + \beta_1 \ln AHA + \beta_2 \ln AHA(-1) + \beta_3 \ln AHP + \beta_4 \ln GDP$$
$$+ \beta_5 population + \beta_6 urban + \beta_7 \ln PLR + \mu_2 \qquad (2)$$

根据联立方程模型识别的阶条件，容易知道需求方程和供给方程都是过度识别的，因此，可以采用二阶段最小二乘（2SLS）进行模型估计。以需求方程（商品房实际销售面积）为例：

阶段 1：

为摆脱 $\ln AHA$ 和 $\mu_1$ 之间可能存在的相关性，先 $\ln AHA$ 求对整个方程外生变量的回归。

$$\ln AHA = \gamma_0 + \gamma_1 \ln AHA(-1) + \gamma_2 \ln AHP + \gamma_3 urban$$
$$+ \gamma_4 GDP + \gamma_5 population + \gamma_6 \ln Income + \gamma_7 \ln PLR + \tilde{\mu}$$

$$(3)$$

$\tilde{\mu}$ 是 OLS 残差，$\ln AHA\tilde{}$ 为 $\ln AHA$ 的估计值，即有：

$$\ln AHA\tilde{} = \gamma_0 + \gamma_1 \ln AHA(-1) + \gamma_2 \ln AHP + \gamma_3 urban$$
$$+ \gamma_4 GDP + \gamma_5 population + \gamma_6 \ln Income + \gamma_7 \ln PLR$$

$$(4)$$

因此，$\ln AHA = \ln AHA\tilde{} + \tilde{\mu}$，表明随机的 $\ln AHA$ 由两部分构成，作为 7 个外生变量线性组合的 $\ln AHA\tilde{}$ 和随机成分 $\tilde{\mu}$。按照 OLS 理论，$\ln AHA\tilde{}$ 和 $\tilde{\mu}$ 是不相关的。

阶段 2：

将 $\ln AHA$ 的估计值代入 $\ln AHA\tilde{}$ 供给方程，则供给方程可以写为：

$$\ln HCA = \beta_0 + \beta_1 (\ln AHA^\sim + \mu^\sim) + \beta_2 \ln AHA(-1) + \beta_3 \ln AHP + \beta_4 \ln GDP$$
$$+ \beta_5 population + \beta_6 urban + \beta_7 \ln PLR + \mu_2$$
$$= \beta_0 + \beta_1 \ln AHA^\sim + \beta_2 \ln AHA(-1) + \beta_3 \ln AHP + \beta_4 \ln GDP$$
$$+ \beta_5 population + \beta_6 urban + \beta_7 \ln PLR + \mu_2^*$$

（5）

其中，$\mu_2^* = \mu_2 + \beta_1 \mu^\sim$。比较（1）和（5），唯一的差别就是 1n$AHA$ 被其估计值 1n$AHA^\sim$ 所替代。可以证明，虽然 1n$AHA$ 与干扰项 $\mu_2$ 可能相关，但 1n$AHA^\sim$ 在大样本下和干扰项 $\mu_2^*$ 不相关。这样可对方程（5）应用最小二乘估计，得出需求方程参数的一致性估计。类似地，对过度识别的供给方程，也可以采用 2SLS 进行估计。实证过程使用 STATA12.0 进行分析。

## 三、实证结果及分析

### （一）面板数据平稳性检验

为避免在回归过程中出现"伪回归"、估计结果无法解释等问题，在进行参数估计之前，必须先对各个变量进行平稳性检验。本报告采用 LLC 检验对变量进行平稳性检验。检验结果如表 1 所示：

表 1 面板单位根检验

| 变量 | LLC 统计值 | 结论 |
| --- | --- | --- |
| 1n$AHP$ | −0.56037 | 非平稳 |
| 1n$AHA$ | −2.53501*** | 平稳 |
| 1n$HCA$ | −1.95532** | 平稳 |
| 1n$Income$ | 1.55909 | 非平稳 |
| 1n$GDP$ | −3.79279*** | 平稳 |
| 1n$PLR$ | −3.69954*** | 平稳 |
| $population$ | −1.56306* | 平稳 |
| $urdan$ | 4.97617 | 非平稳 |

注：* 表示在 10% 水平上不存在单位根，** 表示在 5% 水平上不存在单位根，*** 表示在 1% 水平上不存在单位根。

从 LLC 检验结果可以看出，除了 1n$AHP$、1n$Income$ 和 $urdan$ 三个变量不能拒绝存在单位根的原假设外，其他变量均不存在单位根。对于 1n$AHP$、1n$Income$ 和

*urdan* 这三个变量，做一阶差分，然后进行单位根检验，可以发现，这三个变量均是一阶单整变量。因此，全部变量均符合继续做联立方程模型的基本前提要求。

**（二）联立方程模型估计结果**

1. 总样本估计结果（见表2）

表2 面板联立方程模型估计结果

| 变量 | 需求方程 | | 供给方程 | |
|---|---|---|---|---|
| | 系数 | t 值 | 系数 | t 值 |
| 1n*HCA* | 1.4178*** | （9.11） | | |
| 1n*ACA* | 0.3830*** | （3.02） | −1.2956*** | （−2.56） |
| urban | 0.0046 | （−1.48） | 0.0059 | （−0.29） |
| population | −0.0172*** | （−4.41） | 0.0375** | （2.13） |
| 1n*Income* | 0.2607 | （1.05） | | |
| 1n*PLR* | 0.0569 | （0.05） | −0.0825 | （−0.70） |
| 1n*AHA* | | | −0.2956* | （−1.95） |
| 1n*AHA*(-1) | | | −0.2614 | （0.76） |
| 1n*GDP* | | | 0.4978 | （1.52） |
| _cons | −6.8853*** | （−3.04） | 4.7925 | （1.66） |
| N | 52 | | 52 | |
| R²_a | 0.8564 | | 0.5500 | |

注：★表示在10%水平上显著，★★表示在5%水平上显著，★★★表示在1%水平上显著。1nAHA(−1)是指1nAHA的滞后一期项。

总面板模型来看，房屋实际销售面积（AHA）和房屋竣工面积（HCA）都相应对房屋供给量和需求量产生显著的影响，这在数据特征上说明了本部分构建联立方程模型的正确性，内生变量之间相互影响的效应，这正是联立方程模型的优势所在。进一步来看，对需求产生显著影响的因素包括房屋竣工面积（HCA）、商品房均价（AHP）以及人口自然增长率（population）三个因素，对供给产生显著影响的因素包括商品房均价（AHP）、人口自然增长率（population）以及房屋实际销售面积（AHA）三个因素。

根据估计出来的系数可以看出，商品房均价对需求量和供给量的传导机制方向相反。商品房均价与实际销售面积呈正向关系，即当商品房均价上涨1%时，实际销售面积存在0.3830%的上涨，价格缺乏弹性；另一方面，竣工面积在商品房均价上涨 1% 时，反而供给量下降 1.2956%，价格富有弹性。

2.分地区估计结果

为了区分各个地区与全体水平的差异，在这一部分通过设置虚拟变量的方式把个体因素分离出来。具体处理为：以广东为例，当时考虑广东的需求方程时，把是否为广东设置为虚拟变量 D（D=1 表示广东地区，D=0 表示非广东地区），更进一步，为考察广东省在总体水平以及各影响因素是否存在截距和斜率上的影响，用虚拟变量分别与其他变量相乘，形成 D_HCA、D_AHP、D_urban、D_population、D_Income 反映斜率的虚拟变量。其余城市做相同的处理。

对于分地区的联立方程模型的估计，依然采取与总样本类似的 2SLS 估计方法进行参数估计。把四个地区的需求方程和供给方程的估计结果分别列出，如表 3 和表 4 所示。

表 3 各地区需求方程

| 变量 | 广东 | 浙江 | 江苏 | 山东 |
|---|---|---|---|---|
| 1n$HCA$ | 1.3594*** | 0.9915* | 0.9743*** | 1.3653*** |
| | （5.25） | （1.77） | （3.75） | （6.15） |
| 1n$AHP$ | 0.1149** | 1.5461*** | 0.4887** | 0.1922** |
| | （2.58） | （3.64） | （2.52） | （2.64） |
| urban | 0.0006 | −0.0506*** | 0.0007 | 0.0099 |
| | （0.03） | （−3.38） | （0.06） | （0.35） |
| population | 0.1030** | 0.0052 | 0.1093** | 0.0028 |
| | （2.16） | （0.22） | （2.19） | （0.05） |
| 1n$Income$ | 0.5491* | −0.1492 | 1.1327** | −0.0892 |
| | （1.98） | （−0.28） | （2.48） | （−0.18） |
| 1n$PLR$ | −0.1321 | −0.0858 | −0.1953 | 0.2166 |
| | （−0.27） | （−0.21） | （−0.46） | （0.53） |
| D_HCA | −0.0186 | 1.6367 | 0.1372 | 1.2183 |
| | （−0.01） | （1.10） | （0.07） | （0.60） |
| D_AHP | 1.0258 | −0.4247 | 3.1532*** | 1.2571 |
| | （0.93） | （−0.56） | （3.00） | （0.65） |
| D_urban | 0.0375 | −0.0721 | −0.1377* | −0.0388 |
| | （0.45） | （−1.00） | （−1.89） | （−0.63） |
| D_population | −0.0038 | 0.2673** | −0.2495 | 0.0871 |
| | （−0.01） | （2.09） | （−0.68） | （0.44） |
| D_Income | −1.6222 | −0.7592 | −1.1076 | −0.9261 |
| | （−1.17） | （−0.59） | （−0.84） | （−0.49） |

（续表）

| 变量 | 广东 | 浙江 | 江苏 | 山东 |
|------|------|------|------|------|
| D | 5.0608 | 0.2930 | −8.0695 | −10.1626 |
| | （0.59） | （0.04） | （−0.72） | （−1.13） |
| _cons | −7.3116*** | −8.4125*** | −7.0870*** | −4.8475 |
| | （−5.89） | （−4.36） | （−6.45） | （−1.60） |
| N | 52 | 52 | 52 | 52 |
| $R^2$_a | 0.8478 | 0.9185 | 0.8809 | 0.8753 |

考察广东省的需求方程，从总方程总体拟合程度来看，调整后的 $R^2$ 为 0.8478，说明方程的拟合程度较好。从各变量的显著性水平来看，对广东所设置的虚拟变量（D*）均不显著，这说明广东省在截距项以及需求影响因素上与浙江、江苏和山东这三个地区的总体平均水平无显著差异。在广东省的需求方程中，在 10% 显著性水平以下显著的变量包括 1n$HCA$、1n$AHP$、population 以及 1n$Income$。可以看出，房屋竣工面积（HCA）对需求量（AHA）有显著的正向影响，且当房屋供给量发生 1% 的变动时，需求量将发生 1.3594% 的变动，属于需求富有弹性；商品房均价对需求量有显著的影响，而且价格的需求弹性为 0.1149，即当价格变动 1% 时，将引起商品房需求量发生 0.1149% 的变动，属于需求缺乏弹性；人口自然增长率对房屋需求量产生一定程度上的影响，当人口自然增长率发生 1% 的变动时，房屋需求量发生 0.1030% 的变动，同属于需求缺乏弹性；在涉及到城镇居民人均可支配收入上，城镇居民人均可支配收入也对房屋需求量产生一定程度上的影响，当城镇居民人均可支付收入发生 1% 的变动时，房屋需求量发生 0.5491% 的变动，同属于需求缺乏弹性。虽然在需求方程中，我们并未发现城市化水平、贷款利率等对广东省需求方面产生显著影响，但是进一步分析供给方程的时候，我们将会看到不一样的结果。

从横向来看，比较区域间的需求方程结果，可以发现，四个省份的需求方程中均表现为显著的因素包括竣工面积和商品房均价。对于商品房均价而言，四个省份都表现为正向的性质，只有浙江省表现为富有弹性，而广东省、江苏省和山东省表现为缺乏弹性的性质。从程度高低来看，弹性最大的浙江省，其次是江苏省、山东省和广东省。浙江省富有弹性，主要是因为浙江省是中国面积最小的省份之一，土地市场竞争激烈，以致需求量对价格的敏感程度比较高，而广东省在四个省份中价格的需求弹性最小，这是因为广东省房地产市场依然存在刚性需求，需求量对价格的敏感程度不高。在这四个城市之中，浙江省和江苏省的需求方程比较特殊，从其虚拟变量项可以看出，浙江省在人口自然增长率上对需求量的影响与其他三个省份存在显著的差异，原因之一是浙江省的特殊性，与其他三个省份相比，浙江省的人口是最少的，人口增长率稍微增长，就会相比其他三个省份更加促进房地产业的需求；江苏省在于商品房均价上和城市化水平对需求量的影响与其他三个省份存在显著的差异，江苏与上海、浙江、安徽共同构成的长江三角洲城市群已成为国际六大世界级城市群之一，江苏人均 GDP、综合竞争力、地区发展与民生指数（DLI）均居全国各省第一，成为中国综合发展水平最高的省份，依靠这些优势，其房地产市场也得到较为出色的成就。

表 4　各地区供给方程

| 变量 | 广东 | 浙江 | 江苏 | 山东 |
|---|---|---|---|---|
| ln$AHA$ | −16.4922* | 18.5813 | −6.5341 | 17.6442** |
|  | （−1.76） | （1.32） | （−0.73） | （2.29） |
| ln$AHA$(-1) | 9.6176* | −11.1136 | 3.7920 | −9.9267** |
|  | （1.72） | （−1.33） | （0.70） | （−2.18） |
| ln$AHP$ | −2.2259 | 1.0861* | 1.1892* | 0.3445 |
|  | （−0.48） | （1.71） | （1.94） | （0.24） |
| urban | 0.0550** | 0.0283** | −0.0855 | 0.1579*** |
|  | （2.44） | （2.10） | （−1.35） | （2.94） |
| population | −0.2788* | 0.3080* | 0.2669** | −0.1477 |
|  | （−1.78） | （1.61） | （2.68） | （−1.18） |
| ln$PLR$ | −19.3983* | 21.1566 | −8.1445 | 19.5748** |
|  | （−1.79） | （1.28） | （−0.77） | （2.21） |
| ln$GDP$ | 8.2036* | −7.7715 | 3.4471 | 2.1818** |
|  | （1.97） | （−1.19） | （0.87） | （2.20） |
| D_AHA | 0.6425 | 0.6120 | 0.4593 | −0.1478 |
|  | （0.59） | （0.82） | （0.61） | （−0.21） |
| D_AHP | 0.9099 | −0.0519 | 1.1892 | 0.3445 |
|  | （0.80） | （−0.04） | （0.94） | （0.24） |
| D_urban | −0.1168 | −0.0984 | −0.0855 | 0.1579*** |
|  | （−1.14） | （−1.01） | （−1.35） | （2.94） |
| D_population | −0.1015 | 0.1977 | −0.2669 | −0.1477 |
|  | （−0.39） | （1.26） | （−0.68） | （−1.18） |
| D_GDP | −0.4237 | 0.6249 | 0.3008 | −2.0919** |

（续表）

| 变量 | 广东 | 浙江 | 江苏 | 山东 |
|------|------|------|------|------|
| | （−0.33） | （0.41） | （0.26） | （−2.12） |
| D | −1.7737 | −6.2093 | −11.5196*** | 12.5374*** |
| | （−0.34） | （−1.57） | （−2.86） | （4.04） |
| _cons | 38.0682** | −28.8468 | 18.9644 | −31.6845** |
| | （2.07） | （−1.06） | （1.06） | （−2.03） |
| N | 52 | 52 | 52 | 52 |
| $R^2\_a$ | 0.5668 | 0.5430 | 0.7069 | 0.7576 |

以下考察广东省房地产市场的供给方程（见表4）。在广东省的供给方程中，显著的影响因素包括商品房实际销售面积及其滞后一期项、城市化率、人口自然增长率、贷款利率以及地区生产总值。其中，商品房销售面积属于富有弹性的变量，且当期项和滞后项的影响机制不同时，对于当期项而言，表现为负向的弹性效应，当实际销售面积上涨1%时，供给量反而下降16.49%，而对于滞后项而言，表现为正向的弹性效应，当实际销售面积上涨1%时，供给量上升9.62%。两者方向上的区别原因在于房地产市场的供给方认为市场应当处于均衡水平，当供求关系发生不协调时，将存在方向的作用力使得供给量和需求量趋于平衡，故当供给方知道上年销售面积增加时，即认为本年度需求量将有所下降，从而调整本年度的供给量，以规避被高估的市场需求。另外，与需求方程不同，城市化进程以及贷款利率这两个因素从供给方而不是从需求方来影响广东省的房地产市场供求关系的形成。

从横向看，四个地区的供给方程呈现不同特点。浙江省供给方程显著因素包括商品房均价、城市化水平和人口自然增长率；江苏省包括商品房均价、人口自然增长率以及地区虚拟变量；山东省包括商品房实际销售面积及其滞后一期项、城市化率、贷款利率、地区生产总值以及城市化水平、地区生产总值和地区虚拟变量。在贷款利率上，广东省与山东省有较大的差异，虽两者都富有弹性的特征，但方向相反。人口自然增长率显著的三个地区，广东省弹性最小。

## 四、实证结果分析

在联立方程模型的总体面板模型中，由内生变量所存在的显著的相互影响，说明联立方程模型对于房地产市场供求关系的适用性。进一步来看，本文所构造的需求方程和供给方程在逐一对不同地区的房地产市场的估计结果看出，房地产供求关系在空间上存在相似性与异质性两个方面的特性。

对于广东省房地产市场的供求关系而言，考察商品房均价、城镇居民人均可支配收入、城市化水平、贷款利率、人口自然增长率以及地区生产总值共六个外生变量的影响，根据估计的结果，可以看出，不同的外生变量从不同的角度对供求关系产生影响。在六个外生变量中，城市化水平、贷款利率、人口自然增长率、城镇居民人均可支配收入以及地区生产总值对供求关系的影响都是显著的，其中，人口自然增长率同时对需求方和供求方产生影响，城市化水平、贷款利率和地区生产总值均在供求方产生显著的影响，商品房均价、城镇居民人均消费水平对需求方产生显著影响。可以发现，政府部门不可以对商品房价格进行调控，但是，在城镇居民人均可支配收入、贷款利率和人口自然增长率这三个方面能够有所作为。

## 五、结论与建议

本文考虑市场化因素与非市场化因素两个方面，选取了商品房均价、城镇居民人均可支配收入、城市化水平、贷款利率、人口自然增长率、地区生产总值共六个外生变量，分析广东省房地产市场供求关系。对于政府等决策部门而言，无法左右市场化因素的运行轨迹，但是可以通过对非市场化因素进行调控，透过两者之间存在的传导机制，达到稳定市场化因素的目的。从市场因素和非市场因素两个方面，对广东省房地产市场现阶段的供求关系进行实证研究，得出有关房地产供求关系的政策、制度建议。

1. 提高城镇居民人均可支配收入以及政策性调资

城镇居民可支配收入标志着居民即期的消费能力，这个指标可以反映一个居民、一个家庭的消费能力是增大了还是没有变化，其收入是提高了还是降低了。城镇居民可支配收入因其可支配性，居民可以用于消费、投资，购买股票、基金，可以用于存款。城镇居民可支配收入增长得越快，表示人民生活水平提高得越快，反映其消费能力就越强，也可以从中反映居民把多少的收入用于购房，进而可以反映出房地产的需求情况。

在四个省份的比较中，广东省的城镇居民人均可支配收入低于浙江省，同时还略低于江苏省，说明广东省的城镇居民人均可支配收入有待提高。城镇居民的人均可支配收入的提高，有时需要借助于政府的调资、带动各行业的工资增加。应该说，职工工资性收入增长受经济环境、政策因素影响最大，同时也是城镇居民人均可支配收入的主要来源。工资增加，会直接导致城镇居民人均可支配收入增加。从"三经普"资料可以看出，广东省房地产业的从业人数占全省从业人员总数的27.93%，工资的增加可以促进房地产行业工作人员的工作积极性，从而促进广东省房地产行业的发展。实证结果显示，当城镇居民人均可支付收入发生1%的变动时，房屋需求量发生0.5491%的变动。因此，提高城镇居民人均可支配收入以及政策性调资，都可以促进房地产业稳定增长。

2. 调整人口结构与户籍政策，提高人们对商品房的需求量

从1971年我国开始实施计划生育政策以来，取得了显著成绩，人们的生育观念得到很大程度上的转变，这也为控制我国人口总量奠定了有利的基础。然而，进入21世纪以来，我国老龄化问题趋向严重化、青壮年劳动力出现不足、人口红利逐渐消失、工作压力增大等问题也随之而来。

在广东省房地产市场中，人口的自然增长率无论从供给方还是需求方都存在显著的影响：从需求方来看，人口增长率每变动1%，将会使得需求量变动0.1030%，同时会使得供给量变动0.2788%。针对如今倒三角的人口结构，广东省应在国家松绑计划生育的基础上，结合自身的实情，努力推进户籍政策的实施，同时结合城市化进程，加快调整人口结构，提高人们对商品房的需求量。

3. 用好金融工具，促进房地产业发展

利率是重要的金融工具，它决定了投资者的实际收益与贷款者的资金成本。在广东省房地产市场的供求关系中，贷款利率是富有弹性的一个重要的影响因素，贷款利率每变动1%，将会引起供给量产生19.3983%的变动；在政策空间弹性中，当贷款利率变动1个单位，政府空间弹性变动−7.7276个单位。健康完善的金融市场，有利于营造一个良好的融资环境，有利于房地产开发商控制成本，有利于促成房地产市场处于有效的竞争环境中，有利于商品房价格趋

于稳定，从而使得人们的购房需求得到有效释放，以保持房地产市场长期健康、有效增长。

## 参 考 文 献

［1］项卫星，李宏瑾.市场供求与房地产市场宏观调控效应——一个理论分析框架及经验分析［J］.经济评论，2007，（03）：110–115+127.

［2］张娟锋，贾生华.联立方程模型及其在房地产市场分析中的应用［J］.建筑经济，2007，（S2）：161–164.

［3］刘闯，俞秋婷，高琴琴.基于联立方程模型的我国房价影响因素研究［J］.武汉理工大学学报：信息与管理工程版，2012，（01）：123–126.

［4］陈健，高波.收入差距、房价与消费变动——基于面板数据联立方程模型的分析［J］.上海经济研究，2012，（02）：53–62.

［5］林文高.房地产价格影响因素分析：广东佛山数据检验［J］.南方金融，2012，（03）：43–45+13.

［6］李勇刚，高波，张鹏.土地供应、住房价格与居民消费——基于面板联立方程模型的研究［J］.南京农业大学学报：社会科学版，2013，（03）：54–63.

［7］阙彬.房地产市场供求非均衡分析［D］.成都：西南财经大学，2010.

［8］温海珍，吕雪梦，张凌.房价与地价的内生性及其互动影响——基于联立方程模型的实证分析［J］.财贸经济，2010，（02）：124–129.

［9］王梓.我国利率政策调整对房地产市场价格的影响研究［D］.石家庄：河北经贸大学，2014.

［10］KENNY G.Modeling the Demand and Supply Sides of the Housing Market：Evidence from Lreland[J].Economic Modeling,1999（16）：389–409.

# 后　记

　　本书是在广东省研究生教育创新计划项目、中央财政支持地方高校发展专项项目、广东省十大决策咨询基地建设项目、广东省普通高校创新团队建设项目、广东财经大学理论经济学重点学科建设项目、广东财经大学联合培养研究生示范基地建设项目等支持下，由2015年广东省应用经济学研究生学术论坛的部分论文汇编而成。本书初稿形成后，我们组成编委会进行了初步审稿，编委成员是：于海峰、王廷惠、刘刚、朱信贵、何剑、邹新月、苏武俊、张军、林仲豪、林洪、庞磊、段丹、黄晓凤、喻卫斌、傅道忠等，他们对论文提出了宝贵的修改意见，使本书的研究成果得以完善。参加本书编辑工作的有：广东财经大学国民经济研究中心主任林洪教授、常务副主任黄晓凤教授、经济贸易学院党委书记朱信贵副研究员、彭荣博士、孟凡强博士、樊兰老师和刁广飞研究生。另外本书出版还得到了广东财经大学党委研究生工作部、国民经济研究中心、经济贸易学院等的支持；世界图书出版公司的编辑为本书的出版付出了辛勤劳动、提出了宝贵意见。在此，对上述提到的专家、学者、编辑的热心参与和贡献及出版社、机构的支持表示衷心感谢！时间仓促，错漏之处，在所难免，敬请作者和读者批评指正！

编　者

2016 年 3 月 18 日